壹
卷
一
YE BOOK

让思想流动起来

理学在东亚

方旭东◎著

四川人民出版社

壹卷
YE BOOK

国学新知丛书序

"国学新知"，顾名思义，对象是国学，呈现为新知。然而无论是"国学"，还是"新知"，都是难以界说的。现代中国学术语境中的"国学"，原本就是一个面对全盘西学化而勉强用来指称传统中国学术思想的笼统术语，实在不是一个严格界定的概念；落在今天，无论是在学术意义上，还是大众文化中，其内涵与边界都仍然是不清晰的。只是尽管如此，国学的指向似乎又是确定的，总是传统中国的学术思想与文化。至于"新知"，无论是怎样的新，既由表示陈旧的"国学"中所呈现，则所谓"新知"充其量，似乎最终也难逃旧瓶中装新酒的宿命。换言之，"国学新知"这样的标示，固然表征着某种自我期许，既希望能极大地呈现传统中国学术思想与文化的丰富性，又期待能站在今天的时代对她的丰富性作出新的与面向未来的传达，但是，对象的模糊不清与新旧难以分割的事实性存在，折射出特定的限制，亦即是一种不得已。

举更具体的事实为例，比如传统中国学术思想史上极为重要的由经学转出的理学，以冀对旧学转出新知获得一个亲切的理解，又或能转益于这套"国学新知丛书"的努力。

无论是议题，还是方法，理学无疑摆脱了经学。但是，理学之不得已是在于仍处于尊经的时代，故必使自身重新融入经学。撇开意识形态的因素，理学这样的状态是由于传统知识系统的限制，因此，理学之不得已，又可以说在理学其实并不存在，而只是今人的后视之明而已。既如此，则为何又要点出这一不得已呢？因为理学与经学构成的紧张是一个客观的存在。清醒地看到这层紧张，对理学应该具有更亲切的理解。从孔子开始，价值系统的建立便致力于系统性的知识确立之上，而尊经时代的出现也许并不符合孔子的真精神，理学的根本目标是将价值系统分离或提升于《六经》为代表的旧知识体系，使之寄身于《四书》从而在更具主体性的基础上前行。传统时代的"六经皆史"事实上是从另一维度在致力于同样性质的经典祛魅，希望将价值还原于经验性的知识；只是传统时代的史，本质上与经是一致的，经史为一，因此同样无逃于尊经的不得已。然而，这样的不得已也保证了价值的根源性存在，并使得这种根源性存在成为源头活水，始终滋养培植着中国思想与文化的亘古弥新。理学固然有无逃于尊经的不得已，但终究在创新的同时实现了知识与价值的连续性，《四书》没有与《六经》相割裂，两者联为一体，共同构筑起中华文明的价值系统。

　　理学的不得已对于今人已荡然无存，今日早已不再是尊经时代，传统的知识系统也已彻底经过了现代知识的格式化。然而，问题却以另一形式彰显出来，即今日中国思想与文化思考的根源性知识与价值基础在哪里？开放性与多源性好像是一个极自然的回答，但事实上并不是那么容易处理的。20 世纪的思想潮流与全球化相配合，浩浩荡荡地奔向普世主义（universalism），然而，物质文明与日常生活的趋同在呈现出同质化的表象同时，文明冲突如影随形而至。在普世主义的潮流中，西方文明作为主流是显见的事实，这并不是谁的意愿问题，而是历史本身；正是在这一主流的席卷下，中国思想与文化出现断裂。文明冲突也并不完全是来自被席卷文明的主观抗争，而是伴随着主流的西方文明的自身变化，以及被席卷文明的自身变化所激荡而起的涌动，同样是历史本身。因此，对于中华文明而言，在根源性的知识与价值源头上，承认开放性与多源性固然是必然的，但挑战却是巨大的。源头已非活水，长河不仅断流，而且改道，20 世纪的历史本身也已汇入传统而成为内在的构成。

如此再回看理学之从经学中的转出，似乎反见得其尊经的不得已，恰映衬出今日无经可尊的不得已。整个 20 世纪至今，不断呈现的重建经典的追求也充分表征了这种焦虑。当然，时代的潮流终是要从当下的逼仄与阻挡中冲越向前，从而彻底荡除这种焦虑的。"旧学商量加邃密，新知培养转深沉"，在这个意义上，理学之从经学中的转出，其所奋进的过程与其展现的丰富性，终究是为今人谋求的"国学新知"提供了有益的启示。一切从时代的问题出发，回看既有的学术思想与文化，以及在生活世界中的展开，从而致力于用今天乃至指向未来的新的知识形态来阐扬具有根源性的价值，激活源头活水，导入今天的生活，引领未来。

四川人民出版社·壹卷工作室策划推出"国学新知丛书"，承蒙信任，邀我协助做些联络工作，忝任丛书主编，兹略述感言，以表达这套丛书所希望努力的方向。

何俊
庚子处暑于仓前

目 录

诸篇大意

周敦颐与道教的关涉——关于《读英真君丹诀》 学界长期将周敦颐《读英真君丹诀》（以下简称《丹诀》）一诗视为其受道教（尤其是陈抟）思想影响的明证。细审此说，不能无疑。无论是把"英真君丹诀"理解为《阴真君还丹歌注》还是《阴真君长生金丹诀》，在周敦颐原诗那里都找不到支持。诗中的"希夷"是否就一定指陈抟，也并非没有异议。对于《丹诀》一诗，有必要重新加以认识。不解决《丹诀》诗的一些基础性问题，诸如版本、写作时间，重新认识也无所谈起。对于这些基础性问题，现有的研究明显不足，不仅没有注意到《丹诀》诗的版本尤其是异文问题，而且，将诗的写作时间误系于嘉祐五年（1060）周敦颐四十四岁时。本文考察了《丹诀》诗的不同版本以及异文情况，借助朱熹庆元四年（1198）《答蔡季通》书，厘定《丹诀》诗第三句当为"子自母生能致主"而非"子自母生能致立"。又考出《丹诀》诗至迟不得晚于嘉祐元年（1056）周敦颐四十岁之时。

猪肉与龙肉——朱子与道教丹学的一段公案 朱子在晚年给学生蔡元定的一封信中提到周敦颐有关"阴真君丹诀"的诗，

用了"猪肉""龙肉"的比喻。其具体含义为何，迄无定说。本文首先检讨了柳存仁之说，指出其失，进而讨论了吾妻重二的相关解释，提出商榷。随后，参考俞琰的《席上腐谈》，对朱子的内丹修炼问题给出了一个意见。最后，举出一条反证，质疑现有关于"阴君丹诀"是《阴真君还丹歌注》之说，为王卡关于"阴君丹诀"是《阴真君金丹诀》的推测补充了一个证据；同时，结合《道枢》所收《参同契》文本推测，"阴君丹诀"应是唐代以来流传的丹诀类《参同契》。

从利玛窦的改编看朱子的"理有偏全"说 明末来华传教士利玛窦基于自身对"理"与"人性"的认识，在评述《孟子》"生之谓性"章的哲学意涵时，将朱子的"理有偏全"说改编成了"性之偏正"说。虽然朱子在不同时期对于人物性同异问题的看法有所变化，但自始至终，人与物禀理有偏全之不同，这一点从来就没有改变过。朱子的"理有偏全"说始终在多少而不是结构的意义上理解人、物之理的不同，这与他不肯放弃"万物一原（源）"的承诺有关。

上元醮与皇极——象山《荆门军上元设厅皇极讲义》发微 上元设醮祈福与道教的三官信仰、星斗崇拜有关，上元是天官赐福，天官被尊为紫微大帝，紫微大帝指北斗。道教关于北斗握有人间生杀大权的思想，源自汉代纬书。通过消化河图洛书，道教把"北极（北辰）""太一"与"皇极"勾连起来。道经当中"皇极"的词义，与《洪范》原文用法并无二致，仍是孔安国所解释的"大中"之意，具体到星宿体系，它用来指处于天庭中心地位的北极。河图洛书为北极的位置提供了直观说明。这一切可以解释何以陆九渊在本当设醮的上元之日要宣讲《洪范》皇极大义。

"陆门弟子"郑湜考论　南宋郑湜，名列庆元党籍之魁，清人李祓将其列为象山弟子，而全祖望疑之，本文对郑湜其人其学做了全面考察。文章首先稽考了郑湜在朱陆著作中的印迹，随后对学界现有关于郑湜生平的说法做了辨正。论文爬梳了大量原始材料，使以往模糊不清的郑湜形象变得清晰丰满，纠正了一些流传已久的讹误，为学术史补上了失落的一环。

"悟，致知焉尽矣"——禅学对阳明诠释的一个启发　王阳明的《大学古本序》定本是心学的一部纲领性文献。其中"乃若致知则存乎心悟致知焉尽矣"，如何断句，晚近由于两位学者的加入，而突出为一个悬案。从王阳明弟子以来，即读为"乃若致知则存乎心悟。致知焉尽矣"。二十世纪九十年代，陈来提出翻案，认为当作"乃若致知则存乎心。悟致知焉尽矣"。继而，林乐昌力辨传统读法无误。本文从禅宗"迷即众生悟即佛"的表达得到启发，提出一个解决方案："乃若致知则存乎心。悟，致知焉尽矣。"其要义在于，"悟"是衡量"致知"与否的标准，"悟"是"致知"的最高阶段。

阳明丛考　严滩问答是王阳明生前最后一次重要的论学，但学界对于"严滩在何处"这一基本问题却莫衷一是，本文考出严滩即严陵濑，在桐庐县西三十五里，前人之说皆误。王阳明《次谦之韵》一诗是对邹守益《赠阳明先生》的唱和之作，

《王文成公全书》将其排在嘉靖二年（1523）浮峰诸作之前。受其影响，后来论者将邹、王二诗均系于嘉靖二年。本文考出，《次谦之韵》写于嘉靖三年（1524）八月间。王阳明在"守"字辈排行第一，弟妹众多，当代一些论者将其"六弟"认作"守温"，又认为后来嫁给徐爱的"七妹"名"守让"。细考这些说法，都不能成立。本文还考出，在弘治十六年（1503）冬，王华择徐爱为婿之前，先期告病归越的王阳明就已经与徐接触。个中缘由，从《王文成公全书》未收佚文《与友人书》可以窥知。

蕺山"前四句"的文本问题——基于耿宁工作的进一步讨论

刘宗周六十二岁提出的"新四句"对王阳明"四句教"做了全面改写，其五十九岁提出的所谓"前四句"则有很大不同。在形式上，"前四句"与"四句教"多有重合，尤其第三句"知善知恶是良知"更是一字不改。晚近瑞士学者耿宁（Iso Kern）注意到蕺山"前四句"的不同版本问题：《刘宗周全集》本第四句"为善去恶者是物则"，《明儒学案》本作"有善无恶者是物则"。耿宁相信《明儒学案》本更接近原本。细考其说，理据并不充分。本文接受耿宁提出的蕺山"前四句"与"《大学》之言心"条可以相互发明的原则，推定第三句"知善知恶是良知"当作"知好知恶是良知"，但在义理上这两个表述可以互换。本文还通过运用那个文本相互发明原则发现"《大学》之言心"条可能存在一个传写错误。

递相祖述复先谁——李退溪所捍卫的朱子义利说　作为坚

定的朱子学者，朝鲜大儒李退溪平生对朱子学说的疏通与卫护不遗余力，义利说就是其中一例。退溪对朱子义利说的疏通与卫护，缘于他与门人黄仲举就前代学者朴英《白鹿洞规解》所做的讨论。向来论者都没有发现，退溪所捍卫的朱子义利说，其文本实际上是朴英从叶采《近思录集解》当中抄录的一段话。这段被韩国学者视为"朱子曰"的文字，系叶采综合朱子本人相关叙述以及陈淳《北溪字义》"义利"条等材料而成。从陈淳到李滉，从中国到韩国，朱子学经历了一个递相祖述的过程，朱子思想因此得以发扬光大，其隐含的多种可能性也得以释放，最终超越了个人知识、地方性知识，而成为东亚近世的一种普遍价值。

李退溪的王阳明批判——从心灵哲学看　李退溪对王阳明的批判，是朝鲜阳明学史上的重要事件。从心灵哲学看，王阳明与李退溪的观点分别代表了对行为主义的反对与辩护。按照王阳明的观点，孝行不必然伴以孝心，他把那种有孝行而无孝心者称为"扮戏子"。按照李退溪的观点，孝行必然伴以孝心，无法想象一个人有孝心却无孝行，或有孝行却无孝心。王阳明的论证对行为主义构不成威胁，并且，他本人最后也倒向了行为主义。

儒学的"超地方性"与"在地性"——佐藤一斋《孟子栏外书》的意味　儒学曾被人当作某种"地方性知识"，其实儒学从诞生之日起就有一种"超地方性"，同时它在传布过程中不断"在地化"，至少在东亚范围内，一定程度上实现了"全球在地化"。本文以江户儒者佐藤一斋《孟子栏外书》为例说明儒学的"超地方性"与"在地性"。一斋是日本江户后期有代表性的儒学者，平生著有十种《栏外书》，题材广泛。从其家学、师承及职守来看，一斋无疑是朱子学者，但《孟子栏外书》在义理上推尊阳明，在名物训诂上对朱子《集注》多有指摘，表现出浓厚的汉学趣味和精深的汉学修养。在儒学发祥地的中国，朱子学、阳明学、考据学各自为政、势不两立，而在一斋这里却达到了一种奇妙的混合或统一。

朱子学在琉球的落地生根——蔡温"攻气操心"工夫论辨正

蔡温是琉球儒学研究中绕不开的人物，但蔡温的儒学归属迄今尚无定论。本文在此前研究的基础上提出，蔡温的"攻气操心"工夫论看似与吕大临的"驱除"之法相似而有别于朱子，但就其强调应事接物、心为一身之主、明理、明义等要点来看，实则严守朱子家法。"攻气操心"工夫论的出现，标志着朱子学在琉球的落地生根。而由其与中国朱子学的张力，可以窥见东亚儒学的复杂面向。

第一章
周敦颐与道教的关涉
——关于《读英真君丹诀》

　　濂溪与道教，是一个"剪不断理还乱"的话题。[①] 《太极图》与《无极图》的关系，一直是学者讨论的重点。[②] 相比之下，濂溪《读英真君丹诀》一诗（以下简称《丹诀》诗），注意的人不多，争议也少，一般都把它当作周子（周敦颐）受道教丹学影响的明证。然而，细审此说，不能无疑，《丹诀》一诗实有重新认识之必要。那么，如何重新认识？不解决《丹诀》诗的一些基础性问题，诸如版本、写作时间，所谓重新认识，也无所谈起。对于这些基础性问题，学界或从未涉及或判断有误，本文将一一给予澄清。笔者首先介绍学界关于此诗的流行见解，指出其中存在的问题；随后，对诗的版本，尤其是异文问题，进行考察；最后，对《丹诀》诗的写作时间加以厘定，纠正现有的错误说法。

---

① ＊部分内容曾以"朱子与濂溪诗《读英真君丹诀》"为题发表于《朱子学刊》2016 年第 1 期（总第 27 辑）。关于濂溪研究的历史、现状及重点，可参看周建刚：《目前国内外周敦颐研究状况》，《湖南科技学院学报》2016 年第 37 卷第 4 期，第 15—18 页，尤其是第 16—17 页。
② 关于《太极图》思想归属的争论，可看郑吉雄：《周敦颐〈太极图〉及其相关诠释问题》（收入氏著：《易图象与易诠释》，上海：华东师范大学出版社，2007 年，第 163—206 页，尤其是第 200—204 页）。

一、学界关于《丹诀》诗的流行见解及其中存在的问题

《丹诀》诗是一首七言绝句，通行本如下：

> 始观丹诀信希夷，盖得阴阳造化机。
>
> 子自母生能致主，精神合后更知微。

一些论者基于"英真君""丹诀""希夷"这些名词认为，这首诗是周敦颐受道教（特别是陈抟）影响的明证。如李养正发表于1984年的一篇文章，引了《丹诀》诗后说："可见濂溪是信仰陈抟的丹道的。"[①]他没有解释是根据什么做出这个结论的，似乎把"希夷"就是陈抟这一点当作一个不言而喻的事实。柳存仁（1917－2009）发表于1992年的一篇文章说得更加具体："（《读英真君丹诀》）不仅证明周敦颐读过这部《丹诀》，而且也证实他见的本子，也题的是陈希夷作的注。"[②]这里所说的陈抟为《丹诀》作注，当是指《道藏》所收署名"希夷陈抟注"

---

① 李养正：《〈太极图〉、〈无极图〉、〈太极先天图〉蕴义及源流考辨》，《中国道教》1984年第14期。又见李养正：《道教经史论稿》，北京：华夏出版社，1995年，第429页。《丹诀》诗在《周子全书》卷一七，李文引用时误作卷一八。

② 柳存仁：《理学三题》，（香港）《明报月刊》1992年第9期。又，柳存仁：《外国的月亮》，上海：上海古籍出版社，2002年，第243页。

的《阴真君还丹歌注》。① 台湾学者董金裕为《丹诀》诗所做的译注，同样提到了陈抟为《还丹歌》作注一事。②

与柳存仁断定周敦颐看到的丹诀是陈抟注《阴真君还丹歌注》不同，朱伯崑（1923－2007）认为，《英真君丹诀》即《阴真君长生金丹诀》。他还把《丹诀》诗与《无极图》加以比较，进一步得出周敦颐的《太极图》吸收了《无极图》思想的结论。

> 周敦颐游道观时，曾题诗赞扬陈抟的炼丹术说："始观丹诀信希夷，盖得阴阳造化几。子自母生能致主，精神合后更知微。"（《周子全书》卷一七）此诗题名为《读英真君丹诀》。《英真君丹诀》即《阴真君长生金丹诀》，是当时流行的一部道教典（引者按：原文误排作"曲"，今为改正）籍，周敦颐读此书后，认为陈抟"得阴阳造化之几"，教人修炼成仙。此诗同陈抟的《无极图》相比，所谓"子"指"水火"，"母"指"金木"，"主"指"圣胎"。水火来于金木，相交成为圣胎，即"子自母生能致主"。"精神合"，指精气神化而为一。"微"指炼神还虚，微妙莫测。据此，周

---

① 《道藏》（三家本），文物出版社、上海书店、天津古籍出版社，1988 年。此书凡一卷，著录为陈抟撰，见明代经夹本成字号第 4 卷，民国上海涵芬楼线装本第 59 册；台北：艺文印书馆，1977 年影印本，第 4 册，第 2679 页；台北：新文丰出版公司，1977 年影印本，第 4 册，第 221 页；北京：文物出版社；上海：上海书店；天津：天津古籍出版社，1988 年影印本，第 2 册，第 878 页。详见［法国］施舟人：《道藏索引———五种版本道藏通检》，上海：上海书店，1996 年，第 265 页。

② 参见董金裕：《周濂溪集今注今译》，台北：商务印书馆，2011 年，第 75 页。

敦颐的太极图原图大半是以道教的先天太极图为蓝本，并参照陈抟的无极图而炮制成的，即将先天太极图的第二图易为无极图的第二圈，以坎离相填即中爻互易为乾坤卦象，则成为周的太极图。[①]

可是，何以周敦颐读了阴长生（英真君）的《金丹诀》就会联想到陈抟的炼丹术？阴长生的《金丹诀》跟陈抟的炼丹术是什么关系？这个所谓"当时流行的一部道教典籍"《阴真君长生金丹诀》具体是什么内容？对于这些问题，从朱伯崑书中找不到答案。

其实，无论是把"英真君丹诀"理解为《阴真君还丹歌注》还是《阴真君长生金丹诀》，在周敦颐原诗那里都找不到支持。甚至，诗中的"希夷"是否就一定指陈抟，也并非没有异议。如丁培仁就指出：难以确定《阴真君还丹歌注》究竟是陈抟所作而致周敦颐发出"信希夷"（在这种意义上，"希夷"为陈抟号）的赞叹，还是因周敦颐有此诗句颂"道"（在这种意义上，"希夷"意谓"道"[②]。）而后人遂附会为陈抟所作。[③]而王卡亦表示："希夷"一词是道书中常见术语，意指

[①] 朱伯崑：《易学哲学史》第二卷，北京：华夏出版社，1995年，第91页。

[②] 事实上，专门为周敦颐诗歌做校注的潘雁飞就是这样理解"希夷"一词的。潘注："希夷"，系用《老子》典故："视之不见名曰夷，听之不见名曰希。"后因以指虚寂玄妙，南朝梁萧统《谢敕参解讲启》："至理希夷，微言渊奥，非所能钻仰。"（潘雁飞：《周敦颐诗校注》，《湖南科技学院学报》2006年第3期。）

[③] 此说最早发表于《中国道教史（修订本）》，参见：卿希泰《中国道教思想

无形无迹的自然大道，用作指称陈抟道号的专有名词，并不常见。王卡还提到，传为陈抟所注的《阴真君还丹歌注》在宋代史志中未曾著录，是否真为陈抟所注，尚大有疑问。①章伟文将《还丹歌注》所讲的金丹修炼之道与有关史书所言陈抟的内修方法做了比较之后发现，前者涉于男女双修，后者则从不涉及，判若云泥。同时，《阴真君还丹歌注》基本未采用陈抟《龙图易》的思想。综合这些因素，章伟文断定，《阴真君还丹歌注》不是陈抟所著，当系后人伪托。②

然而，遗憾的是，尽管存在这样一些问题，将《丹诀》诗作为周敦颐受道教思想影响的明证的观点，直到最近依然流行。如陈鼓应在 2012 年发表的一篇文章中就把《丹诀》诗作为周敦颐信道悟道的一个例子特别加以表出。③

史纲》第二卷，成都：四川人民出版社，1985 年；《中国道教史》第二卷，成都：四川人民出版社，1992 年；《中国道教史（修订本）》第二卷，成都：四川人民出版社，1996 年，第 668—669 页。众所周知，《中国道教史（修订本）》是由卿希泰主编，多人分工合作而成，此节作者为丁培仁。丁培仁后来在此稿基础上整理出独立的论文《陈抟其人其著作及其〈易龙图〉等著述的象数体系——兼论他对宋代理学象数学的影响》，收入所著《求实集——丁培仁道教学术研究论文集》，成都：巴蜀书社，2006 年，第 120 页。

① 王卡：《平都山道教史迹》，《世界宗教研究》1995 年第 3 期。

② 章伟文：《陈抟与〈阴真君还丹歌注〉关系略考》，《中国道教》2007 年第 6 期。

③ 陈鼓应在文中引了包括《丹诀》诗在内的周敦颐《题酆都观》三首，说："从中可见周敦颐内心深处与道教思想的契合，特别是第三首（引者按：即《丹诀》诗。陈说有误，《丹诀》诗为《题酆都观》之二，而非第三首），在学术史上一向为专家学者们有意无意地忽略。"（陈鼓应：《论周敦颐〈太极图说〉的道家学脉关系——兼论濂溪的道家生活情趣》，《哲学研究》2012年第 2 期，第 30 页）按：陈鼓应对前人研究未做应有的调查，实际上，论

无疑，《丹诀》一诗需要重新加以认识。不过，在讨论诗的思想含义之前，有必要首先澄清一些基础性的问题，如：这首诗的版本情况如何？这首诗写于何时？这些问题，在现有研究中并未得到妥善解决。

二、《丹诀》诗的版本问题

迄今为止，所有议及《丹诀》诗的研究论著对版本问题皆未措意。实际上，《丹诀》一诗存在不同版本，在一些关键字上且见异文。

1990 年出版的中华书局点校本《周敦颐集》所收版本为：

《读英真君丹诀》

始观丹诀信希夷，盖得阴阳造化机。

子自母生能致主，精神合后更知微。（第 69 页）

点校者已注意到，这首诗被各版本收录的情况并不相同。首先，作为点校所用底本的贺本（清光绪十三年贺瑞麟编《周

者对《丹诀》诗并未忽略，本文上面所提到的众多论著就是最好的说明。此外，陈鼓应对一手材料——周敦颐文献的掌握亦有不足。他在文中据中华书局《周敦颐集》加以引用，然而，以清刻本为底本点校的中华书局本，其实并非周敦颐文集的佳本，真正的佳本是宋刻本，后者并不难获得，国内已出版过多次（详下正文所论）。

子全书》四卷本），就没有收录该诗。同时，吕本（明嘉靖五年吕柟编定、嘉靖十五年收入《宋四子抄释》刊刻的《周子抄释》三卷本），也没有收录。而张本（清康熙四十七年张伯行编《周濂溪先生全集》十三卷本）、董本（清乾隆二十一年董榕编《周子全书》二十二卷本）、邓本（清道光二十七年邓显鹤编《周子全书》九卷本）则收录了该诗，但诗题有所差异，其中，张本、董本作"题酆都观"，题下注云"三首刻石观中"，邓本作"题酆都观三首"，三首各题为《仙都观》《读英真君丹诀》《宿山房》。其次，末句"精神合后更知微"当中的"合后"一词，邓本作"合处"。①

今天来看中华书局的整理本《周敦颐集》会发现，点校者限于当时条件，对此诗版本的介绍有未尽之处，至少存在以下问题。

第一，点校者参考的版本偏重于清刻本（贺本、张本、董本），大量的明刻本没能调阅，尤其是未能利用宋刻本。其实，宋刻本并不稀见，北图即藏有两部，分别是《元公周先生濂溪集十二卷附濂溪先生周公年表一卷》（以下简称宋刻《元公集》）、《濂溪先生集》（不分卷，不全，以下简称宋刻《濂溪集》）。而根据宋刻《元公集》出版的影印本、标点本，已达五种之多。②查宋刻《元公集》，其卷六收录了《丹诀》一诗，文

---

① （北宋）周敦颐：《周敦颐集》，陈克明点校，北京：中华书局，1990年，第69页注3、5、6。
② （北宋）周敦颐：《元公周先生濂溪集十二卷附濂溪先生周公年表一卷》，北京图书馆古籍珍本丛刊第88册，北京：书目文献出版社，1988年；《元公

字与《周敦颐集》相同。宋刻《濂溪集》目录有《题鄷都观三首刻石观中》之二的《读英真君丹诀》，但正文已佚。[1]

第二，点校者没有注意到，除了"合后"这一处存在异文，第二句"盖得阴阳造化机"的"机"字也存在异文。如，董本作"几"字。[2]此外，邓显鹤《沅湘耆旧集前编》所收《读英真君丹诀》诗，亦作"几"："始观丹诀信希夷，盖得阴阳造化几。子自母生能致主，精神合处更知微。"[3]这里顺便指出，钱穆在引《丹诀》诗时，曾将"盖得阴阳造化机"的"盖"（蓋）字写作"尽"（盡）字[4]，当由"蓋"与"盡"形近而致误。

更重要的是，第三句"子自母生能致主"的"主"字也存在异文。这个异文相对来说较难发现，因为它不是由周子文集的某个版本提供的，而是由有关《丹诀》诗的一篇宋代文献记载的。

南宋人杨栋〔字元极，四川眉山人，生卒不详，主要活跃

周先生濂溪集》，中华再造善本"唐宋编·集部"，北京：北京图书馆出版社，2003 年；《元公周先生濂溪集》，四川大学古籍所编，宋集珍本丛刊第 8 册，北京：线装书局，2004 年；《元公周先生濂溪集》，湖南省濂溪学研究会整理，长沙：岳麓书社，2006 年；《周敦颐集》，湖南省濂溪学研究会整理《湖湘文库》，长沙：岳麓书社，2007 年。

① 此点承四川大学粟品孝先生见告，特此说明，并致谢忱。
② （北宋）周敦颐：《周子全书》卷一七，（清）董榕编，国学基本丛书，上海：商务印书馆，民国二十六年（1937），第 345 页。
③ （清）邓显鹤：《沅湘耆旧集前编》卷一九，清道光二十四年（1844）邓氏小九华山楼刻本。
④ 钱穆：《论太极图与先天图之传授》，收入氏著《中国学术思想史论丛（五）》，台北：东大图书公司，1984 年，第 80 页。

于宋理宗（1224—1264年在位）时期，《宋史》卷四二一有传。在《东阳楼记》一文中曾写道：

> 余曩登平都山，访濂溪周子旧游。乱碑中，得小片周子题两绝句，点画劲正，犹存温厉之气，官合阳时笔也。其一咏阴仙《丹诀》云："始观丹诀信希夷，盖得阴阳造化机。子自母生能致立，精神合后更知微。"[①]

可以看到，"能致主"的"主"字，在杨栋所记的版本中作"立"字。

如果说，"几"字与"机"字之异，对《丹诀》诗的理解尚不构成大碍，从而几乎可以忽略，那么"主"字与"立"字之不同，则关系重大，不可不辨。因为，有些论者就是由"主"字联想到道教内丹所说的"圣胎"的。如朱伯崑言："此诗与陈抟的《无极图》相比，所谓'子'指水火，'母'指金木，'主'指圣胎。水火来于金木，相交成为圣胎，即'子自母生能致主'。"[②] 孔令宏重复了朱伯崑的这个解释。[③] 然而，这个被解释为"圣胎"的"主"字，一旦被证明本作"立"字，那么，以上这种联想也就失去根据了。所以，有必要对《东阳楼记》的

---

① （宋）邓牧：《洞霄图志》卷六，丛书集成初编，据知不足斋丛书排印，上海：商务印书馆，1936年，第81页。
② 朱伯崑：《易学哲学史》第二卷，北京：华夏出版社，1995年，第91页。
③ 孔令宏：《道教新探》，北京：中华书局，2011年，第146—147页。

史料价值进行认证，以确定究竟应该相信《东阳楼记》还是通行的周敦颐文集。

《东阳楼记》这条材料，王卡在其论文中已加利用。不过，从他把杨文"其一咏阴仙《丹诀》"标点为"其一《咏阴仙丹诀》"，以及他说"其中第一首即现收入周敦颐文集中的绝句《咏阴仙丹诀》"[①] 等情况来看，他似乎没有认真核对周敦颐文集，"现收入周敦颐文集中的绝句《咏阴仙丹诀》"云云，实属想象之词：周敦颐文集只有《读英真君丹诀》，何来《咏阴仙丹诀》？可能就是因为没有仔细比对，所以王卡未能发现"子自母生能致主"这句诗的异文问题，当然，也就更谈不上对二者加以辨析了。近年，张昭炜发表了一篇文章，讨论《东阳楼记》所见的周敦颐思想。张昭炜沿袭了王卡的断句错误，还造出了一个新的错误：他把《东阳楼记》"又从山中人得观《丹诀》一篇"这句话误断为"又从山中人得《观丹诀》一篇"，认为杨栋在平都山探访周敦颐遗事时发现了《咏阴仙丹诀》与《观丹诀》。[②] 实际上，杨栋那句话的意思是，他除了在"乱碑中，得小片周子题两绝句"，又从山中道士那里看到了一篇阴长生的《丹诀》。换言之，彼时，杨栋既看到了周敦颐的两首诗，又看到了阴真君的一篇《丹诀》。此点还可于下文证之：

---

① 王卡：《平都山道教史迹》，《世界宗教研究》1995 年第 3 期。
② 张昭炜：《〈东阳楼记〉中透视的周敦颐思想精义》，《湖南大学学报》2013年第 4 期。

宫殿都监，贝其姓，大钦其名，余杭人，赐号灵一。作小楼寮中，不侈不约，可诗可觞，爱其翼然于尘外也，与客造焉。请名，适朝阳出高岗之上，因作"东阳楼"三字遗之，摘阴仙《诀》中语也。今又十余年矣，丹诀则已忘之，唯周子诗中之意炯然心目。[①]

"摘阴仙《诀》中语"云云，说明杨栋看到了阴长生的《丹诀》，否则，摘《诀》中语又如何可能？"丹诀则已忘之，唯周子诗中之意炯然心目"云云，则明显有将《丹诀》与周子诗对举之意，换言之，《丹诀》自是《丹诀》，周子诗自是周子诗，分明是两事。设若杨栋所见并非《丹诀》，而是所谓周子《观丹诀》诗，"丹诀则已忘之"云云，又从何说起？

综上，王卡、张昭炜等论者对杨栋《东阳楼记》的考察，不能不说都显粗略，还须做更仔细的研究。

史载，杨栋尝进对，帝（笔者按：宋理宗）曰："止是正心修身之说乎？"栋对曰："臣所学三十年，止此一说。用之事亲取友，用之治凋郡、察冤狱，至为简易。"[②]史官论曰："栋之学本诸周（敦颐）、程氏（二程）"[③]，"杨栋学本伊、洛"[④]。

---

① （宋）邓牧：《洞霄图志》卷六，丛书集成初编，据知不足斋丛书排印，上海：商务印书馆，1936 年，第 28 页。
② 《宋史》卷四二一，第 12586 页。
③ 《宋史》卷四二一，第 12587 页。
④ 《宋史》卷四二一，第 12603 页。

从这个情况来看，杨栋是理学的追随者，这一点也许可以解释他寻访周敦颐遗迹的兴趣。杨栋学有根底，又为显宦，"负海内重望"[1]，当不会故为诡诞之说以欺世，所以《东阳楼记》应该还是可信的。

此文落款："咸淳元年中春，资政殿学士、宣奉大夫、眉山杨[2]栋记并书，光禄大夫、参知政事、姚希得篆盖。"（《洞霄图志》卷六，第82页）

查《宋史·姚希得传》，咸淳元年（1265），姚希得提举洞霄宫[3]。而杨栋本人也曾提举洞霄宫，并长期奉祠[4]。这大概就是《东阳楼记》会被邓牧编入《洞霄图志》的原因。

杨栋文中提到，平都山访碑之后，"二十年间往来于心未忘也"，由咸淳元年上推二十年，是为淳祐五年（1245）。也就是说，杨栋于淳祐五年前后所见断碑文字如此。那么，《读英真君丹诀》诗最早又是什么时候被收入周敦颐文集的呢？要回答这个问题，就不能不考察周敦颐文集的早期版本。

---

① 《宋史》卷四二一，第12587页。
② "杨"（楊），原文误写作"阳"（陽），今径为改正。
③ 咸淳元年，度宗即位，《宋史·姚希得传》云："度宗即位，（希得）授同知枢密院事兼权参知政事，寻授参知政事。以言罢，授资政殿学士、提举洞霄宫。"（《宋史》卷四二一，第12590页）
④ 《宋史·杨栋传》云："台州守王华甫建上蔡书院，言于朝，乞栋为山主，诏从之。因卜居于台。寻授资政殿学士，知建宁府，不拜，以旧职提举洞霄宫。复依旧职知庆元府、沿海制置使，以监察御史胡用虎言罢，仍奉祠。加观文殿学士，知庆元府、沿海制置使，又不拜，仍奉祠。乃以资政殿大学士充万寿观使。"（《宋史》卷四二一，第12586—12587页）

首先进入我们视野的是现藏北图的宋刻《元公集》。曾有论者认为，此本"即宋长沙建安刻本"[①]。还有学者断定，此本为南宋学者度正所辑。[②] 唐之享则称，此本是周敦颐文集最早的宋刻本。[③]

实际上，这些说法都不正确。在笔者之前，粟品孝已指出，此本并非度正所辑，亦非周敦颐文集最早宋刻。[④] 其说甚明，毋庸再赘。这里，我们对"宋长沙建安刻本"问题做一辨证。

唐之享对此说已有所疑："至于是否就是长沙建安刻本，也未足信，因为长沙建安本为朱熹所编订，成书于乾道己丑（1169），而《元公周先生濂溪集》所收附录最晚收到了咸淳六年（引者按：1270）的《江州增贡额记》。"[⑤]

唐氏注意到《元公集》收录文字下限到咸淳六年，诚为卓识。但"长沙建安本为朱熹所编订，成书于乾道己丑（1169）"

---

① 梁绍辉：《周敦颐评传》，南京：南京大学出版社，1996年，第409页。
② 参见《元公周先生濂溪集提要》，载"宋集珍本丛刊"《元公周先生濂溪集》卷首。
③ 唐之享：《重刊宋版〈元公周先生濂溪集〉序》，《元公周先生濂溪集》卷首，长沙：岳麓书社，2006年，第2页。
④ 粟氏对现存两部周敦颐文集的宋刻本的刊刻年代都做了考证：宋刻《濂溪集》当刻于南宋理宗后期，最早不会超过宝祐三年（1255），更不会是淳祐年间（1241—1252）；宋刻《元公集》当刻于宋度宗咸淳六年（1270）后不久，但必在恭帝德祐元年（1275）之前。参见粟品孝：《现存两部宋刻周敦颐文集的价值》，《四川大学学报》2010年第3期，第62—63页。据此，也就否定了宋刻《元公集》为度正所辑以及宋刻《元公集》为周敦颐文集最早宋刻本等说法。
⑤ 唐之享：《重刊宋版〈元公周先生濂溪集〉序》，《元公周先生濂溪集》卷首，第2页。

云云，则反映出，他没有意识到"长沙建安本"是一个有问题的说法。粟品孝的考证对"长沙建安刻本"之说实际已构成否定，但他在文中仅表示存疑，且袭用了梁氏"宋长沙建安本"一语："梁绍辉先生著《周敦颐评传》（南京大学出版社，1996年），在附录部分介绍此本时，说是'宋长沙建安本'，不知何据"[1]，从而未能明发其误。

将宋刻《元公集》当作"宋长沙建安刻本"，其失不仅在于误断了宋刻《元公集》的年代，还在于把本来独立的两个版本误解为一个版本。长沙本与建安本是朱子编的两个周敦颐著作的版本：前者刊于乾道二年[2]，后者刊于乾道五年。长沙本与建安本之得名，源于其刊刻地点，长沙本刻于湖南长沙，建安本刻于福建建阳[3]，二者各自独立，根本不存在什么长沙建安本。梁氏"长沙建安本"一语的由来，据笔者推测，当是误读朱子《再定太极通书后序》所致：

（濂溪）先生之书，近岁以来，其传既益广矣，然皆不能

---

① 粟品孝：《周敦颐文集三个版本的承续关系》，《宋代文化研究》第二十辑，成都：四川文艺出版社，2013年，第302页注2。

② 长沙本刊于乾道二年，此据束景南考证，参见束景南《朱熹年谱长编（增订本）》，上海：华东师范大学出版社，2014年，第348—350页。

③ 方彦寿指出，建安是福建建阳历代刻书家中用得最多的地名。宋元时期以建安地名刻书者，绝大部分在建阳。之所以以建安为号，是因为建安作为地名更古老，汉献帝建安初年即设建安。参见方彦寿：《宋代"建本"地名考释》，《福建史志》1987年第6期。

无谬误，唯长沙、建安板本为庶几焉，而犹颇有所未尽也。①

　　宋刻《元公集》卷四也收录了朱子这篇后序，承前《太极图通书后序（建安本）》，题作《又（南康本）前人》。湖南省濂溪学研究会整理的《元公周先生濂溪集》（岳麓书社本）在标点"长沙建安板本"时，跟《朱子全书》一样，中间亦不加顿号，即"唯长沙建安板本为庶几焉"。为此书作序的唐之享，之所以误用"长沙建安本"一语，想来，跟这个错误标点也许不无关系。

　　其实，如果稍微仔细阅读此序之前的《太极图通书后序（建安本）》，就不难了解，长沙本与建安本是两个不同的版本：

　　　　右周子之书一编，今春陵、零陵、九江皆有本，而互有同异。长沙本最后出，乃熹所编定，视他本最详密矣，然犹有所未尽也。②

　　标题上有"建安本"字样，朱子在这里又对长沙本有所评论，则建安本与长沙本并非一本，且长沙本在建安本之前，夫复何疑？

---

① 《晦庵先生朱文公文集》卷七六，《朱子全书》第24册，第3652页。着重号为引者后加，标点有改动，原标点者在长沙与建安之间没有加顿号，反映其不了解"长沙建安板本"这句话实际上是把两个版本合在一起说的。
② 宋刻《元公集》卷四《太极图通书后序（建安本）》，第44页；宋集珍本丛刊，第444页。

无论如何，包括《元公集》在内的现存两部宋刻周敦颐文集不是最早的版本。不仅不是最早的版本，而且其编刻至少在杨栋访碑的淳祐五年（1245）之后十年。[①] 如此一来，我们就没有把握说，《读英真君丹诀》之被收入周敦颐文集，一定早于杨栋淳祐五年所见者。那么，这是不是就意味着，我们应当接受杨栋《东阳楼记》之说呢？

并非如此。一个关键证据是，卒于宋宁宗庆元六年（1200）的朱子，生前就已见过周敦颐这首诗。在写给弟子蔡元定的一封信中，朱子这样说：

> 阴君《丹诀》，见濂溪有诗及之，当是此书。彼之行此而寿考，乃吃猪肉而饱者。吾人所知，盖不止此，乃不免于衰病，岂坐谈龙肉而实未得尝之比耶？[②]

"阴君《丹诀》"，《朱子全书》整理者标点作"《阴君丹诀》"，笔者认为，既然并不存在一部题为《阴君丹诀》这样的书，所以此处标点宜作"阴君《丹诀》"。[③]

---

① 这个推算利用了前揭栗品孝的考证：宋刻《濂溪集》不会早于宝祐三年（1255），宋刻《元公集》不会早于咸淳六年（1270）。

② 《晦庵先生朱文公续集》卷三《答蔡季通》（昨日之别），《朱子全书》第二十五册，第4709—4710页。

③ 束景南亦如此断句，参见束景南：《朱子大传》，北京：商务印书馆，2003年，第1066页。

朱子此书作于宋宁宗庆元四年戊午（1198）[1]，其中没有具体引用周诗，我们无法了解其所见者是否就是后来周敦颐文集所收版本。但朱子在庆元四年提到他见过周敦颐有诗论及阴君《丹诀》，这个事实足以说明：在杨栋访碑之前近五十年，周敦颐《读阴真君丹诀》一诗就已流传于世。换言之，在杨栋之前至少半个世纪，就已经有人从仙都观石刻将周敦颐有关阴真君丹诀这首诗传抄而去。

按照常理，传抄者当日所见石刻，一定比过了半个世纪的杨栋所见者要清晰与完整。事实上，周敦颐《题酆都观》诗一共三首，杨栋淳祐五年（1245）来访之际，已然只看到其中两首，所谓"乱碑中，得小片周子题两绝句"。更何况，杨栋的记录是他在观碑之后二十年所做的追忆，误记的可能并非不存在。

总之，杨栋《东阳楼记》对周子《丹诀》诗的描述并不必然比传世本周子文集所收者更为可信。这样，借助于朱子庆元四年这封《答蔡季通》书，我们可以确定，濂溪《丹诀》诗第三句当是"子自母生能致主"而非"子自母生能致立"。那么，"主"字何以会被杨栋认作"立"字？笔者推测，可能是因为年久碑裂，"主"字中间一竖已不复辨认，遂被误为"立"字。

---

[1] 陈来与束景南对此书年代的考证皆如此，参见陈来《朱子书信编年考证（增订本）》，北京：生活·读书·新知三联书店，2007年，第482—483页；束景南《朱熹年谱长编（增订本）》，上海：华东师范大学出版社，2014年，第1297页。

三、《丹诀》诗的写作时间

关于《丹诀》诗的写作时间，日本学者吾妻重二曾断为周子44 岁所作。[①] 他在正文中没有给出具体论证，只是做了一个注：

> 参照许毓峰《周濂溪年谱》（《中国文化研究丛刊》[②]三，1943 年）。《新编中国名人年谱集成》中所收录的《宋周濂溪先生惇[③]颐年谱》（台北：商务印书馆，1986 年）与此相同。（《思想与文献》，第 178 页注 2）

查许《谱》，"宋仁宗嘉祐五年庚子（1060）先生四十四岁"条谓：

> 正月，先生在合阳，沿外台檄按临赤水县簿书。（据李埴跋先生与令君费琦唱酬诗[④]）与将仕郎赤水令费琦游龙

---

① 参见〔日〕吾妻重二：《〈太极图〉之形成——围绕儒佛道三教的再检讨》，原载《日本中国学会报》第 46 集，1994 年。中译收入吴震、吾妻重二主编：《思想与文献——日本学者宋明儒学研究》，上海：华东师范大学出版社，2010，下引简称《思想与文献》，不再说明。

② "丛"字，原文误作"从"，径改。

③ "惇"字，原文误作"敦"，今据许《谱》实际改。

④ 李埴（约 1161－1238），字季允，一作季永，号悦斋，眉州丹棱（今四川眉山市丹棱县）人，李焘第七子，学者称悦斋先生。《宋元学案》卷七一《岳麓诸儒学案》有传。濂溪与费琦唱和诗八首之后附有作于绍定庚寅春分日

多（案《四川通志》，龙多山在合州西北百里。）尝①与费琦唱和诗八首，刻于高崖。（文见《濂溪集》卷八）先生居合时，尝撰《冠鳌亭》诗曰："紫霄峰上读书台，深锁云中久不开。为爱此山真酷似，冠鳌他日我重来。"（据《四川通志》卷三九）又《读英真君丹诀》诗（《题酆都观三首》之一②），曰："始观丹诀信希夷，盖得阴阳造化机。子自母生能致主，精神合后更知微。"（据《濂溪集》卷八）③

许氏将《丹诀》诗系于嘉祐五年条下，未知何据。笔者认为，《丹诀》诗的写作时间至迟不会晚于嘉祐元年十一月。这是因为，此诗为濂溪赴任合州途经酆都仙都观而题，而濂溪经过酆都的时间不可能晚于嘉祐元年十一月。以下试说明之。

关于濂溪赴任合州判官的时间，从南宋度正（1166—1235，

的《李悦斋跋》，跋云："……乃得濂溪周元公与令君费琦唱酬诗八首，实嘉祐五年正月所刻。"（见《元公周先生濂溪集》卷六，第489页；《周子全书》卷一七，第343页；丛书集成初编《周濂溪集》卷八，据清同治五年刻正谊堂全书本《周濂溪先生全集》十三卷排印，上海：商务印书馆，1936年，第148页）

① "尝"原文误作"当"，疑因"甞"与"當"形近而致误，今据文意改正。

② 《读英真君丹诀》诗，为《题酆都观三首》之二，之一为《仙都观》（参见《元公周先生濂溪集》卷六，第490页；《周子全书》卷一七，第345页；《周濂溪集》卷八，第148页）。

③ 许毓峰：《宋周濂溪先生惇颐》，收入王云五主编：《新编中国名人年谱集成》第二十辑，台北：商务印书馆，1986年，第52—53页；吴洪泽、尹波、舒大刚主编：《儒藏·史部·儒林年谱·周濂溪年谱》，成都：四川大学出版社，2007年，第701页。

字周卿，合州人）以来，皆系于嘉祐元年，实误。度正所作周子《年表》云：

> 嘉祐元年丙申（尽八年）。先生时年四十，以太子中舍佥署合州判官事。先生性好山水，泝峡至秭归，闻龙昌洞之胜，与庐陵蒋概、洪崖彭德纯游焉，蒋记之（引者按：即《巴东龙昌洞行记》①），事见《秭归集》。十一月，至合州。十日，视事。有回谒乡官昌州司录黄君庆牒（牒见遗文）。是岁，转殿中丞，赐五品服。……②

《年谱》云：

> 嘉祐元年丙申（1056）。先生时年四十。改太子中舍佥书，署合州判官事。先生性好山水，泝峡至秭归，闻龙昌洞之胜，与庐陵蒋概、洪崖彭德纯游焉。至十一月，至合州视事。③

---

① 蒋概：《巴东龙昌洞行记》（嘉祐二年五月），《全宋文》卷九三一，第43册，曾枣庄、刘琳主编，上海：上海辞书出版社；合肥：安徽教育出版社，2006年，242—243页。校点者云，此文录自正谊堂全书本《周濂溪集》卷八。按：此文在商务印书馆丛书集成本《周濂溪集》卷八，第153—155页；宋刻《元公周先生濂溪集》卷六，页三〇—三四（宋集珍本丛刊，492—494页）。
② 《元公周先生濂溪集》卷首"年表"页一〇，第339页。
③ 《周敦颐年谱》，《周敦颐集》"附录一"，第104—105页。

可以看到，无论是《年表》还是《年谱》，都把濂溪改署合州事系于"嘉祐元年"条下，后来论者亦多从之。如梁绍辉写道：

> 嘉祐元年（1056），40 岁的周敦颐离开南昌，以太子中舍签书的头衔去合州（今重庆合川区）任代理判官。[1]

又云：

> 嘉祐元年丙申。先生年 41[2]。迁太子中舍签书。署合州判官。溯峡至秭归，闻龙昌洞之胜，与庐陵蒋概、洪崖彭德纯游焉。于十一月抵合州视事。[3]

吾妻重二亦云："嘉祐元年（1056）任太子中舍（朝官，正八品）、合州签书判官厅公事（四川省中部）。"[4]

然而，不得不说，嘉祐元年赴合州之任这种说法并不正确，因为，濂溪在前一年（即至和二年乙未，1055）就已启程。此由龙昌之游的时间可以推知。《年谱》称"（濂溪）沂峡至秭归，闻龙昌洞之胜，与庐陵蒋概、洪崖彭德纯游"，考龙昌之游，非

---

① 《周敦颐评传》，第 46 页。
② 此处 41 当为 40 之笔误，观下文"嘉祐二年丁酉。先生年 41"语可知。
③ 《周敦颐评传》附录"周敦颐年谱"，第 436—437 页。
④ 参见［日］吾妻重二：《论周敦颐——人脉、政治、思想》，收入吴震主编：《宋代新儒学的精神世界——以朱子学为中心》，上海：华东师范大学出版社，2009 年，第 346 页。

嘉祐元年，而是此前一年（即至和二年）六月。此点，蒋概[①]《巴东龙昌洞行记》言之甚悉：

> 予之游实在于六月，其与之游者，洪崖彭德纯、舂陵周茂叔，二子皆有泉石之趣，是行也，与予为三。今辄厚自夸大，亦命之为三游洞。……昔游在至和二年，后二年（引者按：嘉祐二年，1057）夏五月，庐陵蒋概记。[②]

文末有小字附注：

> 此先生赴合阳金判任时，泝峡至秭归，闻龙昌之盛，与庐陵蒋概、洪崖彭德纯同游，蒋概为之记，因附载行记之后。[③]

按：所谓行记，是指《濂溪集》卷六所收《东林寺题名》《澹山岩扃留题》《连州城西大云岩留题》《德庆府三州岩留题》《肇庆府星岩留题》五篇文字。附注写得明明白白：龙昌之游，事在濂溪"赴合阳金判任时"。既然龙昌之游是在至和二年六月，那么，濂溪受命署合州判官，必在至和二年六月之前。

---

① 蒋概，字康叔，吉州龙泉（今江西遂川）人，皇佑元年进士。至和中，知秭归县，后又曾知大名府。著有《蒋康叔小集》一卷。见《通志》卷七〇《艺文略》八，乾隆《龙泉县志》卷九，乾隆《吉安府志》卷二四，《宋诗纪事》卷二三。（《全宋文》卷九三一"蒋概小传"，第43册，第241页）
② 参见《元公周先生濂溪集》卷六，第494页；《周濂溪集》卷八，第155页。
③ 同上。

综合相关材料，我们可以把周敦颐至和二年到嘉祐元年两年行事排比如下：

　　至和二年（1055），自南昌知县就移金署巴川郡判官厅公事①，泝流赴局。六月，游巴东龙昌洞。随后，过夔州、云安军、万州、忠州、涪州。

　　嘉祐元年（1056），抵渝州，入巴川郡，游石照县温泉寺②，十一月，至合州。

　　酆都仙都观在忠州境内，而忠州在巴东与渝州之间。以此

---

① 周敦颐的正式头衔是：承奉郎守太子中舍金署合州军事判官公事。此据周敦颐《彭推官崇圣院诗序》："实嘉祐二年（1057）正月十五日云。承奉郎守太子中舍金署合州军事判官公事周惇实撰，将仕郎守合州石照县令王梦易题额。"（宋刻《元公周先生濂溪集》卷六，页一〇；《周濂溪集》卷八，页一四三）按《年谱》"嘉祐二年"条；嘉祐二年，丁酉，先生时年四十一。正月十五日，作《彭推官宿崇圣院诗序》。查《濂溪集》中《彭推官诗序》，知濂溪于庆历初（庆历元年，1041）为洪州分宁县主簿，尝被外台檄摄袁州庐溪镇市征之局，初闻彭应求推官诗。十五年后，即嘉祐元年（1056），濂溪自南昌知县就移金署巴川郡判官厅公事，泝流赴局，过渝州（按：渝州，宋徽宗崇宁元年（1102）改为恭州，后以高宗潜藩升为重庆府），越三舍（按：古代一舍三十里，三舍为九十里。从渝州到巴川约九十里），接巴川境，间〔按：宋刻《元公周先生濂溪集》作"间"，（清）张伯行辑《周濂溪集》作"閒"，许毓峰《周濂溪年谱》隶作"闻"，非是〕有温泉寺，舣舟游览，复睹彭应求《宿崇圣院》，遂录之而纳一本与彭氏子，后者时为益州转运使，复书表示，愿刻一石，请濂溪序于诗后，濂溪乃撰《彭推官诗序》，命工刻石，置于寺之堂。

② 温泉寺，在巴县、合州之间。唐僖宗乾符中（874—879）置温泉寺，宋真宗景德四年（1007），温泉寺受封为崇胜禅院。宋真宗大中祥符间（1008—1016），彭应求过温泉寺，题诗《宿崇圣院》于寺壁。

可推，周敦颐过酆都仙都观，当在至和二年（1055）六月后，嘉祐元年（1056）十一月前。《读英真君丹诀》即其在仙都观所题三首诗之一。由此可知，《丹诀》诗之作，不得晚于嘉祐元年十一月，无论如何，不会迟至嘉祐五年（1060），旧说误矣。

结　语

本文检讨了学界对于周敦颐《读英真君丹诀》诗的流行见解，这种见解将《丹诀》诗作为周敦颐受道教思想影响的明证。本文认为，这个说法经不起推敲。学界对于《丹诀》诗的研究明显存在不足，不仅没有注意到诗的版本尤其是异文问题，而且，把诗的写作时间也误系于嘉祐五年（1060）周敦颐四十四岁。笔者考察了《丹诀》诗的不同版本，对诗的异文给出了自己的判断。笔者还考定，《丹诀》诗至迟不得晚于嘉祐元年（1056）十一月，周敦颐时当四十岁。

［参考文献］

（一）古籍

《道藏》（三家本），北京文物出版社、上海书店、天津古籍出版社，1988 年

（宋）周敦颐著，陈克明点校：《周敦颐集》，北京：中华书局，1990 年第 1 版，2009 年第 2 版

（宋）周敦颐著，（清）董榕编：《周子全书》，万有文库国学基本丛书，上海：商务印书馆，民国 26 年（1937）

（宋）周敦颐著：《元公周先生濂溪集十二卷附濂溪先生周公年表一卷》，北京图书馆古籍珍本丛刊第 88 册，北京：书目文献出版社，1988 年

——《元公周先生濂溪集》，中华再造善本"唐宋编·集部"，北京：北京图书馆出版社，2003 年

——《元公周先生濂溪集》，四川大学古籍所编，宋集珍本丛刊第 8 册，北京：线装书局，2004 年

——《元公周先生濂溪集》，湖南省濂溪学研究会整理，长沙：岳麓书社，2006 年

——《周敦颐集》，湖南省濂溪学研究会整理，湖湘文库，长沙：岳麓书社，2007 年

（宋）张伯端撰，（清）仇兆鳌集注：《悟真篇集注》，上海：上海古籍出版社影印，1989 年

（宋）朱熹：《朱子全书》，上海：上海古籍出版社，合肥：安徽教育出版社，2002年

——《朱子语类》，北京：中华书局，1986年

（宋）邓牧：《洞霄图志》，丛书集成初编，据知不足斋丛书排印，上海：商务印书馆，1936年

（元）脱脱撰：《宋史》，北京：中华书局，1977年

（北宋）苏轼：《苏轼文集》，北京：中华书局，1998年

（元）俞琰：《席上腐谈》，文渊阁四库全书本

（清）邓显鹤编：《沅湘耆旧集前编》，道光二十四年（1844）邓氏小九华山楼刻本

（二）研究著作

朱伯崑：《易学哲学史》第二卷，北京：华夏出版社，1995年

［法］施舟人：《道藏索引——五种版本道藏通检》，上海：上海书店，1996年

李养正：《〈太极图〉、〈无极图〉、〈太极先天图〉蕴义及源流考辨》，《中国道教》1984年第14期

——《道教经史论稿》，北京：华夏出版社，1985年

柳存仁：《理学三题》，（香港）《明报月刊》第27卷第9期（1992年）

——《外国的月亮》，上海：上海古籍出版社，2002年

陈鼓应：《论周敦颐〈太极图说〉的道家学脉关系——兼论濂溪的道家生活情趣》，《哲学研究》2012年第2期

卿希泰：《中国道教思想史纲》第二卷，成都：四川人民出版社，1985年

——《中国道教史》第二卷，成都：四川人民出版社，1992 年

——《中国道教史（修订本）》第二卷，成都：四川人民出版社，1996 年

章伟文：《陈抟与〈阴真君还丹歌注〉关系略考》，《中国道教》2007 年第 6 期

孔令宏：《道教新探》，北京：中华书局，2011 年

王卡：《平都山道教史迹》，《世界宗教研究》1995 年第 3 期

张昭炜：《〈东阳楼记〉中透视的周敦颐思想精义》，《湖南大学学报》2013 年 27 卷第 4 期

钱穆：《论太极图与先天图之传授》，收入所著：《中国学术思想史论丛（五）》，台北：东大图书公司，1984 年

梁绍辉：《周敦颐评传》，南京：南京大学出版社，1996 年

唐之亨：《重刊宋版〈元公周先生濂溪集〉序》，《元公周先生濂溪集》卷首，长沙：岳麓书社，2006 年

何忠盛：《南宋学者度正生平著述考辨》，《古籍整理研究学刊》2013 年第 2 期

粟品孝：《现存两部宋刻周敦颐文集的价值》，《四川大学学报》2010 年第 3 期

——《周敦颐文集三个版本的承续关系》，《宋代文化研究》第二十辑，成都：四川文艺出版社，2013 年

田智忠：从"舂陵本"《通书》论《通书》的早期流传，《周易研究》2013 年第 1 期

束景南：《朱子大传》，北京：商务印书馆，2003 年

——《朱熹年谱长编（增订本）》，上海：华东师范大学出版社，2014 年

方彦寿：《宋代"建本"地名考释》，《福建史志》1987年第6期

潘雁飞：《周敦颐诗校注》，《湖南科技学院学报》第27卷第3期（2006年）

董金裕：《周濂溪集今注今译》，台北：商务印书馆，2011年

陈来：《朱子书信编年考证（增订本）》，北京：生活·读书·新知三联书店，2007年

丁培仁：《求实集——丁培仁道教学术研究论文集》，成都：巴蜀书社，2006年

[日本]吾妻重二：《〈周易参同契考异〉之考察》，收入吴震、吾妻重二主编：《思想与文献：日本学者宋明儒学研究》，上海：华东师范大学出版社，2010年

——《朱子学的新研究——近世士大夫思想的展开》，北京：商务印书馆，2017年

第二章

猪肉与龙肉

——朱子与道教丹学的一段公案

引　言

朱子晚年因衰病而留意养生，其化名"空同道士邹䜣"撰《周易参同契考异》一事被认为是这种心态的流露。[①]《周易参同契》传为后汉末年魏伯阳所作，被推崇为"万古丹中之王"[②]、"万古丹经之祖"[③]。朱子既撰《周易参同契考异》，自然就摆脱不了与道教丹学的干系。那么，朱子是否亲身修习过道教丹学？如果确曾修习，朱子所修又究竟是内丹还是外丹？对

---

① 原刊《世界宗教研究》2019 年第 5 期，收入本书时做了修订。关于朱子何以化名撰《周易参同契考异》一事，历来有很多解释甚至猜测，养生说是其一。详见［日］吾妻重二：《〈周易参同契考异〉之考察》，原载《日本中国学会报》第 36 集，1984 年，修订本收入吴震、［日］吾妻重二主编《思想与文献：日本学者宋明儒学研究》，上海：华东师范大学出版社，2010 年，第 194－213 页；以及［日］吾妻重二：《朱子学的新研究——近世士大夫思想的展开》，北京：商务印书馆，2017 年，第 185－209 页。
② 《道枢》卷三五，明正统道藏本。
③ 阮登炳：《周易参同契发挥序》，载俞琰：《周易参同契发挥》卷首，《周易参同契集释》，北京：中央编译出版社，2015 年，第 267 页。需要说明的是，尽管《周易参同契》被认为是丹经之祖，但是它究竟属外丹还是内丹，

于这些问题，学界已做了很多研究。其中，不少论者都比较重视朱子晚年写给蔡元定（1135－1198，字季通）的一封信[①]，将其视为朱子从事道教修炼的一段"夫子自道"。在这封信中，朱子这样写道：

> 阴君《丹诀》，见濂溪有诗及之，当是此书。彼之行此而寿考，乃"吃猪肉而饱"者。吾人所知，盖不止此，乃不免于衰病，岂"坐谈龙肉而实未得尝"之比耶？[②]

一直有所争议，朱熹是把它当作内丹书来读，这种观点也受到一些现代学者的支持，如陈国符，参见所著《道藏源流考》（北京：中华书局，1963年）。还有学者认为，《参同契》是房中术。关于《参同契》性质的争论，可参柳存仁：《朱熹与〈参同契〉》（收入《国际朱子学会议论文集》，台湾"中研院"中国文哲研究所，1993年，第819－856页）。近年，张振谦提出，从传播史和注释史来看，对《参同契》的认识，大致以中唐为界，此前侧重从"炉火服食"的外丹理论理解，此后侧重从"引内养性"的内丹学理解。（说见氏著《道教文化与宋代诗歌》，北京：人民文学出版社，2015年，第233页）按：此说亦只是大略而言，实际上，就本文讨论的文本来看，直到北宋，明显属于外丹书性质的《参同契》文本仍在流行，周敦颐《读英真君丹诀》诗所言之《参同契》版本（所谓"阴君丹诀"，亦即传为阴长生所注之《参同契》文本）即是其证。详后正文所论。关于《参同契》复杂的版本情况，详见钦伟刚：《朱熹与〈参同契〉文本》（成都：巴蜀书社，2005年）。

① 此书未标年月，陈来与束景南皆考为宋宁宗庆元四年（1198），参见陈来：《朱子书信编年考证（增订本）》，北京：生活·读书·新知三联书店，2007年，第482－483页；束景南：《朱熹年谱长编（增订本）》，上海：华东师范大学出版社，2014年，第1297页。据此而言，通信的一方朱子68岁（两年后谢世），另一方蔡元定63岁（当年辞世）。

② 《答蔡季通》十二"精舍阒然"，《晦庵先生朱文公续集》卷三，《朱子全书》第二十五册，合肥：安徽教育出版社、上海：上海古籍出版社，2002年，第4709－4710页。本段标点与《朱子全书》本颇有不同，读者幸留意焉。其详容后正文说明。

"猪肉""龙肉"云云，显然是理解这段话的关键。从朱子的口气来看，似乎蔡元定完全明白这些词的含义，所以未做任何解释。那么，"猪肉""龙肉"究竟何指？笔者在查阅现有一些论著后，发现这个问题并没有得到很好的解决，故撰此文，期望引起进一步的讨论①。

文章分四部分，第一部分检讨柳存仁（1917－2009）关于"猪肉""龙肉"的看法，指出其失；第二部分检讨吾妻重二（1956－ ）的相关解释，提出商榷；第三部分，结合俞琰（约1258－1314）的《席上腐谈》，对朱子的内丹修炼问题给出一个解释；第四部分，举出一条反证质疑现有关于"阴君丹诀"是《阴真君还丹歌注》之说，为王卡（1956－2017）关于"阴君丹诀"是《阴真君金丹诀》的推测补充了一个证据，同时结合《道枢》所收《参同契》文本推测"阴君丹诀"应当是唐代以来流传的丹诀类《参同契》。

一、柳存仁之误

柳存仁在1992年发表的一篇文章中谈到他对朱子信中所谓"吃猪肉"的理解。

---

① 关于"阴君《丹诀》"，笔者在《朱子与濂溪诗〈读英真君丹诀〉》一文（发表于《朱子学刊》第27辑，2018年1月）已有所及，本文则围绕"猪肉""龙肉"之譬的含义问题做更深入的探讨。

柳氏原文枝蔓甚多[①]，不便具引，今撮其大意如下：

1. "阴君丹诀"即托名阴长生、题陈抟注的《阴真君还丹歌注》，这部书实际是讲"御女损益"理论的。

2. 朱子知道这部书的性质，用"吃猪肉"来婉指"御女之术"。

3. 周敦颐借助这种"吃猪肉"的《丹诀》而中年得子。

柳存仁的这些看法很成问题。首先，他没有提供任何证据证明朱子所说的"阴君丹诀"就是《阴真君还丹歌注》。其次，他不了解朱子关于"猪肉""龙肉"之说其实是用了苏东坡的典故。

"阴君丹诀"的问题相对复杂，我们放到后面详细讨论，这里先来看后一点。苏东坡《答毕仲举》书云：

---

① 柳文从《参同契》说起，然后提到，借用《参同契》的名相去讲"御女损益"理论的书在宋代特别猖獗，接着，他举了两个例子：一个是托名阴长生注的《金碧五相类参同契》（《道藏》卷五八九），另一个是托名阴真君，题陈抟注的《阴真君还丹歌注》（《道藏》卷五九）。柳存仁认为，虽然朱熹注《参同契》主要是把它当作讲内丹的书，但朱熹却知道《阴君丹诀》这部书，证据就是朱熹给蔡元定的那封信。柳存仁说："朱熹的话，反讽（irony）的意思很浓，他当然不会是提倡'吃猪肉'的人"，但周敦颐却对"吃猪"的《阴君丹诀》发生兴趣，证据是周敦颐那首《读阴真君丹诀》诗。柳存仁进而调侃道："敢情周敦颐早年无子，'孟子曰：不孝有三，无后为大'（《离娄上》），周濂溪一定得生个儿子，所以就不能不借重一下这部题名陈希夷注的《丹诀》了。《濂溪集》卷九载有成都吕陶《贺周茂叔弄璋》的诗，称'蓝田宝璞真稀世，丹穴仙雏亦为时'（页一六二），又有何平叔《闻周茂叔中年有嗣以诗贺》（页一六一），都证明这个推测，是有根据的"〔柳存仁：《理学三题》，（香港）《明报月刊》第27卷第9期，1992年，收入氏著《外国的月亮》，上海：上海古籍出版社，2002年，第243—244页〕。

往时，陈述古好论禅，自以为至矣，而鄙仆所言为浅陋。仆尝语述古：公之所谈，譬之饮食，龙肉也，而仆之所学，猪肉也。猪之与龙，则有间矣。然公终日说龙肉，不如仆之食猪肉，实美而真饱也。[①]

可以看到，"龙肉""猪肉"之譬是苏东坡与友人陈述古打的一场口头官司。后者平时好谈禅学，自以为高，视东坡之言为浅为陋；而东坡则反唇相讥，把陈述古津津乐道禅学的做法比作"终日说龙肉"，认为不如他之所学虽然浅陋如猪肉，却是实实在在地食之而能得真饱。朱子用东坡此典，意思是说：周子实实在在地按照阴真君《丹诀》养生，而获得寿考[②]，就像东坡所说的吃猪肉而饱者，他与蔡元定所知养生之学（此指传为魏伯阳撰《参同契》）远超阴真君《丹诀》，却一直停留在书面，而没有付诸实践，故不免于衰病，这就像东坡所讽刺的那种终日说龙肉而不曾尝一口者。

柳存仁一时失检，将"吃猪肉"望文生义地理解为"御女"之法，实不足为训。东坡"猪肉""龙肉"之譬，其实并不冷僻，在笔者之前，吾妻重二发表于1984年的一篇论文就已正确地指出，朱子的"猪肉""龙肉"之譬来自东坡。

---

① （北宋）苏轼：《答毕仲举二首（黄州）》，《苏轼文集》卷五六，北京：中华书局，1986年，第1671—1672页。

② 然而，令人不解的是：周敦颐（1017—1073）只活了57岁，而朱子此时已68岁，何以他还要说周敦颐"行此而寿考"？一个可能的解释是，朱子指的不是周敦颐，而是阴真君。因为传说阴真君活了三百多岁（据《神仙传》）。

至于猪肉与龙肉之譬喻，见于苏轼《答毕仲举书》（《经进东坡文集事略》卷四五），龙肉为最上乘的方法，猪肉则是其次的通俗的方法。要之，朱熹在这里感叹道：我们不仅了解了猪肉一般的《阴君丹诀》，甚至连被比作最上乘之龙肉的"魏书"即《参同契》也已掌握，却仍不能免于病痛。[①]

尽管吾妻重二对"猪肉""龙肉"做出了正解理解，然而他对这段话涉及的另一重要名词"阴君丹诀"，却跟柳存仁一样，也把它理解为托名阴长生（阴真君）著、陈抟注的《阴真君还丹歌注》。以下，我们就来检讨吾妻重二的相关论述。

二、吾妻重二之失

吾妻重二说：

> 所谓"朱衣道士"传授《阴君丹诀》一事，也许是指五代宋初年间的道士陈抟所著《阴真君还丹歌》（《道藏》第 4 册），是讲述内丹养生术的歌诀。[②]

---

① ［日］吾妻重二：《〈周易参同契考异〉之考察》，《思想与文献》，第 201 页；《朱子学的新研究》，第 194 页。
② ［日］吾妻重二：《〈周易参同契考异〉之考察》，《思想与文献》，第 201 页；《朱子学的新研究》，第 194 页。

这是把"朱衣道士谆谆之诲"的内容直接理解为所谓《阴君丹诀》，进而又把《阴君丹诀》坐实为《阴真君还丹歌》。不能不说，这里有很多经不起推敲之处。

首先，即便如他所言，《阴君丹诀》就是《阴真君还丹歌》，那么也应当了解，《阴真君还丹歌》的作者并非陈抟，陈抟只不过是《阴真君还丹歌》的注者。[①] 这个问题还不是最要紧的，更严重的问题是：吾妻重二以什么根据认定《阴君丹诀》就是《阴真君还丹歌》呢？看其表述，他之所以把"阴君丹诀"理解为陈抟所注《阴真君还丹歌》，似乎是由于他在解读朱子这封信时把"阴君丹诀"与前文"朱衣道士谆谆之诲，岂无意耶"[②]那句话连起来考虑了。

然而，朱衣道士传授《阴君丹诀》一事，且不说从原文找不到这样理解的根据，即便我们能够同意，这个说法本身也是不完整的：朱衣道士向谁传授《阴君丹诀》？朱衣道士又是何人？从作者以《阴君丹诀》为陈抟所著这一点来看，作者似乎是把陈抟视为朱子所说的"朱衣道士"。然而，没有任何证据显

---

① 署名"希夷陈抟注"的《阴真君还丹歌注》，凡一卷，见明代经夹本《道藏》成字号第4卷；民国上海涵芬楼线装本《道藏》第59册；台北：艺文印书馆1977年影印本《道藏》第4册，第2679页；台北：新文丰出版公司1977年影印本《道藏》第4册，第221页；文物出版社（北京）、上海书店（上海）、天津古籍出版社（天津）1988年联合出版影印本《道藏》第2册，第878页。据施舟人：《道藏索引——五种版本道藏通检》，上海：上海书店，1996年，第265页。

② 《答蔡季通》一二"精舍阒然"，《晦庵先生朱文公续集》卷三，《朱子全书》第二十五册，第4709页。

示，陈抟还有一个"朱衣道士"这样的外号。

其实，细绎朱子原书，不难发现，朱子所说的"朱衣道士"与"阴君丹诀"事无关，而是承前论王参政事所发。关于这一点，如果我们分析朱子这封信的整体结构，就会看得明白。这封信很长，头绪亦多，我们按文意将原文分为十三小节，并为每节加了小标题，若干重要名词在脚注中加以解释。

1. 论精舍事

精舍①阒然，时有一二，亦不能久。法器固不敢望，其能依人口说，着实读书者，亦自殊少，甚可叹也。间亦自思，此理人人有分，不应今日独如此难启发，恐亦是自家未有为人手段，无以副其远来之意，甚自愧惧耳。

2. 论吴伯丰

吴伯丰②在后生中最为警敏，肯着实用功，近年说得尽有条理，乃不幸而蚤死。死后闻其立志守节，不为利害移夺，尤使人痛惜也。汝玉、彦中乃能相念如此，甚不易得。

① 即坐落于福建建阳考亭的沧州精舍，初名竹林精舍，构于绍熙三年（1192），两年后扩建而更名。直到庆元六年（1200）三月九日，病逝前的朱子大部分时间都在此讲学著述。

② 即吴必大（1146－1197），字伯丰，号存斋，晚事朱子，议论操守为儒林所重。其闻权臣陷朱子为伪学，即致仕去。

3. 论杨子直

得杨子直①书，亦奉问，但似云不敢相闻。前日答之，不曾入题，只云：小时见赵忠简②、李参政③诸公在海上④，门人亲旧岁时问讯不绝，如胡澹庵⑤，犹日与知识唱和往来⑥，无所不道，秦桧亦不能掩捕而尽杀之，盖自有天也。

---

① 即杨方（1134—1211），字子直，入朱子之门甚早，然与朱子意见常背。朱子遭伪学之禁，其人似有避嫌意，此信以下所云"既可叹惜，又可深为平生眼不识人之愧"即为此而发。《朱子语类》卷一〇七载朱子与黄榦一段对话，可窥一二。直卿云："先生去国，其他人不足责，如吴德夫（引者按：吴猎）、项平父（按：项安世）、杨子直（按：杨方）合乞出。"先生曰："诸人怕做党锢，看得定，是不解恁地。且如杨子直，前日才见某入文字，便来劝止，且攒着眉做许多模样。某对他云：'公何消得恁地？如今都是这一串说话，若一向绝了，又都无好人去。'"（叶贺孙）（北京：中华书局，1986 年，第 2669 页）关于杨方之在朱门情形，可参陈荣捷：《朱子门人》"杨方"条（上海：华东师范大学出版社，2007 年，第 184—185 页）。
② 即赵鼎（1085—1147），谥忠简，朱子有《跋赵忠简公帖》《再跋赵忠简公帖》（俱载《文集》卷八三）。
③ 即李光（1078—1159），绍兴七年任参知政事。
④ 绍兴十四年（1144），赵鼎被贬往海南吉阳军（今三亚）安置，绍兴十七年（1147）卒于当地。绍兴十四年（1144），李光被贬琼州，直到绍兴二十五年（1155）量移湖南郴州。
⑤ 即胡铨（1102—1181），字邦衡，号澹庵。
⑥ 赵鼎、李光、胡铨等人在海南流放之时，依然书信不断，相互唱和，如李光有《次韵赵丞相海鸣二首》，其一："幽人一枕梦魂清，风鼓寒潮夜有声。海色天容本澄清，年来应为不平鸣。"其二："身如一叶任风飘，闭眼观心路匪遥。惯听海鸣还熟寝，未妨归梦趁回潮。"胡铨有《寄参政李光》诗："海风飘荡永云飞，黎婺山高日上迟。千里孤身一樽酒，此情惟有故人知。"因此之故，李光在琼州时被人以"与胡铨诗赋倡和。讥讪朝政"的罪名告发，而再移昌化军。（参见《宋史》卷三六三《李光传》）胡铨《哭赵公鼎》一诗："以身去国故求死，抗疏犯颜今独艰。阁下特书三姓在，海南惟见两翁还。一抔孤冢寄琼岛，千古高名屹太山。天地只因悭一老，中原何日复三关？"（《澹庵文集》卷三，文渊阁四库全书本），书三人共患难之情甚至。

以此知，人之度量相越，其不啻九牛毛。既可叹惜，又可深为平生眼不识人之愧也。

4. 托寄与周纯臣书

周纯臣，顷有一书，托直卿寄之，而不能达，却持以归。今再作数字，并附去奉浼，能为转寄，幸甚。然须有的便，乃可遣也。[①]

5. 论陈廷臣及郡中诸人

陈廷臣[②]在营道不久，故人少识之。然见其诗亦颇跌宕，想亦以此不为人所敬耳。别幅所示郡中诸贤，闻之不胜悚叹。赵守，笃老静退，子弟皆贤，诚不易得。其名谓何？幸批谕也。欧阳君回书，幸达之。杨、安诸公，恨亦未之识，幸各为致意也。张舶，似亦略曾相识。

---

① 朱子有《答蔡仲默（周纯臣书荷留念）》（《续集》卷三）。蔡仲默即蔡沈，蔡季通幼子，时从季通至春陵。朱子此书谢其帮忙转致与周纯臣书。

② 即陈朝老，字廷臣，事迹见朱子《答蔡季通》十一书："近至政和，见陈廷臣（朝老），崇宁间以布衣上书论事，谪居春陵，作诗甚多，亦有佳句。陈乃政和人，议论鲠切，不易得也。不知彼中尚有其踪迹否？"（《续集》卷三）

6. 论王参政

王参政[1]，早岁休官，泊然无求于世，而晚为秦桧所用，伤害忠良，助成凶虐，以此得罪于清议。朱衣道士谆谆之诲，岂无意耶？（此语密之）

7. 论阴君《丹诀》

阴君《丹诀》，见濂溪有诗及之，当是此书。彼之行此而寿考，乃"吃猪肉而饱"者。吾人所知，盖不止此，乃不免于衰病，岂"坐谈龙肉而实未得尝"之比耶？

8. 论《魏书》刻本

《魏书》[2]，一哥已刻就，前日寄来，此亦必寄去矣。校得颇精，字义音韵皆颇有据依，远胜世俗传本，只欠"教外别传"一句耳。

---

[1] 即王次翁（1079—1149），详下正文。

[2] 此指《周易参同契考异》，庆元三年（1197）七月，朱子修订《周易参同契考异》成，由蔡渊（一哥）刊刻于建阳。朱子《书〈周易参同契考异〉后》云："右《周易参同契》，魏伯阳所作。……"（《文集》卷八四）

9. 论弦望之说

前书亦尝奉扣弦望之说，不知然否？近因再看，又觉主验明白，（新本"金本是日生"，恐误作"月"字），因来更望详以见告也。若来喻所谓非入静不能见者，此实至要之诀。但人省为扰扰，不能一意向里涵泳。

10. 论《三琴图》

《三琴图》，此亦失却旧所画本，旦夕得暇，当令在子更依候气说画出，续寄去也。

11. 论《礼书》

《礼书》①，前卷已有次第，但收拾未聚。后卷则尽欠功夫，未知能守等得见此定本全编否耶？

12. 论杨簿

杨簿竟如何？江西士人不患不慷慨，但于本领上多欠功夫耳。

----

① 即后来的《仪礼经传通解》。

13. 论《党人遗事》

汤宰①所编《党人遗事》，若曾传得，幸略见示。

不难看出，朱子所论王参政事，跟前面所论陈廷臣诸人一样，应当是回应蔡元定来书所提及者，而"阴君《丹诀》"这一节则明显不是论人，而是论学了。如果读者对笔者以上分节尚存疑虑，笔者再补充一条证据，那就是，朱子原书在"朱衣道士谆谆之诲，岂无意耶"这句话后有"此语密之"四字。这条证据非常重要，正是这四个字，将"朱衣道士"云云与后面的"阴君丹诀"隔开，语意各自独立。

这里，顺便对朱子所说的这个王参政做一点考察。王参政，实即王次翁（1079－1149），字庆曾，学者称两河先生，济南人。崇宁二年（1103）进士，累官至参知政事。《宋史》卷三百八十有传。其传云：金人败盟入侵，时议罢秦桧相，次翁为言于高宗，因得免，桧德之，后擢为参知政事。次翁希桧旨，排挤赵鼎，又与桧设计，释岳飞等人兵权。绍兴十三年（1143）因忤太后而以资政殿学士提举洞霄宫，居明州。绍兴十四年（1144）致仕，绍兴十九年（1149）卒。朱子与门人间尝论及次翁其人。

---

① 即汤思退（1117－1164），绍兴末、隆兴初几度为相。

王次翁，河东人，曾做甚官，已致仕。秦桧召来作台官，受秦桧风旨，治善类，自此人始。[①]

现在的问题是：何以朱子在论王次翁时突然提到"朱衣道士谆谆之诲"，这是用到了什么典故吗？笔者认为，"朱衣道士"云云，当典出洪迈（1123－1202）《夷坚甲志》：

卫仲达，字达可，秀州华亭人。为馆职时，因病入冥府，俟命庭下。四人坐其上。西向少年者呼曰："与它检一检。"三人难之，少年曰："若不检，如何行遣！"三人曰："渠已是合还，何必检？恐出手不得尔。"少年意不可回，呼朱衣吏谕意。吏捧牙盘而上，中置红黑牌二：红者，以金书"善"字；黑者，白书"恶"字。少年指黑牌，吏持以去。少焉，数人捧簿书盈庭，一秤横前，两首皆有盘。吏举簿置东盘，桦重压至地，地为动摇。卫立不能安。三人皆失色曰："向固云不可检，今果尔，奈何？"少年亦惨沮，有悔意，须臾曰："更与检善看。"吏又持红牌去。忽西北隅微明，如落照状，一朱衣道士捧玉盘出，四人皆起立。道士至，居中而坐。望玉盘中文书仅如筯大。吏持下置西盘，盘亦压地，而东盘高举向空，大风欻起，卷其纸蔽天，如鸟鸢乱飞，无一存者。四人起相贺，命席延卫坐。

① 《朱子语类》卷一三○，"本朝五中兴至今日人物上"，第3161页。

卫拱手曰："仲达年未四十，平生不敢为过恶，何由簿书充塞如此！"少年曰："心善者恶轻，心恶者恶重。举念不正，此即书之，何必真犯！然已灰飞无余矣。"卫谢曰："是则然矣，敢问善状何事也？"少年曰："朝廷兴工修三山石桥，君曾上书谏，此乃奏稿也。"卫曰："虽曾上疏，朝廷不从，何益于事！"曰："事之在君尽矣。君言得用，岂只活数万人命。君当位极人臣，奈恶簿颇多，犹不失八座，勉之。"遂遣人导归。卫后至吏部尚书。①

　　故事中，朱衣道士出场带来了待检者的"善"簿，从而抵消了之前的"恶"簿。有意思的是，这个善簿实际上是待检者的一份奏稿，奏稿建议朝廷停止一项扰民工程，奏稿虽上，却并没有为朝廷所采纳。这份奏稿之所以被冥府如此看重，是因为冥府判断善恶的标准主要在于人心，也就是故事中借少年之口所说的道德教训：心善者恶轻，心恶者恶重。举念不正，不必真犯，就会被当作"恶"者记录在案。反之，举念正，不必果，就会被当作"善"者记录在案。洪迈的《夷坚志》好以因果报应劝善，"卫达可再生"这样的故事比比皆是。

　　回到朱子的书信，如果"朱衣道士"是典出《夷坚志》，那么，朱子那句话是说：王参政助纣为虐，难道就不怕到了阴间

_____

① "卫达可再生"，《夷坚志》卷一六，北京：中华书局，1981年，第136—137页。

那里会根据每个人的平生居心来称量善恶？言下之意，心术不正者自有天谴。这个说法带有明显的因果报应色彩，传出去对朱子的儒者形象或恐不利，所以朱子后面特别叮嘱蔡元定不要外泄（"此语密之"）。

行文至此，可能有人会提出疑问：朱子有可能用《夷坚志》"卫达可再生"的典故吗？回答是肯定的。"卫达可再生"这个故事收在《夷坚甲志》，此志成书于南宋绍兴末，出版后广受欢迎，在社会上达到了"家有其书"的程度。洪迈作于乾道二年（丙戌，1166）十二月十八日的《夷坚乙志序》云：

> 《夷坚》初志成，士大夫或传之，今镂板于闽、于蜀、于婺、于临安，盖家有其书。人以予好奇尚异也，每得一说，或千里寄声，于是五年间又得卷帙多寡与前编等，乃以乙志名之。①

乾道初（1166 年前后），朱子年届不惑。而朱子与蔡元定（季通）提到"朱衣道士"的这封信写于庆元末，朱子已年近古稀。以《夷坚初志》（亦即《夷坚甲志》）的流行与朱子师徒的博洽，《夷坚初志》为他们所熟悉是很自然的事。事实上，《朱子语类》有两处提到《夷坚志》②。

---

① 《夷坚乙志》卷首，《夷坚志》，第 185 页。
② 一见卷二；又，《夷坚志》中载刘法师者，后居隆兴府西山修道。山多蜥蜴，皆如手臂大。与之饼饵，皆食。一日，忽领无限蜥蜴入庵，井中之水

另一方面，卫达可入冥故事流传甚广，宋人张镃（1153－1221，原字时可，后改字功甫，号约斋，南宋名将张俊之后）所编《仕学规范》（宋刻本）卷三一"阴德"即全文抄录。而张镃与朱子为同时人。这应该可以作为朱子熟悉出自《夷坚志》的"朱衣道士"典故的一个旁证。

皆为饮尽。饮干即吐之雹。已而风雨大作，所吐之雹皆不见。明日下山，则人言所下之雹皆如蜥蜴所吐者。蜥蜴形状亦如龙，是阴属。是这气相感应，使作得他如此。正是阴阳交争之时，所以下雹时必寒。今雹之两头皆尖，有棱道。疑得初间圆，上面阴阳交争，打得如此碎了。雹字从雨从包。是这气包住所以为雹也。（《朱子语类》卷二"理气下""天地下"，第24－25页）。（按：此条见《夷坚乙志》卷一三"嵩山三异"，而删略颇剧。参见李剑国：《〈夷坚志〉佚文综考》，《古代文献的考证与诠释——海峡两岸古典文献学国际学术会议论文集》，上海：上海古籍出版社，2006年，第843页。此条可证朱子读过《夷坚乙志》。）一见卷一〇一：陈德本云："柔直〔引者按：张觷，生年不详，卒于1138年，字柔直，福州侯官人，政和五年（1115）进士。曾为蔡京馆客，为荐杨时（龟山）。《宋史》卷三七九列传第一百三十八有传〕与李丞相极厚善。其卒也，丞相以诗哭之云：'中原未恢复，天乃丧斯人！'"儒用（引者按：即李儒用）按乡先生罗秘丞《日录》〔引者按：罗秘丞即罗廷扬，平江人，举宣和进士第三人，历官吏部郎直秘阁。参见（清）李元度《重新罗廷扬先生故宅记》，《天岳山馆文钞》卷一七〕，柔直尝知鼎州。秘丞罢舒州士曹，避地于乡之石牛寨，与之素昧平生。时方道梗，柔直在湖南，乃宛转寄诗存问云："曾闻避世门金马，何事投身寨石牛！千里重湖方鼎沸，可能同上岳阳楼？"则其汲汲人物之意，亦可见矣。是诗，《夷坚志》亦载，但以为袁问谏作，非也。又按《玉溪文集》云："柔直尝知赣州，招降盗贼"云。（《朱子语类》卷一〇一《程子门人·杨中立》，第2571页）按：第二条实为李儒用所言，不能作为朱子本人读过《夷坚志》的证据。李儒用，字仲秉，岳州平江县人，嘉泰二年（1202）进士，学者称练溪先生，有《理致集》，参见（清）陆心源《宋诗纪事补遗》卷六十一。据（明）戴铣辑《朱子实纪》，儒用所录有已未（1199）问答。（卷八）又，《宋元学案补遗》据《大明一统志》云：李儒用，长于春秋，朱子帅长沙（1194），与道人吴雄同受业于门，往复辩难。（卷六九）（转引自陈荣捷：《朱子门人》，第85页）。

吾妻重二将"朱衣道士"一句与《阴君丹诀》联起来解读，可能是因为他在引用朱子这封信时，没有注意到"朱衣道士谆谆之诲，岂无意耶"这句话后面原文还有一行小字注："此语密之。"然而，正是这行小字注，明白无误地将"朱衣道士"这一节与后面的话划为两截，"阴君丹诀"云云是另起一段，而"朱衣道士"之说是针对王参政（王次翁）而发，自与后文所述"阴君丹诀"事无关。

就分章断句而言，"阴君丹诀"以下宜另起一段。又，"阴君《丹诀》"一句，《朱子全书》整理者断作"《阴君丹诀》"，此亦欠妥。因为，实际上并不存在一部题为《阴君丹诀》那样的书，所以，此处标点宜作"阴君《丹诀》"[①]。

三、由俞琰之说试解朱子"坐谈龙肉"之意

以上讨论还遗留了几个问题没有解决：首先，朱子所说的"正是此书"，"此书"何指？究竟是"阴君丹诀"还是《周易参同契》，抑或其他？其次，如果说"龙肉"就是指《周易参同契》所载丹法，那么，朱子自嘲"坐谈龙肉"是何意？是说他不愿实地修习《参同契》丹法还是说他心有余而力不足？[②]易

---

① 束景南即如此断句，参见束景南：《朱子大传》，北京：商务印书馆，2003年，第1066页。
② 或以为，道教内丹需要上师亲传，朱子不得其师而无从下手。易言之，朱子是有其心而不得其门。未知是否，聊备一说。

言之，朱子究竟是“不为”还是“不能”？如果是后者，即朱子有意修习却无力于此，又是什么原因所致？

我们从后一个问题开始。对于这个问题，俞琰《席上腐谈》的一条材料也许能提供一个参考：[①]

> 朱晦庵谓季通曰：“阴君《丹诀》，见濂溪有诗及之，当是此书。行此而得寿考者，乃吃猪（引者按：此下当有一“肉”字）而饱者。吾人所知，盖不知（引者按：“知”为“止”误）此，乃不免于衰病，岂坐谈龙肉而实未得尝之比耶?”愚四十年前注《参同契》时，见吕四行八段锦术[②]，诧其老健，每窃笑之。逮今思之，《参同契》之学实屠龙术，不如四行之宰猪也。知而不为，乃晦庵所谓坐谈

① 吾妻重二在一个注里提道：“俞琰称自己体弱多病而能不死，实是多亏《参同契》之功效（见《席上腐谈》卷下）。”（［日］吾妻重二：《〈周易参同契考异〉之考察》，《思想与文献》，第202页；《朱子学的新研究》，第195页）这说明他应该看到了这条材料，但不知何故，他却没有讨论俞琰对朱子“坐谈龙肉”的解释。

② 八段锦，据传，与道教传说人物钟离权、吕洞宾有关。宋人曾慥《临江仙》：“子后寅前东向坐，冥心琢齿鸣篭。托天回顾眼光摩，张弓仍踏弩，升降辘护多。三度朝元九度转，背摩双摆板弩龙，虎龙交际咽元和，浴身挑甲罢，便可蹑烟萝。”词后作者注：“钟离先生八段锦，吕公手书石壁上，因传于世。其后又有窦银青八段锦与小崔先生《临江仙》词，添六字气于其中。恨其词未尽，予因释诸家之善，作《临江仙》一阕。简而备，且易行，普劝遵修，同证道果。绍兴辛未（1151）仲春，至游子曾慥记。”曾氏所编《道枢》一书，亦有关于八段锦的记载：“仰掌上举，以治三焦者也；左肝右肺，如射雕焉；东西独托，所以安其脾胃矣；反复而顾，所以理其伤劳矣；大小朝天，所通其五脏矣；咽津补气，左右挑其手，摆鳝之尾，所以祛心之疾矣；左右手以攀其足，所以治其腰矣。”（卷三五《众妙篇》）

龙肉者尔。然学是学者，非屏妻子不可为也。我辈读圣人之书，况有父母在，讵敢违天而为偷生之计哉？然如此尝夜坐而试之矣，盖亦略知龙肉之味者也，岂不愈于坐谈而不知味者乎？愚少也多病，羸不胜衣，所以苟延残喘而至今未死，亦《参同契》之力也。[①]

按：俞琰（约 1258－1314），字玉吾，自号全阳子、林屋山人、石涧道人，吴郡（今江苏苏州）人。宋亡，隐居著书。著有《周易集说》《周易篆要》《周易参同契发挥》及《释疑》《易外别传》《阴符经注》以及《沁园春丹词注解》等。俞氏精于周易与丹道，与理学关系密切，其易学以推阐朱子为己任。[②]

按照俞琰的理解，朱子所说的"坐谈龙肉"，就是对于屠龙术一般的《参同契》功法"知而不为"。俞琰还结合自身经历分析了朱子"知而不为"的原因，原来，习练《参同契》功法需要禁绝男女之事，即所谓"非屏妻子不可为"。作为朱子易学的弘扬者，俞琰对朱子其人其学的了解都非泛泛可比，他的话对我们判断朱子的道教修炼自有重要价值——朱子不但没有修习过外丹之术，也没有修习过内丹之术。对于前者是不屑为，对

---

① 《席上腐谈》卷下，文渊阁四库全书本。
② 关于俞琰的易学，可参曾传辉：《元代参同学——以俞琰、陈致虚为例》（北京：宗教文化出版社，2004 年），苏建强：《儒道会通视野下的俞琰易学思想研究》（山东大学 2015 年硕士论文），李攀：《俞琰易学思想研究》（武汉大学 2016 年博士论文）。

于后者是不愿为。

至于朱子所说的"正是此书"，从上下文来看，当指"阴君丹诀"，而非《周易参同契》，由下文可知，对后者，朱子以"魏书"称之。

四、"阴君丹诀"与《参同契》

现在，让我们来讨论最后一个问题："阴君丹诀"到底是什么？是否如柳存仁与吾妻重二所言，指《道藏》收录的署名希夷陈抟注的《阴真君还丹歌注》？

如前所述，"阴君丹诀"不应当是指署名魏伯阳著的《周易参同契》。然而，这里有一个疑问挥之不去：如果"阴君丹诀"与《参同契》毫无瓜葛，何以关注《参同契》的朱子师徒会在信中论到"阴君丹诀"？这一点使得我们有理由推想，"阴君丹诀"应与《参同契》有关。

柳存仁在文中曾提到托名阴长生注的《金碧五相类参同契》（《道藏》卷五八九）[①]，但随后因受制于他对周敦颐《读英真君丹诀》诗的理解，把"阴君丹诀"与《阴真君还丹歌注》挂搭起来，而不再讨论《金碧五相类参同契》。

其实，在古人的观念里，《参同契》亦被视为金液还丹之书，为《参同契》作注的唐人，即以"大还丹"来解释周易：

———————————

① 《理学三题》，载《外国的月亮》，第242页。

"周乃常道也。易者，变改之谊，言造大还丹，运火皆一周天，故曰周易者。"① 成书于南宋绍兴二十一年（1151）前后的《道枢》② 存有三篇《参同契》文本，包括署名云牙子魏翱伯阳著的《参同契下篇》③，其内容与托名阴长生注的《金碧五相类参同契》完全相同。④《参同契中篇》⑤ 则主要叙述"神符、白雪、金液大还丹"的炼丹术。而《参同契上篇》⑥ 的部分文字与《云笈七签》卷六十三《金丹诀》的部分文字相同。⑦ 也就是说，唐代以来，《参同契》与"丹诀"之名混用不分。总之，朱

---

① 《道藏》容字号《周易参同契无名氏注》卷上，第 1 页，转引自陈国符：《古歌考略稿》，载所著《道藏源流续考》，香港：明文书局，1983 年，第 356 页。

② 曾慥编，后收入《道藏·太玄部》。曾慥，字端伯，自号至游子，生卒不详，活跃时期为南宋绍兴、乾道间。关于《道枢》，陈振孙《直斋书录解题》云："《道枢》二十卷，曾端伯撰。自号至游子，采诸家金丹大药，修炼搬运之术，为百二十二篇，初无所发明，独黜御之法，以为残生害道云。"（卷一二"神仙类"）关于曾慥及其《道枢》，可参金正耀：《〈上张安道养生诀论〉作者辨误——兼论〈道枢〉和〈苏沈良方〉之成书年代》（《道教文化研究》第十六辑，1999 年，后收入氏著《道教与炼丹术论》，北京：宗教文化出版社，2001 年），黄永锋：《道枢研究》（福建师范大学 2002 年硕士论文），逄礼文：《〈道枢〉生命哲学思想研究》（厦门大学 2009 年硕士论文）。

③ 《道枢》卷三四。

④ 根据金正耀的研究，《金碧五相类参同契》的真正作者是唐人元阳子，道经中托名阴长生之丹经丹诀多数与元阳子有关。参见金正耀：《〈金碧五相类参同契〉宋代别本之发现与研究》（《世界宗教研究》1990 年第 2 期，收入氏著《道教与炼丹术论》，第 95－116 页）。

⑤ 《道枢》卷三三，《道藏·太玄部》诚九，页六－七。

⑥ 《道枢》卷三二，《道藏·太玄部》诚八，页七。

⑦ 关于《道枢》所收三篇《参同契》文的情况，本文主要参考了钦伟刚的研究，参见氏著《朱熹与〈参同契〉文本》，第 1－16 页。

子与蔡元定书中所言"阴君丹诀"，其内容完全可能是托名阴长生注的《周易参同契》，而冠了"××丹诀"之名。

考虑到这一点，再综合另外一些因素，笔者认为，"阴君丹诀"应该不是《阴真君还丹歌注》，而可能是《阴真君金丹诀》。这些因素包括：对《阴真君还丹歌注》说的一个反证，《阴真君长生金丹诀》说的一条正面材料。

首先，对《阴真君还丹歌注》说，我们可以举出一个反证，这个证据是由南宋人杨栋（生卒不详，活跃时期在1224—1264年）提供的。杨栋自称在平都山曾经见过阴真君的《丹诀》，强调《丹诀》中有"东阳"二字：

> 余曩登平都山，访濂溪周子旧游。乱碑中，得小片周子题两绝句，点画劲正，犹存温厉之气，宜合阳时笔也。其一咏阴仙《丹诀》云："始观丹诀信希夷，盖得阴阳造化机。子自母生能致立，精神合后更知微。"又从山中人得观丹诀一篇，二十年间往来于心未忘也。先墓在余杭，庐居山中，数游洞霄，《道藏》写本甚真，山庐无事，时得假借，无何，阅之遍，则知丹诀所云，周子一言蔽之矣。宫殿都监，贝其姓，大钦其名，余杭人，赐号灵一。作小楼寮中，不侈不约，可诗可觞，爱其翼然于尘外也，与客造焉。请名，适朝阳出高岗之上，因作"东阳楼"三字遗之，摘阴仙《诀》中语也。今又十余年矣，丹诀则已忘之，唯

周子诗中之意炯然心目。[①]

又,《洞霄诗集》还收了杨栋所作的两首诗,诗前有小序,序中同样提到"东阳"两字取之于《阴真君丹诀》:

> (宝佑乙卯十月,久晴。眉山杨栋,弟履之,偕史靖伯、杜午,成都邓寅携小儿淦,泛清苕,宿洞霄。明日,游大涤栖真洞,归舟带月,泊市桥,灯火未阑也。"东阳",取《阴真君丹诀》名贝都监新楼。眉山杨栋)
>
> 携手清苕去,高枫丹叶森。渔樵九锁曲,风雨一窗深。索酒贪山月,添衣怯洞阴。凤归天柱晓,楼阁有鸣琴。
>
> 山戕来夹案,泉急(心[②])自穿渠。密记东阳诀,高题上帝居。牙儿藏宝箧,山子走篮舆。曲折玑衡转,溪坳可结庐。[③]

然而,署名希夷陈抟注的《阴真君还丹歌注》,无论是正文还是注文,都找不到"东阳"二字。如果杨栋所言不虚,这就足以证明"阴真君丹诀"不是《阴真君还丹歌注》。

其次,我们从北宋人苏辙(1039—1112)提供的一则材料来为"阴君丹诀"是《阴真君金丹诀》说补充一个证据。王卡

---

① (宋)杨栋:《东阳楼记》,《洞霄图志》卷六,清知不足斋丛书本,第51页。
② 按:此"心"字当为衍文。
③ (宋)孟宗宝撰:《洞霄诗集》十四卷,清嘉庆宛委别藏本,卷四,第20页。

发表于 1995 年的一篇文章提出，周敦颐诗中所咏"阴君丹诀"与《阴真君还丹歌注》不必相关，很可能是《通志·艺文略》[①]所载《忠州仙都观阴真君金丹诀》。[②] 笔者认为，王卡的如上观点可以从苏辙那里得到支持。不过，王卡在文中没有利用这条材料，这里，笔者将其俱引于后。

苏辙尝言，其在仙都山曾寓目《阴真君长生金丹诀》石本。

予治平末[③]沂峡还蜀，泊舟仙都山下，有道士以《阴真君长生金丹诀》石本相示。予问之曰：子知金丹诀否？道士曰：不知也，然士大夫过此，必以问之，庶有知者。予佳其意，试问以烧炼事。对曰：养生有内外，精气内也，非金石所能坚凝；四支百骸，外也，非精气所能变化。欲事内必调养精气，极而后内丹成。内丹成，则不能死矣。然隐居人间久之，或托尸假，而去来变化轻举，不可得也。盖四大本外物和合而成，非精气所能易也，惟外丹成然后可以点瓦砾化皮骨飞行无碍矣。然内丹未成，内无交之，则服外丹者多死，譬积枯草散絮而真火其下，无不焚者。予甚善其说，告之曰：昔人有服金丹，不幸赴井而死，而

---

① 郑樵（1104－1162）撰，成书于绍兴三十一年（1161）。

② 王卡：《平都山道教史迹》，《世界宗教研究》1995 年第 3 期。后收入氏著《道教经史论丛》（成都：巴蜀书社，2007 年）。

③ 时当治平三年（1066），苏辙 28 岁。此据李俊清说，参见所著《苏辙与道教有关的活动编年》，李裕民主编《道教文化研究》第 1 辑，北京：书目文献出版社，1995 年，第 183 页。

五脏皆化为黄金者。又有服玉泉死于盛夏，而尸不败坏者，皆无内丹以主之也，子之说信然哉。后十余岁，官于南京，张公安道，家有一道人，陕人也，为公养金丹，其法用紫金丹砂，费数百千，期年乃成。公喜告予曰：吾药成，可服矣。予谓公：何以知其药成也？公曰：《抱朴子》言，药既成以手握之如泥出指间者，真成也。今吾药如是，以是知其成，无疑矣。予为公道仙都所闻，谓公曰：公自知内丹成，则此药可服，犹未也，姑俟之，若何？公笑曰：我姑俟之耶。[1]

仙都山即忠州之平都山（亦称丰都山、酆都山），以其山有唐时所建之仙都观而名[2]。阴真君本名阴长生。苏辙当日所见，与《通志·艺文略》所云《忠州仙都观阴真君金丹诀》自为一书。由苏辙这条材料可知，《阴真君长生金丹诀》为外丹书无疑，而《阴真君还丹歌注》则对外丹大不以为然。相关之说如下：

《歌》："时人求之莫妄动"。《注》："世人多取五金八石，诸般草木烧之，要觅大还丹，岂不妄也？"

《歌》："无质生质是还丹"。《注》："从无入有，从有入

---

[1] （北宋）苏辙：《养生金丹诀》，《龙川略志》，宋百川学海本，卷一，第2页。
[2] 关于平都山仙都观始末，参见前揭王卡文。

无，将无质气，结为阴气交感是也。大丹无药，五行真气是矣！"

《歌》："凡汞凡砂不劳弄"。《注》："世人取砂银为汞，取朱铜铁为砂是也，若将此求道，不成也。"

这一点从反面说明，《阴真君还丹歌注》绝非苏辙当日在仙都山所见之《阴真君长生金丹诀》。

遗憾的是，忠州仙都观所藏《阴真君金丹诀》久已失传，而《阴真君长生金丹诀》亦无明文可查。尽管如此，现在我们可以确定的是："阴君丹诀"不是署名陈抟注的《阴真君还丹歌注》，而是托名阴长生、实际很可能出自元阳子的丹诀类《周易参同契》的一种。

结　语

本文对朱子庆元四年（1198）《答蔡季通书》做了细致分析，检讨了先行论者的疏漏、差失，提出：朱子所提到的"阴君丹诀"当指托名阴长生的一种丹诀类《周易参同契》，而非很多论者所以为的，是指署名陈抟注的《阴真君还丹歌注》。朱子借东坡"猪肉""龙肉"之譬来自明心迹，他虽对号称"丹经之祖"的《参同契》颇为留意，却无心修习道教丹法。

朱子与道教丹学的这段公案，可作如是结。

第三章

从利玛窦的改编看朱子的"理有偏全"说

明万历中，意大利天主教耶稣会士利玛窦（Matteo Ricci，
1552－1610，号西泰，又号清泰、西江）传教来华。利玛窦广
泛接触中国士人，积极学习《四书五经》，为传播基督教义，著
成《天主实义》等书。利玛窦在华时代，支配中国士人头脑的，
是朱子学、阳明学思想。站在天主教神学立场，利玛窦对朱、
王之学都有批评。本文主要考察利玛窦对朱子人物性同异理论
的理解。文章分两部分，第一部分指出利玛窦基于自身的哲学
认识把朱子的观点改编成了"性之偏正"，第二部分讨论朱子本
人的"理有偏全"说。

一、从"理"之"偏全"到"性"之"偏正"：
利玛窦对朱子观点的改编

利玛窦在《天主实义》中引证了《孟子》"生之谓性"章，
同时也涉及朱子对这一章的解释。不过，由于利玛窦对朱子观
点的复述并不准确，加之他又没有指名道姓，所以，稍不留神
就很容易错过。下面，我们先完整地抄录《天主实义》这条原
文，然后再作分析：

VII. 426. 理也，乃依赖之品，不得为人性也。古有
岐人性之善否，谁有疑理为有弗善者乎？孟子曰："人性与
犬牛性不同。"解者曰："人得性之正，禽兽得性之偏也。"
理则无二无偏，是古之贤者，故不同性于理矣。①

利玛窦引孟子，只是撮其大意，并未照录原文。梅谦立的
注为读者提供了"生之谓性"章原文。梅注云：

见《孟子·告子上》：告子曰："生之谓性"。孟子曰：
"生之谓性，犹白之谓白与？"曰："然。""白羽之白也，犹
白雪之白；白雪之白，犹白玉之白与？"曰："然。""然则
犬之性犹牛之性，牛之性犹人之性与？"②

"生之谓性"章是《孟子》当中公认的难解章节之一。③ 孟

---

① ［意］利玛窦著，［法］梅谦立注，谭杰校勘：《天主实义今注》，北京：商
　务印书馆，2014 年，第 182－183 页。
② 《天主实义今注》，第 182 页。
③ 如撰写过《〈孟子·告子上〉第三至五章中的问题》的倪德卫（David S.
　Nivison，1923－2014）就曾表示："对众多注释者与翻译者来说，《孟子·
　告子上》第三章至五章一直是难题。"（［美］倪德卫：《儒家之道——中国
　哲学之探讨》，南京：江苏人民出版社，2006 年，第 188 页）对"生之谓
　性"章做过研究的学者甚多，此处不暇糜举，仅提其中影响较大者：
　D. C. Lau, "On Mencius Use of the Method of Analogy in Argument", Asia
　Major, 1963, 10: 173－94. A. C. Graham, "The Background of the Men-
　cian Theory of Human Nature", Tsing Hua Journal of Chinese Studies 6,
　1967 December, pp. 215－71. Kwong-loi Shun, "Mencius and the Mind—
　Dependence of Morality: An Analysis of Meng Tzu 6A: 4－5", Journal of

子最后一句"然则犬之性犹牛之性，牛之性犹人之性与"？按赵岐的理解，孟子想说的是：犬之性不同于牛之性，牛之性也不同于人之性①。换言之，人性与犬牛之性是不同的②。

告子对孟子最后一句话没有回应，一般认为，这是告子理屈词穷的表现，因为孟子让他意识到他所持的"生之谓性"那样的观点是荒谬的。孟子之所以能让告子意识到他一开始提出的"生之谓性"的观点是错误的，是由于即便对告子来讲，人性与犬牛之性不同也是一个不言自明的真理。孟子的本领在于，他从告子的"生之谓性"命题推导出"人性与犬牛性相同"的结论：犬之性犹牛之性，牛之性犹人之性。

必须说，这个论证在孟子那里其实并不是那么清晰，而是

Chinese Philosophy 18, 1991 June, pp. 169－93. 唐君毅：《中国哲学原论·原性篇》第一章（北京：中国社会科学出版社，2005 年，第 18－19 页）；牟宗三：《心体与性体》第三部第一章（上海：上海古籍出版社，1999 年，第 128－131 页）以及《圆善论》第一章"《告子篇》上疏解"（长春：吉林人民出版社，2010 年，第 5－10 页），等等。

① "孟子言犬之性岂与牛同所欲，牛之性岂与人同所欲乎？"〔（汉）赵岐注，（宋）孙奭疏：《十三经注疏·孟子注疏》，北京：北京大学出版社，1999 年，第 296 页〕

② 赵岐并没有直接这样说，但孙奭的疏将这一点挑明了："然则犬之性犹牛之性，牛之性犹人之性软？"孟子曰：又如是，则犬狗之性犹牛之性，牛之性亦犹人之性与？孟子所以言此者，以其犬之性，金畜也，故其性守；牛之性，土畜也，故其性顺；夫人受天地之中，万物皆备于我者也，是其禀阴与阳之气所生也，故其性能柔能刚：是为不同者。告子不知，但知其粗者也。（《十三经注疏·孟子注疏》，第 296 页）孙奭具体解释了犬性、牛性、人性的不同，所谓犬性守、牛性顺、人性能柔能刚，"是为不同者"。焦循则开宗明义地说：孟子此章，明辨人物之性不同。（《孟子正义》卷二二，北京：中华书局，1987 年，第 738 页）

朱子重构的。补充完整，就是这样：如果说"生之谓性"，而犬牛与人一样都有生（知觉运动），那么，犬、牛、人的性就应该是一样的了（无以异）。朱子原话是：

> "然则犬之性，犹牛之性；牛之性，犹人之性与?"孟子又言：若果如此，则犬牛与人皆有知觉，皆能运动，其性皆无以异矣，于时告子自知其说之非而不能对也。[①]

孟子自己的论证历来颇具争议。[②] 它是经过两个步骤完成的，第一步，将"生之谓性"与"白之谓白"勾连起来。第二步，又将"白羽之白也，犹白雪之白；白雪之白，犹白玉之白"与"犬之性，犹牛之性；牛之性，犹人之性"勾连起来。实际上，正如很多论者所质疑的那样，这两步在逻辑上都存在着跳跃或滑转[③]。

利玛窦将孟子的观点概括为"人性与犬牛性不同"，这是一种简单化的处理，它漏掉了孟子论证的关键成分。因为，"人性与犬牛性不同"，是告子也不会否认的，并不是孟子特有的说法。如果说利玛窦对孟子的复述虽然没有抓住要点，但尚不至于完全背离孟子原意，那么，利玛窦对解者观点的叙述则是根

---

① 《孟子集注》卷一一，《四书章句集注》，北京：中华书局，1986年，第326页。
② 如司马光就不以为然，认为孟子"亦可谓以辨胜人"（《刺孟下》）。牟宗三亦替告子抱不平（参见牟宗三：《心体与性体》，第128—131页）。
③ 参见牟宗三：《圆善论》，第7—8页。

据自己的需要做了改编，与原意已相去甚远。梅谦立没有看出利玛窦做了改编，在搜索无果后，于注中照直报告说："原文出处不明。"①

不过，梅谦立凭直觉猜到，利玛窦所说的解者应该跟朱子有关。所以，他在后面抄录了朱子的相关说法：

> 朱熹在《孟子章句》（引者按：应为《孟子集注》）中就孟子的这段讨论解释道："然以气言之，则知觉运动，人与物若不异也；以理言之，则仁义礼智之禀，岂物之所得而全哉？"在《朱子语类》卷五九"生之谓性"章中，朱熹更明言："孟子当时辨得不恁地平铺，就他蔽处拨启他；却一向穷诘他，止从那一角头攻将去，所以如今难理会。若要解，煞用添言语；犬、牛、人，谓其得于天者未尝不同。惟人得是理之全，至于物，止得其偏。今欲去犬牛身上全讨仁义，便不得。告子止是不曾分晓道这仔细，到这里说不得。"② 类似的说法还有"人得气之正，物得气之偏"③ 当然，利玛窦没有提出"气"，因为，对他而言，并不是气而是灵魂决定了人的本性。参见上文 271.)④

---

① 《天主实义今注》，第 182 页注 6。
② 参见《朱子语类》，北京：中华书局，1994 年，第 1376 页。
③ 《性理大全》卷二九"性理一·人物之性"；陈淳（1159—1223）：《北溪字义》。
④ 《天主实义今注》，第 182 页。

梅谦立一共引了三条材料，第一条可以概括为"人物气同理异"，第二条可以浓缩为"人得理之全，物得理之偏"，第三条"人得气之正，物得气之偏"则是对陈淳观点的选摘。[①]

第二条材料的用词是"偏全"，第三条材料的用词是"偏正"。"偏全"跟"偏正"意思相近。在这个意义上，是可以说这两个说法类似。但是，如果仔细看，就会发现，一个说的是"理"，一个说的是"气"，貌合而神离。

对照这些材料，不用特别费力就能注意到，利玛窦在介绍解者观点时，既没有采取"人得气之正，物得理之偏"的讲法，也没有使用"人得理之全，物得理之偏"的表述。梅谦立注意到利玛窦没有提到"气"，但他对此表示理解，认为这是由于，对利玛窦而言，"并不是气而是灵魂决定了人的本性"。

梅谦立在注中对利玛窦关于"理"的看法做了很好的描述。遗憾的是，他未能发现利玛窦基于自身对"理"的认识（就是不承认"性即理"，用他自己的话说就是"理""不得为人性"），正如其有意不提"气"字，在转述解者观点时有意回避了"理"字，卒致整段话有欠分晓。

也许有人会说，"人得性之正，禽兽得性之偏"，可能是利

---

① 陈淳原文为：人物之生，不出乎阴阳之气。本只是一气，分来有阴阳，阴阳又分来为五行。二与五只管分合运行，便有参差不齐，有清有浊，有厚有薄。且以人物合论，同是一气，但人得气之正，物得气之偏，人得气之通，物得气之塞。（陈淳：《北溪字义》卷上"命"，北京：中华书局，1983年，第2页）

玛窦对朱子原文的一时误记，不一定就是他成心要改变朱子原意。笔者认为，一时误记的可能可以排除，因为，在第四篇第197段，代表宋明理学观点的"中士"也是这样来解释人物性差异的。

> 中士曰：虽吾国有谓鸟兽之性同乎人，但鸟兽性偏，而人得其正。虽谓鸟兽有灵，然其灵微渺，人则得灵之广大也。是以其类异也。①

"鸟兽之性同乎人"是说人与物性同，"鸟兽性偏而人得其正"是说人、物之性同中有异：一偏一正。这与"人得性之正，禽兽得性之偏"是完全相同的论调。中士表达的是宋明理学立场，这一点没有任何异议，梅谦立亦作这样的理解：

> 中士不赞成告子的立场，并表达宋明理学的立场：人与动物之间有程度上的差别，这使得他们属于两个不同的宗类。②

"人与动物之间有程度上的差别"，严格说来，这个说法并不完整。人们要问：人与动物在什么方面存在程度上的差别呢？

---

① 《天主实义今注》，第126—127页。
② 《天主实义今注》，第127页注1。

事实上，朱子从来没有这样含糊地表达人与物的差异。朱子说的是人与物禀理有偏/正、通/塞、全/阙之不同。

虽然朱子在不同时期对于人物性同异问题的看法有所变化，但自始至终，人与物禀理有偏正（全）之不同这一点，从来就没有改变过。如上所揭，《孟子集注》"生之谓性"章的诠释要点可以概括为：人得理之全，物得理之偏。如果把朱子用来说明人物性不同的理论称之为"偏正"论，那么，必须了解，这个"偏正"（准确地说，是偏全）主要是就"理"而不是就"气"更不是就"性"而言的。因此，无论是陈淳理解的"气"之偏正说，还是利玛窦理解的"性"之偏正说，都没有抓住朱子思想的核心。

二、"理有偏全"：朱子对人物性异的解释

绍兴三十二年（壬午，1162），朱子三十三岁，问学于李延平。受延平启发①，朱子形成了"理有偏全"说的思想雏

---

① 朱子初见延平，持一种"理为人类独有论"："人之所以为人而异乎禽兽者，以是（引者按：此指作为"心之正理"的"仁"）而已，若犬之性、牛之性，则不得而与焉。"（转引自《延平答问·壬午六月十一日书》，《朱子全书》第十三册，合肥：安徽教育出版社，上海：上海古籍出版社，2002年，第332页）延平告之以"人物同源说"："盖天地中所生物，本源则一，虽禽兽草木，生理亦无顷刻停息间断者，但人得其秀而最灵，五常中和之气所聚，禽兽得其偏而已。此其所以异也。若谓流动发生自然之机，与夫无顷刻停息间断，即禽兽之体亦自如此。若以为此理唯人独得之，即恐推测体认处未精，于他处便有差也。"（同上）

形——"禀理有偏正"说。《延平答问》记：

> 1. 熹窃谓天地生物，本乎一源，人与禽兽、草木之生，莫不具有此理。其一体之中，即无丝毫欠剩，其一气之运，亦无顷刻停息，所谓仁也。但气有清浊，故禀有偏正。惟人得其正，故能知其本，具此理而存之，而见其为仁；物得其偏，故虽具此理而不自知，而无以见其为仁。然则，仁之为仁，人与物不得不同；知人之为人而存之，人与物不得不异。①

"本乎一源"是说人与禽兽、草木，生来同具此理，这是人、物之同。"人得其正"，是指人得理之正；"物得其偏"，是指物得理之偏，这是人、物之异。

淳熙四年（丁酉，1177），朱子四十八岁，《论孟集注》成。关于"生之谓性"章人之性与犬牛之性的异同问题，朱子一如既往地坚持了"理有偏全"说：

> 2. 性者，人之所得于天之理也；生者，人之所得天之气也。性，形而上者也；气，形而下者也。人物之生，莫不有是性，亦莫不有是气。然以气言之，则知觉运动，人

---

① 《延平答问·辛巳八月七日书》，《朱子全书》第十三册，第335页。（序号、着重号为引者后加，下同，不再一一说明）

与物若不异也；以理言之，则仁义礼智之禀，岂物之所得而全哉？[1]

在此，朱子明确将"性"与"理"挂搭起来。所谓性，也就是所得于天之理。"以理言之""岂物之所得而全"云云，即是说人得理全，而物得理不全。不全也就是偏。尽管这里给人留下"人物气同理异"的印象，从而跟之前的"人物性（理）同气异"说[2]不相一致，但关于"人得理之全，物得理之偏"的思想则是一直就有的。

淳熙十四年（丁未，1187），朱子五十八岁，与人通书，论《孟子集注》"生之谓性"章之失，对《集注》所持"人物气同理异"说有所不安，欲改为"人物气异理异"说。但"人得理之全""物得理之偏"的立场并未改变：

> 3. "然则犬之性犹牛之性，牛之性犹人之性与？"犬牛、人之形气既具，而有知觉、能运动者生也。有生虽同，

----

[1] 《孟子集注》卷一一，《四书章句集注》，第 326 页。

[2] 乾道二年（丙戌，1166）至乾道三年（丁亥，1167），朱子三十七到三十八岁间，与人通书论人物性同异，云："熹闻之，人物之性本无不同，而气禀则不能无异耳"，"然性只是理"，"'性同气异'，只此四字包含无限道理，幸试思之"。〔《答徐元聘（承喻人物之性同异之说）》，《文集》卷三九，《朱子全书》第二十二册，第 1758 页〕乾道九年癸巳（1173），朱子四十四岁，《太极解义》以"物物一太极"解说"理同气异"："然'五行之生'，随其气质而所禀不同，所谓'各一其性'也。'各一其性'，则浑然太极之全体，无不各具于一物之中，而性之无所不在，又可见矣。"（《太极解义·太极图说解》，《朱子全书》第十三册，第 73 页）

然形气既异，则其生而有得乎天之理亦异。盖在人则得其全而无有不善，在物则有所蔽而不得其全，是乃所谓性也。……盖知觉运动者，形气之所为；仁义礼智者，天命之所赋。学者于此正当审其偏正全阙，而求知所以自贵于物，不可以有生之同反自陷于禽兽，而不自知己性之大全也。[1]

承前"（犬、牛、人）生而有得乎天之理亦异"，可知"在人则得其全"是指人得理之全，"在物""而不得其全"是指物得理不全（亦即偏）。

淳熙十六年（己酉，1189）至庆元元年（乙卯，1195），朱子六十到六十六岁间，在"理同气异"与"气异理异"说之间摇摆，但"人得理之全，物得理之偏"论则如故，《语类》多有反映：

4. 犬、牛、人，谓其得于天者未尝不同。惟人得是理之全，至于物，止得其偏。今欲去犬牛身上全讨仁义，便不得。[2]

对于朱子的"人得理之全，物得理之偏"（尤其是"物得理

---

① 《答程正思（所论皆正当确实）》，《文集》卷五〇，《朱子全书》第二十二册，第2327—2328页。
② 《朱子语类》卷五九，北京：中华书局，1986年，第1376页。

之偏")之说，门人故旧并不是没有产生过疑问。首先，所谓"理之偏"究竟是什么意思？是说物所禀的理一开始在结构上就不全（比如，只禀了仁义礼智的某一方面）还是说物所禀的理在数量或分量上不够？其次，按照"物物具一太极"的思想[①]，无论是人还是物，所禀的理难道不应该都一样是全的（完整的）吗？

朱子的回答是：1) 理之偏不是指结构上的缺陷，而是指数量或分量上的多寡。2) 之所以出现理之偏的情况，完全是因为接受（禀）理的气有器量上的不同：

5. 问："人物皆禀天地之理以为性，皆受天地之气以为形。若人品之不同，固是气有昏明厚薄之异。若在物言之，不知是所禀之理便有不全耶？亦是缘气禀之昏蔽故如此耶？"曰："惟其所受之气只有许多，故其理亦只有许多。如犬马，他这形气如此，故只会得如此事。"又问："物物具一太极，则是理无不全也。"曰："谓之全亦可，谓之偏亦可。以理言之，则无不全；以气言之，则不能无偏。故吕与叔谓物之性有近人之性者，人之性有近物之性者。"（广）[②]

---

① 这是朱子解释周敦颐《太极图说》的话，原话是："盖合而言之，万物统体一太极也；分而言之，一物各具一太极也。"（《太极图说》，《周敦颐集》卷一，北京：中华书局，2009年，第6页）

② 《朱子语类》卷四，第57—58页。

朱子在这里表达的意思是，就人与物所禀的理本身来说，都是全的，无所谓偏不偏①，只是由于人与物的气禀不同，才导致他们禀得的理有多有少，或全或偏。这个道理，朱子还通过不同容器取水所得不同的比喻给予更明白的解说：

> 6. 人物之生，天赋之以此理，未尝不同，但人物之禀受自有异耳。如一江水，你将杓去取，只得一杓；将碗去取，只得一碗；至于一桶一缸，各自随器量不同，故理亦随之异。②

所以，对朱子来说，"理有偏全"的讲法完全可以成立。他曾经这样答复友人对"理气之偏"说的质疑：

> 7. 所疑理气之偏，若论本原，即有理然后有气，故理不可以偏全论。若论禀赋，则有是气，而后理随以具，故有是气则有是理，无是气则无是理，是气多则是理多，是气少即是理少，又岂不可以偏全论耶？③

---

① 类似的话还可见下面一则材料：理固不可以偏正通塞言，然气禀既殊，则气之偏者便只得理之偏，气之塞者便自与理相隔，是理之在人，亦不能无偏塞也。(《答杜仁仲（示喻为学之意）》，《文集》卷六二，《朱子全书》第二十三册，第3000页)
② 《朱子语类》卷四，第58页。
③ 《答赵致道（师夏）》，《文集》卷五九，《朱子全书》第二十三册，第2863页。

朱子这里对气支配理的强调给人留下深刻印象，但如果因此认为朱子关于人物性同异的解释最后落脚于气禀论，那就错了。因为，朱子明确指出，人物性之异是指人物之理不同：

> 8.“生之谓性”一章，论人与物性之异，固由气禀之不同，但究其所以然者，却是因其气禀之不同而所赋之理固亦有异，所以孟子分别犬之性、牛之性、人之性有不同者，而未尝言犬之气、牛之气、人之气不同也。“人之所以异于禽兽”一章亦是如此。[①]

“人之所以异于禽兽”章是指《孟子·离娄上》第十九章，原文为：孟子曰：“人之所以异于禽兽者几希，庶民去之，君子存之。”朱子注：人物之生，同得天地之理以为性，同得天地之气以为形；其不同者，独人于其间得形气之正，而能有以全其性，为少异耳。虽曰少异，然人物之所以分，实在于此。众人不知此而去之，则名虽为人，而实无以异于禽兽。君子知此而存之，是以战兢惕厉，而卒能有以全其所受之理也。[②]

所谓“全其性”，其实就是“全其所受理”，这从末句“卒能有以全其所受理”不难看出。可见，朱子对“人之所以异于禽兽”章的诠释依然是本着“人得理之全，物得理之偏”的思路进行的。

---

① 《答严时亨（“生之谓性”一章）》，《文集》卷六一，《朱子全书》第二十三册，第 2968 页。
② 《孟子集注》卷八，《四书章句集注》，第 293—294 页。

无论是说明"生之谓性"章的犬牛之性不同于人之性，还是解释"人之所以异于禽兽"章的人物之分，朱子都从"性即理"的预设出发，一再将人物性之异还原为人物理之异。而这个"理异"不是别的，就是"偏全之或异"：

9. 论万物之一原，则理同而气异；观万物之异体，则气犹相近而理绝不同也。气之异者，粹驳之不齐；理之异者，偏全之或异。幸更详之，自当无可疑也。①

此书作于庆元四年（戊午，1198）②，朱子六十九岁，卒前之一年。《朱子语类》卷四有一条专门讨论了此书。在沈僴所记的那个谈话中，朱子对"气犹相近而理绝不同"这一点还做了进一步说明：

10. 先生答黄商伯书有云："论万物之一原，则理同而气异；观万物之异体，则气犹相近，而理绝不同。"问："'理同而气异'，此一句是说方付与万物之初，以其天命流行，只是一般，故理同；以其二五之气有清浊纯驳，故气异。下句是就万物已得之后说，以其虽有清浊之不同，而

① 《答黄商伯（《大学》"知止能得"）》，《文集》卷四六，《朱子全书》第二十二册，第 2130 页。
② 此据陈来考证，参见氏著：《朱子书信编年考证》，北京：生活·读书·新知三联书店，2007 年，第 469 页。

同此二五之气，故气相近；以其昏明开塞之甚远，故理绝不同。《中庸》是论其方付之初，《集注》是看其已得之后。"曰："气相近，如知寒暖，识饥饱，好生恶死，趋利避害，人与物都一般。理不同，如蜂蚁之君臣，只是他义上有一点子明；虎狼之父子，只是他仁上有一点子明；其他更推不去。恰似镜子，其他处都暗了，中间只有一两点子光。大凡物事禀得一边重，便占了其他底。如慈爱底人少断制，断制之人多残忍。盖仁多，便遮了义；义多，便遮了那仁。"问："所以妇人临事多怕，亦是气偏了？"曰："妇人之仁，只流从爱上去。"①

关于"理不同"，朱子先举了两个动物的例子：蜂蚁有君臣之义，是蜂蚁在"义"上有一点明；虎狼有父子之亲，是虎狼在"仁"上有一点明。仁义礼智即是理，蜂蚁虎狼皆是物，所以，蜂蚁与虎狼的例子是说物禀了一小部分的理。后面朱子又说"大凡物事禀得一边重，便占了其他底"，这个情况说的就是"偏"，事实上，"亦是气偏了"云云，显示出，问者正是这样理解的。

总起来看，朱子关于"理不同"的解释，主要是通过诉诸"物得理之偏"这一点而展开的。可以认为，直到生命的最后阶段，朱子对于"人得理之全，物得理之偏"的观点都深信不疑。而这个说法在理论上是为了解决人物性同异问题的。

---

① 《朱子语类》卷四，第57页。

结　语

朱子的"理有偏全"说，始终在多少而不是结构的意义上理解人、物之理的不同，这与他不肯放弃"万物一原（源）"的承诺有关。但如此一来，在理论上他就不能不面临这样的诘难：人类与物之间没有实质性的差异吗？在什么意义上才能说人类与物是不同的物种？来自西方的传教士利玛窦以及东亚邻国朝鲜的儒者丁若镛（1762－1836，字美镛，号茶山、舆犹堂、三眉、俟庵）都对朱子的说法提出了挑战。

追随亚里士多德的教导，利玛窦直率地批评了朱子以偏全说明人物性差异的思路：

> 西士曰：夫正偏大小，不足以别类，仅别同类之等耳。正山偏山，大山小山，并为山类也。智者获灵之大，愚者获灵之小，贤者得灵之正，不肖得灵之偏，岂谓异类者哉？如小大偏正能分类，则人之一类，灵之巨微正僻，其类甚多。（IV. 198）[1]

熟悉朱子人物性同异理论，同时也了解耶稣会传教士学说的丁若镛，一样认为朱子混淆了人与物的品级：

---

[1] 《天主实义今注》，第127页。

万物一原，悉禀天命。苟以是而谓之理同，则谁曰不可？但先正之言，每云：理无大小，亦无贵贱，特以形气有正有偏。得其正者，理即周备。得其偏者，理有梏蔽。至云本然之性，人物皆同，而气质之性差有殊焉。斯则品级遂同，岂唯一原之谓哉？梁惠王命孟子为宾师，命太子申伐齐，命鸿雁麋鹿居沼上。其受梁王之命，孟、申、雁、鹿固无异焉。若以其同受王命，而遂谓所受无贵贱，则非其实矣。齐威王赐群臣酒，其一人以爵，其一人以觯，其一人以散。于是，爵受者得一升，觯受者得散升，散受者得五升，理同气异者谓酒无二味，而唯以器小之故。虎狼得三升，蜂蚁得一升，此所谓梏于形气之偏塞，而无以充其本体之全者也。诚观虎狼蜂蚁之性，其果与吾人之性同是一物乎？人所受者酒也，虎狼蜂蚁之所受者，秽汁败浆之不可近口者也。恶得云理同而气异乎？[1]

丁若镛所说的"先正之言"指的就是朱子。盖朱子尝言：

天道流行，发育万物，其所以为造化者，阴阳五行而已。而所谓阴阳五行者，又必有是理而后有是气，及其生物，则又必因是气之聚而后有是形。故人物之生必得是理，然后有以为健顺仁义礼智之性；必得是气，然后有以为魂

---

① ［朝鲜］丁若镛：《孟子要义》卷二，《与犹堂全书》第二集，卷六，页二一，《韩国文集丛刊》本，汉城：景仁文化社，1973年。

魄五脏百骸之身。周子所谓"无极之真，二五之精，妙合而凝"者，正谓是也。然以其理而言之，则万物一原，固无人物贵贱之殊；以其气而言之，则得其正且通者为人，得其偏且塞者为物，是以或贵或贱而不能齐也。彼贱而为物者，既梏于形气之偏塞，而无以充其本体之全矣。惟人之生乃得其气之正且通者，而其性为最贵，故其方寸之间，虚灵洞彻，万理咸备，盖其所以异于禽兽者正在于此，而其所以可为尧舜而能参天地以赞化育者，亦不外焉，是则所谓明德者也。[1]

丁若镛认为，人与物不单气质之性不同，本然之性也不应相同。他凭直觉相信，人之性与虎狼蜂蚁之性不可能是同一物。

利玛窦、丁若镛的质问并非毫无道理。在坚持人、物有共同的本体论根源的前提下，如何能够清楚地说明人与物的物种差异，对朱子哲学而言，是一个理论上的难题。这个难题的存在，催生了像戴震（1724—1777，字慎修，一字东原，号杲溪）那样甩开"理"而完全用"气禀"的分殊来说明人、物性差异的思想。[2] 关于这一点，需要另文专门予以处理，这里就不展开了。

---

[1] 《大学或问·上》，《四书或问》，《朱子全书》第六册，第507页。
[2] 戴震说："性者，血气心知，本乎阴阳五行，人、物莫不区以别焉是也。而理义者，人之心知，有思辄通，能不惑乎所行也。'孟子道性善，言必称尧舜'，非谓尽人生而为尧舜也。自尧舜而下，其等差凡几？则其气禀固不齐，岂得谓非性有不同？"（《孟子字义疏证》卷中，北京：中华书局，1982年，第28—29页）

第四章
上元醮与皇极
——象山《荆门军上元设厅皇极讲义》发微

绍熙三年（1192）春正月十三，陆九渊（1139－1193，字子静，号存斋，学者称象山先生）在荆门军，召集吏民，发表了有关《洪范》"敛福锡民"一章大义的演讲：

> 郡有故事，上元设醮黄堂，其说曰"为民祈福"。先生于是会吏民，讲《洪范》"敛福锡民"一章，以代醮事，发明人心之善，所以自求多福者。莫不晓然有感于中，或为之泣。有讲义，仍书《河图》八卦之象、《洛书》九畴之数于后，以晓后学。①

这里所说的"讲义"即《荆门军上元设厅皇极讲义》（以下简称《皇极讲义》）②。论者已经指出，象山宣讲皇极具有多重意义。然而，象山何以要以宣讲皇极的方式来取代醮事？对于这个问题，现有论著皆未深究。笔者最近研究发现，象山在上

---

① ＊原刊《复旦学报》2020 年第 4 期，收入本书时做了修订。《年谱》"绍熙三年"条，《陆九渊集》卷三六，北京：中华书局，1980 年，第 510 页。
② 参见《陆九渊集》卷二三，第 283－286 页。

元之际宣讲皇极，并非无故，乃是由于上元醮的相关原理与皇极大有关系。撰成此文，以就教于海内外专家。文章分三部分，第一部分梳理现有成果，指出其遗留的问题，第二部分考察荆门地区上元醮的来龙去脉，第三部分分析上元醮背后的知识、思想与信仰，揭示其与皇极思想的内在关联。

一、研究回顾

由于象山跟朱子曾辩论过无极太极问题[①]，又由于皇极在南宋是朝野一致关注的热门话题[②]，而朱子就有《皇极辨》之作，故论者一般都很自然地将象山《皇极讲义》与朱子《皇极辨》联系起来。

余英时在其书中曾专辟一节梳理诸家关于"皇极"的论述，最后一例是象山。[③]余氏认为，朱子的《皇极辨》一文是针对象山《皇极讲义》而发。[④]不能不说，这个看法颠倒了《皇极

---

① 详可参见陈来：《朱子哲学研究》第十六章"朱陆之争"第八节"无极之辨"，上海：华东师范大学出版社，2000年，第390－395页。
② 详可参见余英时：《朱熹的历史世界》下篇，第十二章"皇权与皇极"第七节"环绕'皇极'的争论"，北京：生活·读书·新知三联书店，2004年，第808－844页。
③ 参见余英时：《朱熹的历史世界》下篇，北京：生活·读书·新知三联书店，2004年，第十二章"皇权与皇极"，"七、环绕'皇极'的争论"，第808－844页。
④ 余氏认为，象山《皇极讲义》当中论"读书"的那些话"若其心正，其事善，虽不曾识字，亦自有读书之功。其心不正，其事不善，虽多读书，有何所用？用之不善，反增其恶耳。"（《陆九渊集》，第285页）明显是针对朱子的。参见余英时：《朱熹的历史世界》下篇，第838页。

辨》与《皇极讲义》的因果关系。正如束景南之前所指出的那样，"陆九渊在荆门会吏民讲《洪范》'五皇极'一章，盖针对朱熹之《皇极辨》"[①]。束氏在书中还对论者何以会颠倒《皇极辨》与《皇极讲义》的先后次序做出如下分析：

> 《皇极辨》未署作年，其后有庆元二年丙辰补记，并非《皇极辨》作年，后人误据此补记以为《皇极辨》作于绍熙三年陆九渊在荆门讲《洪范》"五皇极"以后，乃将事实颠倒。[②]

束氏这里所说比较简略，为便于读者了解，现将相关情况介绍如下：收在通行本《朱子文集》卷七十二的《皇极辨》，题作"皇极辨"，到"予于是窃有感焉，作皇极辨"这里，应该表示全文结束，但下面又跟了一段文字："冯当可，字时行，……庆元丙辰腊月甲寅东斋南窗记。"[③]这就很容易让人误以为《皇极辨》写于庆元二年（丙辰，1196），也就是说，在象山绍熙三年（壬子，1192）著《皇极讲义》之后。

---

① 束景南：《朱熹年谱长编（增订本）》卷下，上海：华东师范大学出版社，2014年，第1053页。在"一一八九，淳熙十六年，己酉，六十岁"条下，亦有类似说法："其后，陆在荆门讲《洪范》'五皇极'，乃针对朱《皇极辨》也。"（同上书，第964页）
② 束景南：《朱熹年谱长编》下编，第963－964页。
③ （南宋）朱熹：《皇极辨》，《朱子文集》卷七二，《朱子全书》第二十四册，上海古籍出版社（上海）、安徽教育出版社（合肥），2002年，第3457页。

虽然束景南正确地指出象山《皇极讲义》是在朱子《皇极辨》之后，但如果把象山发表《皇极讲义》的动机概括为针对朱子，则未免失之简单。余英时与陈来都注意到了象山宣讲皇极的多重意蕴，其中，又以陈来的归纳最为全面。陈氏指出：

> 陆九渊的宣讲皇极，主要是为了结合当地祈福风俗进行地方教化，他选洪范皇极来发明心学的福论，很能表现其巧思，而他在皇极讲演中也顺便对朱子的皇极说和朱子学读书观作了回应。所以这个讲演一举三得。[1]

所谓"一举三得"，是指：（1）教化地方，（2）发明心学，（3）回应朱子。束景南书中只提到了（3），而余英时则同时关注到了（1）和（2）。[2]

就（1）而言，余英时与陈来一致肯定了象山宣讲皇极这一行为的儒家教化性质，但他们的措辞有所不同。余英时直截了当地称其为"宣扬儒教"[3]，陈来则避免使用"儒教"一词，而采用了"儒家教化"这样的说法。[4]

---

[1] 陈来：《"一破千古之惑"——朱子对〈洪范〉皇极说的解释》，《北京大学学报》2013年第2期，第15页。

[2] 关于（1），余英时的说法是："《皇极讲义》是对荆门军的吏民宣扬儒教的讲词"。关于（2），余英时的原话是"陆九渊借《洪范·皇极》传布他的'心'学。"（余英时：《朱熹的历史世界》下篇，第838页）

[3] 余英时：《朱熹的历史世界》下篇，第838页。

[4] 陈来：《"一破千古之惑"——朱子对〈洪范〉皇极说的解释》，第14页。

对于荆门上元设醮一事，陈来将其宽泛地理解为一种"民俗的"祈福活动①，而余英时则挑明，那是"道教设醮的旧习"。②

这就给我们留下一个问题：荆门上元设醮到底是一般的民俗还是道教影响下的风俗？换句话说，这个风俗跟道教有没有关系？余英时虽然称其为"道教设醮的旧习"，但在书中仅一笔带过，其详不得而知。

孔令宏比余英时更进一步，将荆门上元设醮直接坐实为"正一道的斋、醮"。他在一篇文章中说："陆九渊对正一道的斋、醮是有所了解的，否则不会盲目反对并以讲学取代它。"③但他没有交代这样判断的根据。

就算我们接受孔令宏的说法：象山对道教的斋醮有所了解，所以，他有意反对它，以讲学取代，但更实质的问题在于：何以象山要以宣讲皇极的方式来取代它？皇极跟道教的上元醮有什么特别的关联吗？

总之，现有关于象山《皇极讲义》的研究，都没有回答以

---

① 陈来说："荆门风俗，正月须行作醮仪式，以祈福。作为地方行政领导的陆九渊自然要随俗，他借行醮礼的机会，通过发明《洪范》'敛时五福'的意义，把民俗的祈福与儒家教化联结起来，把民俗的功利祈福转化为儒家'正心为福'的精神建设。应该说，陆九渊这一儒家文化实践是值得赞赏的。"（陈来：《"一破千古之惑"——朱子对〈洪范〉皇极说的解释》，第14页）

② "九渊讲《皇极》敛福锡民是代替道教设醮的旧习。"（余英时：《朱熹的历史世界》下篇，第838页）

③ 孔令宏：《陆九渊思想与道家、道教》，载刘大钧主编：《儒学释蕴》，上海：上海古籍出版社，2007年，第357—358页。

下问题：荆门上元设醮的道教旧习究竟是怎么回事？象山又何以要以宣讲皇极的方式取而代之？这正是本文要着力加以探讨的。

二、荆门上元设醮之旧习

先来看第一个问题：荆门上元设醮到底是一般的民俗还是道教影响下的风俗？

关于荆门上元设醮之习，《陆九渊集》有如下描述：

> 郡有故事，上元设醮黄堂，其说曰"为民祈福"①。
> 常岁，以是日建醮于设厅，为民祈福。②

值得注意的是这里关于设醮地点的说法，一说"黄堂"，一说"设厅"。如果我们清楚这两个词的含义就知道，其实都是指郡守的厅堂。

按：黄堂，即太守听事之堂。典出《后汉书》卷二七《郭丹传》：

> 太守杜诗请为功曹，丹荐乡人长者自代而去。诗乃叹

① 《年谱》，《陆九渊集》卷三六，第510页。
② 《皇极讲义》，《陆九渊集》卷二三，第285页。

曰："昔明王兴化，卿士让位，今功曹推贤，可谓至德。"敕以丹事编署黄堂（李善注：黄堂，大守之厅事），以为后法。

黄堂之为太守厅事，在宋代似乎已成常识，如宋哲宗、徽宗时人黄朝英所撰《靖康缃素杂记》，即云："黄堂者，太守听事之堂也，亦谓之雌堂。杜诗为南阳太守，请郭丹为功曹，敕以丹事编署黄堂，以为后法是也。"（卷一，清守山阁丛书本）

设厅，古代官府、寺庙之厅堂。因常作为设宴之所，故称。（五代）孟昶《韵会》卷二七："唐制：诸郡燕犒将吏，谓之旬设。今厅事谓设厅，公厨曰设厨。""设厅"作为官府厅事的用法，在宋人著述中不时可见，如（宋）王栐《燕翼诒谋录》卷三："上散青苗钱于设厅，而置酒肆于谯门。"（宋）冯浩：《江渎庙醮设厅记》："庆历乙酉春，枢密学士平阳文公来帅，用立夏斋祭，又祷雨，屡至庙下，因相外门之东得墟地二百步别为醮设之宇。"（《成都文类》卷三二）

设醮地点在州府厅事，似乎暗示它是一种官方祭祀。然而，查《宋史·礼志》，未见上元州府设醮祈福之事。

祈报。《周官》："太祝掌六祝之辞，以事鬼神，示其福祥。"于是历代皆有禬禜之事。宋因之，有祈、有报。祈，用酒、脯、醢，郊庙、社稷，或用少牢；其报，如常祀。或亲祷诸寺观，或再幸，或彻乐、减膳、进蔬馔，或分遣官告天地、太庙、社稷、岳镇、海渎，或望祭于南北郊，或五龙堂、城隍庙、九龙堂、浚沟庙，诸祠，如子张、子夏、信陵君、段干木、扁鹊、张仪、吴起、单雄信等庙，亦祀之。或启建道场于诸寺观，或遣内臣分诣州郡，如河中之后土庙、太宁宫，亳之太清、明道宫，兖之会真景灵宫、太极观，凤翔之太平宫，舒州之灵仙观，江州之太平观，泗州之延祥观，皆函香奉祝，驿往祷之。凡旱、蝗、水潦、无雪，皆崇祷焉。①

按：祈福属吉礼，宋代有关祈福的吉礼，多在寺、观举行，似乎从未把道场设在州府官厅。既然不是官方祭祀，那么，它应当就是所谓民俗了。荆门的这一民俗又起于何时呢？关于荆楚地区的生活习俗，南朝梁宗懔（约501—565）编撰的《荆楚岁时记》可以让人概见早期的情形。该书"正月十五"条有如下之说：

正月十五日，作豆糜，加油膏其上，以祠门户。②

隋人杜公瞻注云：

---

① 《宋史》卷一〇二，《志》第五十五，《礼》五。
② 《荆楚岁时记》，长沙：岳麓书社，1986年，第15页。

今州里风俗，望日祭门户。其法先以杨枝插于左右门上，随杨枝所指，仍以酒脯饮食及豆粥、膏糜插箸而祭之。①

　　这条材料证明，直到隋代，荆门都还没有出现正月十五州厅设醮为民祈福的行事。然而，记载南宋时期尤其是淳祐至咸淳之间都城临安生活情况的《梦粱录》，在"元宵"条下赫然就有州府上元设醮的记录：

　　元宵。正月十五日，元夕节，乃上元天官赐福之辰。昨汴京大内前缚山棚，对宣德楼，悉以采结，山沓上皆画群仙故事，左右以五色采结文殊、普贤，跨狮子白象，各手指内五道出水。其水用辘轳绞上灯棚高尖处，以木柜盛贮，逐时放下，如瀑布状。又以草缚成龙，用青幕遮草上，密真灯烛万盏，望之蜿蜒，如双龙飞走之状。上御宣得楼观灯，有牌曰"宣和与民同乐"，万姓观瞻，皆称万岁。今杭城元宵之际，州府设上元醮，诸狱修净狱道场，官放公私僦屋钱三日，以宽民力。舞队自去岁冬至日便呈行放，遇夜，官府支散钱酒犒之。元夕之时，自十四为始，对支所犒钱酒。十五夜，帅臣出街弹压，遇舞队照例特犒．街坊买卖之人，并行支钱散给。此岁岁州府科额支行，庶几

① 《荆楚岁时记》，第15页。

体朝廷与民同乐之意。姑以舞队言之，……至十六夜收灯，舞队方散。①

"昨汴京"与"今杭城"云云，显见"州府设上元醮"是宋室南渡之后才兴起的。上行下效，荆门仿临安行此醮仪，可想而知。不过，让人感到奇怪的是，迭修而成的清代《荆门州志》"风俗"卷有关上元的记载并无州府设醮之事。

州民每逢元旦先期扫堂庭，换桃符，……上九、十五，早起，燃灯烛，焚香楮，拜家神。上元，交馈汤圆，同庆元宵。各家张灯，燃火树，扎龙灯，讴歌，游赏，下浣前后，童子就塾师。②

如此看来，荆门上元建醮于官厅，只是存在于南宋时期的短暂现象，既空前，亦绝后。那么，这个"上元醮"的具体内容又是如何呢？遗憾的是，我们没有找到直接的材料，现在只能借助间接的材料加以推测与想象。

与象山同时代的张孝祥（1132—1170，字安国，别号于湖居士），生平著有多首青词，其中题作《上元设醮》的就有三

---

① （宋）吴自牧撰：《梦粱录》卷一，"中国风土志丛刊"，扬州：广陵书社，2003年，第33—36页。（引文中着重号为引者后加，下同，不再一一说明）
② 《乾隆荆门州志 同治荆门直隶州志》卷一一，页二，《中国地方志集成·湖北府县志》第40册，南京：江苏古籍出版社，2013年，第110页。

首，此外还有词牌为《鹧鸪天》的"上元设醮"两首。根据这五首作品，我们可以一窥"上元醮"的消息。

1. 清都紫极，隔世几尘；绿简瑶草，通臣一念。撰日三元之始，驰情八景之高。伏愿增衍其祥，荡除灾秽，贳其既往，新以方来。锡难老于家庭，覃余休于嗣续。[①]

2. 玉清嘉会，气实首于上元；金简真仪，福用敷于下土。敢宣主德，率颛国人，敬披致一之诚，仰导惟新之庆。伏愿轮飙临夜，圣泽如春。万岁千秋，仰奉尧年之永；五风十雨，遍为吴会之祥。凡我有生，长依道荫。[②]

3. 绛阙高居，蹑千真而下察；绿章封事，缄一念以遥通。当甲子之上元，惟王春之正月。三官校籍，屡书黑簿之愆；九气腾霄，滋味黄庭之景。载披云笈，恭款飙游。伏愿悯此余龄，赐之无事。退安田里，常遂于丰登；燕及子孙，更祈于繁衍。[③]

4. 咏彻琼章夜向阑。天移星斗下人间。九光倒影腾青简，一气回春绕绛坛。瞻北阙，祝南山。遥知仙仗簇清班。何人曾侍传柑宴，翡翠帘开识圣颜。[④]

---

① 张孝祥：《于湖居士文集》卷二五，上海：上海古籍出版社，1980年，第248页。
② 《于湖居士文集》卷二五，第248—249页。
③ 《于湖居士文集》卷二五，第249页。
④ 《于湖居士文集》卷三二，第312页。

5. 子夜封章扣紫清。五霞光里佩环声。驿传风火龙鸾舞，步入烟霄孔翠迎。瑶简重，羽衣轻。金童双引到通明。三湘五莞同民乐，万岁千秋与帝龄。[①]

以上作品充满道教术语，这里略作疏解。

"绿简""金简""绿章""琼章""青简"，都是指斋醮时上奏天神的表章，一般用朱笔写于青藤纸上，而"金简"则是在金片上刻字，一般帝王用之，所谓"铸金为简，刻书玉篇，出于空洞自然之文。帝王宝之，社稷长存"[②]。

"封章"，亦称"封事"，其中的"章"就是指上奏天神的表章，亦即青词。

"清都"，神话传说中天帝居住的宫阙。[③] "紫极"，即紫微垣，天帝的居所。[④]

"玉清"，道教所说的三清之一，三清一指三尊神，即：玉清元始天尊（亦称天宝君）、上清灵宝天尊（亦称太上道君、灵宝君）、太清道德天尊（亦称太上老君）。三神所居的仙境称玉清、上清、太清。"紫清"，指上清灵宝天尊，"紫清"是形容他

---

① 《于湖居士文集》卷三二，第 312 页。
② 敦煌文书 S.3389 号《洞渊神咒经》卷四。北周道经《无上秘要》卷四一《投简品》："今奏金简，言名玉清，封付灵岳，长为天臣。"（《道藏》第 25 册，第 136 页）
③ 《列子·周穆王》："清都、紫微、钧天、广乐，帝之所居。"
④ "紫极"后亦作为皇帝或皇极的象征，借指帝王宫殿。关于"紫极"，详细的考察，可参看包艳：《唐时长江流域紫极宫造像考》（《中国美术研究》2016 年第 2 期，第 4—9 页）。

发出的玄气。①

"绛坛"指为醮事而设的祭坛。②

"三元"，指上元（正月十五）、中元（七月十五）、下元（十月十五），每逢三元日，道教徒都要举行斋醮。③

"黄庭之景"，指道教修炼时产生的中空景象。

"八景"，指八方之景。④

"三官"，即天官、地官、水官。三官之说最早见于汉代五斗米道（即天师道）的"三官手书"。⑤道教认为，三官各有神通：天官赐福，地官赦罪，水官解厄。⑥三官还承担了考校人

---

① 《黄庭经》紫清章第二十九："紫清上皇大道君，太玄太和侠侍端。化生万物使我仙，飞升十天驾玉轮。昼夜七日思勿眠，子能行此可长存。积功成炼非自然，是由精诚亦由专。内守坚固真之真，虚中恬淡自致神。"巫山第十峰紫霞真人注曰：紫清，上清之玄也。参见（唐）梁丘子等注：《黄庭经集释》，北京：中央编译出版社，2015年，第238页。

② 关于道教祭坛的详细情况，可参看张泽宏：《道教礼仪学》第四章"道教斋醮科仪的坛仪格式"，北京：宗教文化出版社，2012年，第82—91页。

③ 《唐六典》载："其四曰三元斋：正月十五日天官，为上元；七月十五日地官，为中元；十月十五日水官，为下元，皆法身自忏愆罪焉"（卷四），道教徒"每至三元，恒修斋醮。"（《全唐文》卷三四○，《颜真卿》五，上海：上海古籍出版社，1995年，第476页）

④ 道经《三一九官法》云："太上所以出极八景，入驷琼轩，玉女三千，侍真扶辕，灵犯侠唱，神后执巾者，实守雌一之道，用以高会玄晨也。"（《三洞珠囊》卷五○，明正统道藏本）《王母赠魏夫人歌》："驾我八景舆，欻然入玉清。"（《云笈七籤》卷九六，明正统道藏本）

⑤ （晋）陈寿撰《三国志·魏志·张鲁传》"（张鲁）雄踞巴、汉，垂三十年"句，（南朝宋）裴松之注引（三国·魏）鱼豢《典略》云："请祷之法，书病人姓名，说服罪之意。作三通，其一上之天，著山上，其一埋之地，其一沉之水。谓之'三官手书'。使病者家出米五斗，以为常。故号曰五斗米师。"亦见《后汉书·刘焉传》注引。

⑥ 关于"三官"的详细研究，可参看石衍丰：《略谈道教"三官"》（《宗教学

间功过的职责，《三官灯仪》称："伏闻玄元妙道，运一炁而肇乾坤。清浊殊分，备三才而明日月。显晦分于昼夜，寒暑布于四时。人本冲和，为万类之最灵；性本清虚，因五行而受赋。列尊卑于贵贱，应罪福于因缘。是以三官考校，赏功过于无私；五帝纪明，著愆非而有在。切以人生下境，命系上天。星辰运转，值逆流而照临；运限推迁，遇刑克而冲并。"[①] 这就是所谓"三官校籍"[②]。

"黑簿"，指三官用以记录所考之人罪过的簿子，簿为黑色，故名。据说，三官考校人间功过时，"功"写在青色的簿子上，"罪"或"过"写在黑色的簿子上。[③]

"云笈"，原指道家藏书的书箱，此指各种道经，北宋时，张君房纂成大型道教类书《云笈七签》，凡一百二十二卷。

"天移星斗下人间"，指设醮恭请星君下凡。道教有星斗崇拜，北斗、南斗、东斗、西斗、中斗，即"五方星斗"，都在崇

研究》1987 年刊），雷伟平：《上海三官神话与信仰研究》（北京：中国言实出版社，2016 年，尤其见篇 27—28 页）。

① 《道藏》第 3 册，第 570 页。

② 三官校籍的具体程序是：先在三会日进行考校，然后到三元日上报天庭。参见《上清灵宝大法》："天地水三官，二十七府，百二十曹，凡三会日（引者按：指正月七日、七月七日、十月五日，分别是天官赐福、地官赦罪、水官解厄的日子，依次将举行迁赏会、庆生中会、建生大会）考校罪福，三元日奏御上官，可以行道建斋，修身谢过。"（《道藏》第 34 册，第 51 页）

③ "三元有三官，分为九官，总二十七府，百二十曹。左阳生官，右阴死官。左府青簿书有功者，右府黑簿书有罪者。"（《九天生神章》注，正统道藏第 10 册，第 8162 页）

拜之列，唐宋时期形成"拜斗"科仪。

"九光倒影"，指设醮时布的灯光。先秦祭祀中的火祭衍化为道教的灯仪，《正统道藏》收录的灯仪经书就有二十多种，灯仪与拜斗科仪有密切关系。

从青词来看，上元设醮的目的在向天神祈福消灾，所谓"增衍其祥，荡除灾秽"。所祈之福，五花八门，既有为皇帝求的"万岁千秋"，也有为百姓求的"五风十雨"，更多则是为个人及家庭求的，所谓"锡难老于家庭，覃余休于嗣续""悯此余龄，赐之无事""退安田里，常遂于丰登""燕及子孙，更祈于繁衍"云云。

虽然青词限于体例没有交代设醮的具体细节，但通过它我们还是可以了解到，上元设醮的一些基本要素：

1. 建坛　这个坛要做一定的布置，比如敷以绛纱，所以称为绛坛。按照一定的灯仪布灯。

2. 请神　设坛备礼是为了迎请各路神仙下凡，被请的神仙众多，所以称"仙班"。上元日尤其要请赐福的天官。

3. 拜斗　又称朝斗。就是朝拜天上的星斗，尤其是北斗。祭拜星斗的方法很多，其中有一种叫"步罡踏斗"，就是在醮坛上按九宫八卦的星宿方位，以步踏之。①

---

① 关于"步罡踏斗"，详可参看张泽宏：《步罡踏斗：道教祭礼仪典》（成都：四川人民出版社，1994年），刘仲宇：《踏罡步斗的源流和宗教功能》（《宗教》1998年第3—4期）。

4. 上章　这个表章是用骈体文写的青词，上面写了祈福的话。写好之后，还要封起来，所谓封章或封事。

5. 存想　就是通过冥想，想象天庭仙境的情况，诸如"驰情八景之高""滋味黄庭之景"云云。

三、上元醮关联之知识与信仰

象山于绍熙二年九月始至荆门军履职视事，翌年正月十三就宣讲皇极以代醮事。[①] 作为行政首长，他是第一次面对"上元设醮"的安排，结果他一上来就对"上元设醮"的旧习做了改革。这也符合他一贯的痛快直接的行事作风。

象山当然有他行动的自由，但如果上元州府设醮是高宗以来立下的规矩，而设醮的目的又是"为民祈福"，象山不从"故事"而一意孤行，难免会招来物议，给上任不到一年的自己增添不必要的麻烦。象山固然有强烈的个性，但他作为官员，还是恪尽职守，尤其是在祭祀事务的处理上，循规蹈矩，并不追求特立独行。这一点在他绍熙三年多次祷雨的行为上表现得十分明显。[②] 如果了解上元醮背后的知识、思想与信仰，就会发

---

① 参见《年谱》"绍熙二年"条及"绍熙三年"条，《陆九渊集》，第508—510页。

② 以绍熙二年冬至绍熙三年春久旱，象山于绍熙三年夏四月先后在西山、东山设坛祷雨，有祷雨文四篇，谢雨文两篇，今皆存于文集，参见《陆九渊集》卷二六，第309—311页。每次都循礼设坛致祷，事后又行谢礼，丝毫不敢怠慢，甚至因为东山祷雨效果不佳而自讼礼数未备，加以补救，参见《东山刑鹅祷雨文》，《陆九渊集》，第311页。

现，象山的宣讲皇极其实并不出格，它跟上元醮的精神可谓一脉相通。

前已述及，上元设醮祈福与道教的三官信仰有关。上元是所谓天官赐福。根据道教的星斗信仰[1]，天官被尊为紫微大帝。[2] 也就是说，上元是天官紫微大帝前来人间赐福。[3] 上引张孝祥的青词，就有"清都""紫极"这些表示"紫微"的词，还有"天移星斗下人间"这样的话，而"紫微垣"自古被认为是天帝或天皇居处的地方。所谓天帝或天皇，也就是北极星。道教认为北斗七星主日月五行，有回死注生之功、消灾度厄之力。

《老子中经》云：

> 璇玑者，北斗君也，天之侯王也，主制万二千神，持
> 人命籍。[4]

---

① 关于道教的星斗信仰，详细的讨论，参看潘宗贤与梁发主编：《道教与星斗信仰》（济南：齐鲁书社，2014年）。

② 道经《三官北斗经》言："上元一品，九炁赐福天官，紫微大帝；中元二品，七炁赦罪地官，清虚大帝；下元三品，五炁解厄水官，旸谷神王。"（《道藏》第31册，第570页以下）

③ 《太上说玄天大圣真武本传神咒妙经注》卷一《因缘经》："正月十五上元，官主一品九炁赐福天官紫微大帝于是日分遣十天灵官、神仙兵马、上圣高真、妙行真人、无鞅数众，同下人间，校戒罪福也。"（《道藏》第17册，第98页）

④ 《云笈七籖》卷一八，《道藏》第22册，第135页。《太平经》解释说："天斗所破乃死，故魁主死亡，乃至危也。故帝王气起少阳，太阳常守斗建。死亡气乃起于少阴，太阴常守斗魁。"（王明：《太平经合校》，北京：中华书局，2014年，第314页）

《太上玄录北斗本命延生真经》云：

> 北辰垂象，而众星拱之，为造化之枢机，作人神之主宰。宣威三界，统御万灵，判人间善恶之期，司阴府是非之目。①

《太上玄灵北斗本命长生妙经》云：

> 太上曰"天一生水"，水生自北方，故紫微之垣高崇北辰，北辰之宿列为七元。首引贪辰，尾名破曜，中立文曲，以为天地之枢轴。是以北斗司生司杀，兼物济人之都会也。凡诸有情之人，既禀天地之气，阴阳之令，为男为女，可寿可夭，皆出北斗之政命也。②

以上所引道经，有关北斗负有人间生杀予夺大权的思想，其直接来源是汉代纬书。③

《河图帝览嬉》：

> 斗七星，富贵之官也。其旁二星，主爵禄；其中一星，主寿夭。④

---

① 《道藏》第 11 册，第 347 页。
② 《道藏》第 11 册，第 349 页。
③ 关于汉代的北斗信仰，详可参看甄尽忠：《汉代北斗信仰的文化意涵》（《石家庄学院学报》2016 年第 4 期，第 40—44 页）。
④ ［日］安居香山、中村彰八辑：《纬书集成》，石家庄：河北人民出版社，1994 年，第 1135 页。

《尚书纬·考灵曜》：

> 七星在人为七瑞。北斗居天之中，当昆仑之上，运转所指，随二十四气，正十二辰，建十二月，又州国分野、年命，莫不致之，故为七政。[①]

纬书的这些说法实际是对《史记·天官书》的发挥。《史记·天官书》称：

> （北）斗为帝车，运于中央，临制四乡。分阴阳，建四时，均五行，移节度，定诸纪，皆系于斗。[②]

所谓"帝"，是指"中宫大帝"北极星。《天官书》开篇云：

> 中宫天极星，其一明者，太一常居也；旁三星三公，或曰子属。后句四星，末大星正妃，余三星后宫之属也。环之匡卫十二星，籓臣。皆曰紫宫。[③]

---

① 赵在翰、钟肇鹏、萧文郁编：《七纬》，北京：中华书局，2012年，第243页。
② 《史记》卷二七，"天官书第五"，北京：中华书局，1982年，第1291页。
③ 《史记》卷二七，第1291页。按：《汉书·天文志》也有这段话，惟"太一"写作"泰一"："中宫天极星，其一明者，泰一之常居也，旁三星三公，或曰子属。后句四星，末大星正妃，余三星后宫之属也。环之匡卫十二星，籓臣。皆曰紫宫。""紫宫"是"太一"的居所，这样的说法亦见《淮南子一天文》："太微者，太一之庭也。紫宫者，太一之居也。"

关于“中宫”，《史记索隐》解释：中宫大帝，其精北极星。① 关于“北极星”，《索隐》引《尔雅》“北极谓之北辰”，又《春秋合诚图》“北辰，其星五，在紫微中”，杨泉《物理论》“北极，天之中，阳气之北极也。极南为太阳，极北为太阴。日、月、五星行太阴则无光，行太阳则能照，故为昏明寒暑之限极也”诸说以明之。②“太一”，《索隐》写作“泰一”，认为它是天帝的别名。③

也就是说，北极星又被称为“太一”（泰一）。关于“太一”，《史记·封禅书》还提到，古代天子春秋祭“太一”④，注者称，“太一”是北极神的别名。⑤ 事实上，屈原、宋玉的作品证明战国时“太一”祭祀已经存在。⑥

---

① 《索隐》引《春秋文耀钩》云：“中宫，大帝，其精北极星。含元出气，流精生一也。”（《史记》卷二七，第1289页）
② 《史记》卷二七，第1289页。
③ 《索隐》按：《春秋合诚图》云：“紫微，大帝室，太一之精也。”《正义》：泰一，天帝之别名也。刘伯庄云：“泰一，天神之最尊贵者也。”
④ （汉武帝时）亳人谬忌奏祠太一方，曰：“天神贵者太一，太一佐曰五帝。古者天子以春秋祭太一东南郊，用太牢，七日，为坛开八通之鬼道。”于是天子令太祝立其祠长安东南郊，常奉祠如忌方。（《史记》卷二八“封禅书第六”）
⑤ 《索隐》：《乐叶图征》曰：“天官，紫微。北极，天一、太一。”宋均云：“天一、太一，北极神之别名也。”《春秋佐助期》曰：“紫宫，天皇曜魄宝之所理也。”石氏云：“天一、太一各一星，在紫宫门外，立承事天皇大帝。”（《史记》卷二八“封禅书第六”）
⑥ 屈原《九歌》中的《东皇太一》就是祭太一神，关于东皇太一，（宋）洪兴祖《楚辞补注》引五臣注云：“太一，星名。天之尊神。祠在楚东，以配东帝，故云东皇。”（北京：中华书局，2010年，第57页）宋玉《高唐赋》：“有方之士，羡门高溪，上成郁林，公乐巨谷。进纯牺，祷璇宫，醮诸神，礼太一。”（《文选》卷一九，《六臣注文选》，北京：中华书局，1977年，第267页）

《史记》有关"北极"就是"天帝""太一"的说法，为纬书所继承。如《春秋纬》云："北极星，其一明大者，太一之光。含元气，以斗布常，开命运节序。神明流精生一，以立黄帝。道起于元，一为贵，故太一为北极天帝位。"《诗纬》云："北极，天皇大帝，其精生人。"

而道教的"醮"，原本就是为祭祀太一（北极）诸星而设，《隋书·经籍志》云：

> 夜中，于星辰之下，陈设酒脯饼饵币物，历祀天皇太一，祀五星列宿，为书如上章之仪以奏之，名之为醮。[1]

《云笈七籤》载有《九真帝君九阴混合纵景万化阴天诀》，九次提到泰一神。《云笈七籤》卷二四《总说星》所述北斗七星之名，完全照搬了《春秋纬·运斗枢》。道教中的神，名"太一"的，多得不计其数，其中最有名的是太一（也写作"太乙"）救苦天尊。[2]

道教的这种"北极/太一"信仰，到了后世，人们渐渐忘记它与汉代纬书的关联，更想不到它可以一直追溯到儒家经典《尚书》那里。其实，司马迁写《天官书》《封禅书》，《尚书·舜典》当中如下一段话应是某种触机：

---

① 《隋书》，北京：中华书局，1973年，第4册，第1092—1093页。
② 关于"太一"在道教中的地位，详可参看顾颉刚《三皇考》一文（载所著：《古史辨自序》上册，北京：商务印书馆，2011年，尤其见第366页以下）。

（舜）在璿玑玉衡，以齐七政。肆类于上帝，禋于六宗，望于山川，遍于群神。辑五瑞。①

正是司马迁把"璿玑玉衡，以齐七政"与北斗七星联系起来②，从而为他的星象政治学打开了大门③。而"璿玑玉衡"本来都是玉器，后世注家以之为天文观测仪器。④ 这个星象政治学，尔后为纬书作者发扬光大⑤，最后又被道教吸收进它的星斗信仰、福报哲学，上元祭祀天官紫微大帝，特其一例而已。

从"北极（北辰）""太一"到"皇极"仅一步之遥，而这

---

① 《尚书正义》，北京大学出版社，1999 年，第 54—55 页。

② "北斗七星，所谓'旋、玑、玉衡，以齐七政'"（《史记》卷二七，"天官书第五"，第 1291 页）。

③ "星象政治学"一语，笔者取自龚鹏程，参见其论文《儒家的星象政治学》（原载《一九九八龚鹏程学思报告》，南华大学，1999 年。后收入所著《儒学新思》，北京：北京大学出版社，2009 年；《龚鹏程讲儒 上》，北京：东方出版社，2015 年）以及《星象的政学与道学》（收入《道教与星斗信仰》）。

④ 对于"璇玑玉衡"的解释，历来有争议，笔者以为，天文仪器说于理为长。详细的讨论，可参看赵继宁《〈史记·天官书〉考释》（武汉大学 2010 年博士论文）。

⑤ 如《春秋元命苞》云："天生大列，为中宫大极星。星其一明者，太一常居。傍两星巨辰子位，故为北辰以起节度，亦为紫微宫。紫之言此也。宫之中，天神圆法，阴阳开闭，皆在此中。北者，高也。极者，藏也，言太一之星，高居深藏，故名北极也。立三台以为三公，北斗九星为九卿，二十七大夫，内宿部卫之列，八十一纪以为元士，几百二十官焉，下应十二子。三台主明德宣将也。西奇、文信二星谓上能，为司命，主寿。次二星谓中能，为司中，主宗室。震方二星谓下能，为司禄，主兵武，所以照德塞违也"，又说："斗为帝令，出号布政，授度四方，故置辅星以佐功。斗为人君之象，而号令之主也。"《春秋文曜钩》则说文星六星为上将、次将、贵相、司禄、司命、司中。斗为天之喉舌。《春秋运斗枢》说："北斗七星，所谓'璇玑玉衡以齐七政'。杓携龙角，衡殷南斗，魁枕参首。是谓帝车，

关键的一步是通过消化河图、洛书实现的。如所周知，河图洛书之说出自《易·系辞》："天垂象，见吉凶，圣人象之；河出图、雒（洛）出书，圣人则之。"刘歆认为，河图就是伏羲八卦，洛书就是《洪范》九畴。[①]

《易纬·乾凿度》在将"太一"与"北辰"比附的同时，较之前人，又演绎出"太一行九宫"之说。其说云：

> 《易》一阴一阳合而为十五之谓道。阳变七之九，阴变八之六，亦合于十五，则象变之数若一。阳动而进，变七之九，象其气之息也；阴动而退，变八之六，象其气之消也。故太一取其数以行九宫，四正四维皆合于十五。（卷下）

关于"太一取其数以行九宫，四正四维皆合于十五"，郑玄注：

> "太一"者，北辰之神名也。居其所曰太一，常行于八卦日辰之间，曰天一，或曰太一。出入所游息于紫宫之内

运乎中央，临制四乡，分阴阳、建四时、均五行、移节度、定诸纪，皆系于斗。"《春秋合诚图》云："天皇大帝，北辰星也，含元禀阳，舒精吐光，居紫宫中，制驭中央。"《礼纬斗威仪》："宫主君、商主臣、角主父、征主子、羽主夫、少宫主妇、少商主政，是法北斗而为七政……君乘土而王，其政太平，则宫星黄大，其余六星辉光四起。"

① 参见《汉书·五行志上》。

外，其星因以为名焉。故《星经》曰："天一，太一，主气之神。""行"，犹待也。"四正四维"，以八卦神所居，故亦名之曰宫。天一下行，犹天子出巡狩，省方岳之事，每卒则复。太一下行八卦之宫，每四乃还于中央。中央者，北辰之所居，故谓之九宫。天数大分，以阳出，以阴入，阳起于子，阴起于午，是以太一下九宫，从坎宫始。坎，中男；始，亦言无适也。自此而从于坤宫。坤，母也。又自此而从震宫。震，长男也。又自此而从巽宫。巽，长女也。所行者半矣，还息于中央之宫。既又自此而从乾宫。乾，父也。自此而从兑宫。兑，少女也。又自此而从于艮宫。艮，少男也。又自此从于离宫。离，中女也。行则周矣，上游息于天一、太一之宫，而返于紫宫。行从坎宫始，终于离宫。数自太一行之，坎为名耳。……此数者合十五，言有法也。

根据郑玄描述的这个行进路线，最后画出的九宫图，与《大戴礼记》所载"明堂九室"，在方位配置上完全一致。[1]《乾凿度》的"太一行九宫"说影响甚大，唐代方士王希明（生卒

---

① 《乾凿度》的九宫图，刘牧视为"河图"，朱子视为"洛书"，在易学史上有争议。关于《易纬》的文本研究，可看看萧洪恩：《易纬今注今译》（武汉：武汉大学出版社，2016 年）。关于《乾凿度》的易学思想，可看看任蜜林：《〈易纬·乾凿度〉易学思想阐微》（载《中国儒学》第九辑，北京：中国社会科学出版社，2014 年，第 457—488 页）。

不详，盛年在开元间）的《太一金镜式经》（简称《太一式》）即用其说。

> 太一，天帝之神也，下司九宫，中建皇极。[①]

可以看到，《太一式》直接打通了"太一"与"皇极"。在星宿体系当中纳入来自《洪范》的"皇极"，这种做法在道经中亦有反映。《老子中经》[②]云：

> 太一君有八使者，八卦神也。太一在中央，总阅诸神，案此定录，不得逋亡。八使者，以八节之日上对太一。[③]

这里径直用八卦来称呼太一（北极）的八名使者。《南斗延寿灯仪》本为指导如何建立拜斗星坛而撰，却出现了"皇极"一语：

> 臣闻：天赋群灵，均有自然之命；人怀大本，咸归皇极之中。养之者，福谢尤生；败之者，祸因自起。永惟宰

---

① 王希明：《太一金镜式经》，"序"，文渊阁四库全书本。
② 关于《老子中经》，学界研究颇多，最新的论文有张晓雷：《〈老子中经〉相关问题新考》（《宗教学研究》2018 年第 4 期）。作者认为，《老子中经》的书名直接来源于汉代谶纬内学传统。
③ 《云笈七籤》卷一八，《道藏》第 22 册。

制，实在司存。倘有祈禳，宜修诚恳。今辰，某洗心涤虑，养气存神，夙怀慕道之心，仰畏在天之像，谨依科式，建立星坛，备香花灯烛之仪，归命明德官大圣南斗天府司命上相镇国真君。伏愿天诱其衷，咸迪绵长之道，物蒙其泽，悉无短折之凶。[①]

"皇极"在道经中出现并非偶然，道经作者是有意识地将河图洛书这类文献作为斋醮科仪的一个资源加以利用。比如，《南斗延寿灯仪》就说："是以按河图之品格，披灵宝之科仪，严设星灯，恭陈醮礼。"[②] 王契真《上清灵宝大法－古序》则说，元始天尊"乃出三五章仪，河图醮法，拜表上章之诀。"[③] 杜光庭《道门科范大全集》所收《解禳星运仪》云："窃寻经首，河图有披告之文；检阅真科，灵宝有忏祈之典。敢缘慈训，式备醮仪。延降尊灵，祀崇真圣。"[④]

道经当中"皇极"的词义，对《洪范》原文的用法并无改变，仍是孔安国所解释的"大中"之意，具体到星宿体系，它用来指处于天庭中心地位的北极。而无论是河图还是洛书，都为北极的位置提供了直观的说明。

正是看到这一点，在本当设醮的上元之日，象山决定来宣

---

① 《道藏》第 3 册，第 565 页。
② 同上。
③ 《道藏》第 30 册，第 649 页。
④ 《道藏》第 31 册，第 864 页。

讲《洪范》皇极大义。如果了解到上元醮背后的天官信仰、星斗崇拜以及福报哲学，对于象山以宣讲皇极来取代道教醮仪的行为，就不会有什么违和之感了。

象山在讲义之后附了河图八卦之象、洛书九畴之数，河图中央是太极，洛书中间是数字五，其中有深意存焉。盖《汉书·五行志》只说到《洪范》九畴是洛（雒）书原文，今象山将河图与洛书并列，显示出，他实际上是把洪范当中处于五的皇极理解为八卦图（河图）当中的太极。[①]

如所周知，与朱子不同，关于皇极的解释，象山坚持孔安国大中之说。透过本文的考察，我们有理由猜想，也许道教上元醮有关天官、北极的知识、思想与信仰给了他某种启发。不过，话说回来，道教的这些理论本来就不是其自身发明，而是颇多取资于《易》《书》古经以及汉唐阴阳家之说，象山的宣讲皇极，在某种意义上，可谓以其人之道还治其人之身。

---

① 葛兆光曾对北极、太一、道、太极四个概念之间的关联做过详细考证，但他没有关注皇极问题，也没有指出道教星斗信仰与阴阳五行思想复杂的关联，参见氏著：《众妙之门——北极与太一、道、太极》（载《中国文化》1990年第3期）。龚鹏程在一个注中提到了用太极、北极北辰解释皇极的思路，但他未做评论，不置可否，参见氏著：《儒家的星象政治学》，《龚鹏程讲儒 上》，第40页。

第五章
"陆门弟子"郑湜考论

引 言

南宋郑湜①，字溥之，名列"庆元党籍"前茅，为"待制以上十三人"之第七："郑湜，权刑部侍郎，福州。"② 自非等闲之辈。然元代成书的《宋史》，竟失其传。清人李绂（1675－1750，字巨来，号穆堂，江西临川人）著《陆子学谱》，将郑湜忝为陆门弟子。

郑湜，字溥之，闽县人。列伪学禁中。《福州府志》云：乾道进士，庆元初以起居直学士草赵汝愚罢相制，有

---

① 北宋有一郑湜，德安（宋属江州路，今属九江市）人，王安石曾为其父郑诰表墓，参见王安石：《太常博士郑君墓表》，《临川先生文集》卷九〇，四部丛刊景明嘉靖本。明代亦有一郑湜，"郑湜，字仲持，浦江人。洪武中，有诬其家交通贼臣者，祸不可测，湜与其兄濂争下狱。太祖问之，召见慰谕甚至，拜湜为福建布政司左参议。"（明）陈道撰：《（弘治）八闽通志》，卷三六"秩官"，明弘治刻本。
② （宋）樵川樵叟：《庆元党禁》，四库全书本。

"扶危定倾、任忠竭节"语，韩侂胄大怒，出知本州。后召入，为刑部侍郎。卒谥文肃。[1]

全祖望（1705－1755，字绍衣，号谢山，浙江鄞县人）却认为并非如是：

> 郑溥之，即郑湜，闽人，庆元党籍之魁。诸葛诚之，名千能，会稽人。陈蕃叟，即陈武，乃止斋从弟，亦党籍中人也。其颠末有别纸详之，而俱非陆子之徒。（全祖望：《奉临川先生帖子二》，《鲒埼亭集外编》，清嘉庆十六年刻本）

谢山所云"别纸"，即《答临川论庆元党籍郑湜帖》[2]。此书辨郑湜事甚悉。

---

① （清）李绂：《陆子学谱》卷一五"弟子十""郑文肃湜"条（目录作"郑总领湜"，参见《陆子学谱》目录页三，清雍正无怒轩刻本），清雍正无怒轩刻本。

② 《宋元学案补遗》收录了谢山《答临川论庆元党籍郑湜帖》，王梓材在文末加按语云：谢山《奉临川帖子三（引者按：三为二之误）》云："郑溥之，即郑湜，闽人。庆元党籍之魁。诸葛诚之，名千能，会稽人；陈蕃叟，即陈武，乃止斋从弟，亦党籍中人也，其颠末具有别纸详之，而俱非陆子之徒。"所云别纸，即此帖也。（《宋元学案》卷九七，第3216页）《宋学学案补遗》所录谢山《答临川论庆元党籍郑湜帖》（参见《宋元学案》卷九七，第3215－3216页）未尽遵原文，个别字句有出入，引用时当以谢山《鲒埼亭集外编》所收原文为准。

昨岁，荷赐问庆元党籍之第七人郑湜《宋史》无传，令愚考其颠末。行箧中无多书，只得觅《福建通志》，合之旧史，旁参以《朱子语录》，得其大概。《志》云：湜字溥之（一字补之），闽县人也。乾道中，成进士。光宗时，官秘书郎，所陈皆谠论。庆元初，以起居郎权直学士院，赵忠定公罢相，湜草制，有"持危定倾，任忠竭节"语，韩侂胄以其为襄词，大怒，出知本州。后为刑部侍郎，隶名党籍。卒谥文肃。按：李枅尝问朱子曰：溥之草赵丞相罢相词固佳，以某观之，若当时不作便乞出，尤为奇特。朱子以为不必如此，但后来既迁之后便出亦自善，溥之却不肯出，所以可疑。若不作而遽出，亦无此例。枅曰：如富郑公缴遂国夫人之封，以前亦何①曾有此？朱子笑而不答。然则，溥之草制之后，当迁一官，其后始被外转耳。溥之又有与朱子论戢盗法，亦载《语录》。《宋史·宁宗本纪》：绍熙五年七月，遣郑湜至金，告禅位。《金史·交聘表》：明昌五年闰十月，宋翰林学士郑湜来。考之宋制，翰林学士承旨之下为翰林学士，学士之下为直学士院，承旨不常置，以学士久次者为之，他官入院，未除学士，谓之直院。溥之本直院使金，时暂假学士衔以行耳。若陆文安公之卒，溥之祭文，以江淮总领署衔。然则，以秘书出为总领，以总领入为直院也。忠定罢相在庆元元年三月。次年即有伪

---

① 谢山漏此字，经与《朱子语类》卷一三二所收语录原文对勘，径补。

学之禁。溥之既斥知外郡，何以得遽入为侍郎？既召用，何以又遭禁锢？愚意：或即草制时所迁之官，而后人误记之者。溥之于党籍列在高等，其生平历官之详，必尚有见于他书，《宋史》自荒陋耳。尚容陆续考索，奉正函丈。不备。①

由谢山此帖可知，郑湜与朱、陆皆有交谊，与朱子论过戢盗法，又为象山撰过祭文。谢山与穆堂就郑湜展开的辩论，引出一个对陆九渊及其学派研究来说富有意义的问题：郑湜到底算不算象山弟子？

要回答这个问题，不能不对郑湜其人其学做一通盘考察。笔者查阅相关资料后发现，学界对郑湜的研究还非常粗略，郑湜的一些基本情况，诸如生卒、历官、行事、著述等都没有下落。笔者因此特撰此文，以拾阙补遗。文章首先稽考郑湜在朱陆著作中的印迹，这是因为笔者关心的是朱、陆这些道学人物，很自然地，笔者从郑湜与朱陆关涉的角度切入。随后，本文考察了现有关郑湜生平的主要说法，分析其存在的问题。带着这些问题，笔者对郑湜的生平事迹做了详细考辨，尽力复原郑湜的真实形象。本章最后，在以上讨论的基础上给出一个郑湜简明年表。

---

① （清）全祖望：《鲒埼亭集外编》卷四三"简帖"，清嘉庆十六年刻本。

一、郑湜在朱陆著作中的印迹

在象山全集中，可以找到郑湜踪迹的地方有三处。首先是
文集卷一三所收的《与郑溥之》书。此文非常重要，值得全文
照录。

L1.[①] 赵仲声归，奉书，慰浣之剧。窃知晋丞大府，
此亦未足以处贤者。今当复有清切之除矣。屏居者未之闻
耳。往年，山间粗成次第，便有西山之闲，相继有事役，
残岁遂不得一登。此来，朋友复相会集。后月朔，除一小
功报服，即登山，为久驻之计。去冬，与邵机宜一书，颇
究为学本末。今往一观。游仙岩，题新兴寺壁数语，颇足
以见居山之适。臘[②]月，得元晦复论《太极图说》书，寻
以一书复之，今并往。此老才气英特，平生志尚，不役于
利欲，当今诚难其辈。第其讲学之差，蔽而不解，甚可念
也。士论方伸，诚得此老，大进所学，岂不可庆。诚者，
非自成已而已也，所以成物也。此心之灵，苟无壅蔽昧没，
则痛痒无不知者。国之治忽，民之休戚，彝伦之叙斁，士
大夫学问之是非，心术之邪正，接于耳目而冥于其心，则

---

① 编号为笔者所加，出自《陆九渊集》的部分，我们标以 L。后文仿此做法，
  出自《朱子全书》的部分，我们记作 Z。
② 古同"腊"字。

此心之灵，必有壅蔽昧没者矣。在物者，亦在己之验也，何往而不可以致吾反求之功？此所愿与同志日切磋而不舍者。文藻特溥之余事。比来，议论节操，凛凛近古，愿加不息其诚，日致充长之功，则吾道幸甚。道之行不行，固有天命，吾人之学安得而不自致哉？某向尝妄论贤者封事不逮奏篇，盖愚意以为，但因大变疏陈缺失，以助主上修省之实，不必曲推事验，如后世言灾异者。尝见元祐三年吕益柔廷对，有曰："昔之言灾异者多矣，如刘向、董仲舒、李寻、京房、翼奉之徒，皆通乎阴阳之理，而陈于当时者非一事矣，然君子无取焉者，为其著事应之说也。孔子书灾异于《春秋》，以为后王戒，而君子有取焉者，为其不著事应故也。夫旁引物情，曲指事类，不能无偶然而合者，然一有不合，人君将忽焉而不惧。孔子于《春秋》著灾异不著事应者，实欲人君无所不谨，以答天戒而已。"其言虽未精尽，大概可谓得矣。如"乍警乍纵，不能纯一"之言，可谓切当。至以"云将族而复散，雨将下而复止"为天意象类而然，则愚以为不必如此言也。又如，证以仁祖露立事，亦恐于本指未相应，更愿精思之。格君心之非，引之于当道，安得不用其极，此责难所以为恭，而不以舜之所以事尧事君者，所以为不敬其君也。思虑审精，每及一事，既举纲领，又详其条目，使立可施行，此溥之所长也。然其本末偏重，实未一贯，故言根原处，虽若精纯，终篇读之，却觉浑乱，无统临运率之势。万物并育而不相害，道并行而不相悖，小德川流、大德敦化，必纲举领挈，然后能及此也。行百里者半九十，愿着鞭焉。①

从义理上看，此书谈及心学大旨："此心之灵，苟无壅蔽昧没，则痛痒无不知者。国之治忽，民之休戚，彝伦之叙斁，士大夫学问之是非，心术之邪正，接于耳目而冥于其心，则此心之灵，必有壅蔽昧没者矣。在物者，亦在己之验也，何往而不可以致吾反求之功？"象山推崇此心之灵，认为从外事外物可以验此心之灵，主张向内用力，即所谓"致吾反求之功"，在某种意义上，可视为王阳明致良知说的先声。研究象山心学思想，论者经常引用这段话。象山在信中还谈到他对灾异与事应的看法，这一点以往学者注意不多，实际非常重要。而从书中涉及的人事来看，比较突出的是象山对朱子的评价："此老才气英特，平生志尚，不役于利欲，当今诚难其辈。第其讲学之差，蔽而不解，甚可念也。士论方伸，诚得此老，大进所学，岂不可庆"，可见，象山虽然跟朱子在学术上见解有所不同，但对朱子的才气志尚都给予了高度评价，并引以为同道。

象山《年谱》"淳熙十一年"条：

L2. 先生尝云："当时诸公见上下相安，内外无事，便为太平气象。独郑溥之有一语极好：'而今只要为虏人借路登泰山云耳。'"②

---

① 《陆九渊集》卷一三，北京：中华书局，1980年，第178—179页。
② 《陆九渊集》卷三六，第497页。

象山盛赞郑湜有不同常人的危机意识。[①] 从象山熟练引用郑湜之言这一点来看，至迟，淳熙十一年，郑湜就已进入他的视野。

《年谱》"绍熙三年"条：

> L3. 江淮总领郑湜祭文，略云："圣去千载，所传者书，独公深造，忘其绪余。谓心至灵，可通百圣，谓物虽繁，在我能镜。欲世知师，欲人知味，未之能行，慨其将废。"[②]

这个祭文对象山的定位是很高的，对象山思想的把握也是比较准确的。可以说，郑湜是象山的知交。

郑湜的材料在《陆九渊集》中有三条，而在《朱子全书》中则更多。

朱子文集中提到郑湜（郑溥之、郑补之）有好几次。

> Z1. 外廷诸人不易扶持得且如此，如郑补之辈，尚可

---

① 顺便指出，《陆九渊评传》对这段话的解读有误。《评传》云：又曾引述时人郑溥之的话嘲讽"当时诸公见上下相安，内外无事，便为太平气象"，大胆地说："而今只要为虏人借路登泰山云耳。"意思是指，君臣苟且偷安，天下哪里有太平可言，现在只不过是在消极地等待强虏铁骑的蹂躏罢了。（祁润兴：《陆九渊评传》，南京：南京大学出版社，1998年，第137页）按："而今只要为虏人借路登泰山云耳"这句话出自郑湜（郑溥之），《评传》作者却将其系于象山名下。
② 《陆九渊集》卷三六，第514页。

望也。①

Z2. 郑溥之遣人来，亦有"近事未有异于前日"之叹。岂惟不异，正恐有不如矣。②

Z3. 郑溥之、黄伯耆相继物故，皆盛年也，亦是一时气数，然张、郑尤可惜耳。③

Z4. 如郑溥之，却似伤烦碎，然亦不易得也。④

《语类》提到郑湜（郑溥之、郑补之）则有两次。

Z5. 郑湜补之问戢盗。曰："只是严保伍之法。"郑云："保伍之中，其弊自难关防，如保头等，易得挟势为扰。"曰："当令逐处乡村举众所推服底人为保头。又不然，则行某漳州教军之法，以戢盗心。这是已试之效。"⑤

Z6. 某（引者按：李枂）曰："郑溥之当时草赵丞相罢相词固好。以某观之，当时不做便乞出尤为奇特。"曰：

① 《答方宾王（闲中想不废玩索）》，《文集》卷五六，《朱子全书》第二十三册，上海古籍出版社（上海）、安徽教育出版社（合肥），2002 年，第 2668 页。
② 《刘智夫（近报所见）》，《晦庵别集》卷二，《朱子全书》第二十五册，第 4862 页。
③ 《黄商伯（定叟终于落星）》，《晦庵别集》卷六，《朱子全书》第二十五册，第 4964 页。
④ 《答刘晦伯（林帅政事）》，《晦庵续集》卷四上，《朱子全书》第二十五册，第 4722 页。
⑤ 《朱子语类》卷一○六，"朱子三 外任"，北京：中华书局，1986 年，第 2646－2647 页。

"也不必如此。但是后来既迁之后便出，亦自好。它却不合不肯出，所以可疑。若说教他不做便出，亦无此典故。"某曰："且如富郑公缴遂国夫人之封，以前亦何曾有此？自富公既做，后遂为例。"先生微笑而不答。[1]

还有一条相对隐蔽，因为它没有提到郑湜的全名，但结合Z3可知，其实也是指郑湜。

Z7. 今年，闽中郑、黄、邓皆物故，气象极觉萧索。[2]

这条材料非常重要，可以帮助我们确定郑湜的卒年，后面我们再具体分析。

从以上材料来看，朱子与郑湜有过交往。朱子对郑湜虽然小有微词，但基本持肯定态度。

郑湜在朱、陆著作中的印迹大致如上。可以说，郑湜是朱、陆共同的熟人，比较而言，郑湜似乎跟象山走得更近，但是，有没有到达李被说的列名弟子程度，还是一个问号。郑湜在草赵汝愚罢相制时的进退，受到朱子师徒的议论，其详究竟如何，尚待进一步探明。为此，我们不妨先来看看现有关于郑湜生平的介绍。

---

① 《朱子语类》卷一三二，"本朝六 中兴至今日人物下"，第3182页。
② 《答李季章（熹今岁益衰）》，《文集》卷三八，《朱子全书》第二十一册，第1709页。

二、现有关于郑湜生平的主要说法

关于郑湜生平的介绍，现代的作品当以《宋人传记资料索引》（以下简称《索引》）与《中国文学家大辞典》（以下简称《辞典》）比较权威，在某种意义上，它们可以代表海外与国内对郑湜研究的高度。

《索引》"郑湜"条：

> 郑湜，字溥之，号补之，福州人，昂子。乾道二年进士。光宗即位，为秘书郎，因转对，首乞尽事亲之道，以全帝王之大孝。庆元初，权直学士院，赵汝愚罢相，湜草制，坐无贬词免官，后为刑部侍郎，名隶庆元党籍。谥文肃。[①]

其资料来源主要是以下9种文献：

> 除大理少卿制（《攻愧集》，39/22）南宋文范作者考下/3下　庆元党禁　宋中兴学士院题名录/9　南宋馆阁续录8/7下　宋元学案97/8下　宋元学案补遗97/3下　淳熙

---

① 王德毅主编：《宋人传记资料索引》，第五册，台北：鼎文书局，1980年，第3662页。

三山志 29/16　景定建康志 29/10 下

《辞典》"郑湜"条：

> 郑湜（生卒年不详）字溥之，号补之，福州（今属福
> 建）人，郑昂子。乾道二年进士，少而习文，善为词章。
> 绍熙初，为秘书郎，有面对札子，剀切通练，传诵人口。
> 除大理少卿。庆元元年正月权直学士院，草赵汝愚罢相制，
> 坐褒词太过免官，求去，越三月，迁权刑部侍郎。累官礼
> 部侍郎，卒谥文肃。著《治术》十卷（《直斋书录解题》卷
> 十八），今不传。《全宋文》卷五八四五至五八四六收其文
> 二卷。事迹见《淳熙三山志》卷二九、《容斋三笔》卷
> 一二。①

比较而言，关于郑湜的字、号、籍贯以及生父，《索引》与
《辞典》无异。关于郑湜的行实，两者都包含了以下几点：1.
乾道二年进士；2. 绍熙初面对；3. 庆元初草制。所不同的是，
《索引》强调了"名隶庆元党籍"，而《辞典》突出了郑湜的著
述——《治术》。《辞典》所参文献有两种不见于《索引》：《直
斋书录解题》《容斋三笔》。不过，关于郑湜的生平，两者都没

---

① 曾枣庄主编，李文泽、吴洪泽副主编：《中国文学家大辞典》，北京：中华
　书局，2004 年，第 599 页。

有交代其生卒。

相形之下，清人劳格^①《读书杂识》关于郑湜的介绍更为详细。劳格补充了郑湜提举浙东、知建宁府、总领淮西等为官经历，还提到郑湜出使金国、为象山撰写祭文等事迹。劳格征引的史料也超出了《索引》与《辞典》，其中包括：《宋史·留正传》《宋史·宁宗纪》《会稽续志》《直斋书录解题》五。今具引如下，编号为笔者后加。

1. 《馆阁续录》八：郑湜，字涛之，三山人，乾道二年萧国梁榜同进士出身，治诗赋。淳熙十六年三月，除秘书郎。七月，为浙东提举。

2. 《会稽续志》二：郑湜，淳熙十六年八月十七日，以承议郎到浙东提举任。绍熙二年二月十二日，知建宁府。

3. 《宋史·留正传》：光宗时，从臣郑湜奏立太子监国。

4. 《景定建康志》二十六：郑湜，朝散郎尚书仓部员外郎。绍熙三年九月十五日，到江东淮西总领任。三年十一月二十六日，磨勘，转朝请郎。五年三月十七日，归班。

---

① 劳格（1819—1864），仁和（今杭州余杭）人，字季言，一字保艾。父劳经元对唐代典章制度很有研究，二兄劳权精通校雠学。格继承父志，致力唐史研究，著有《唐尚书省郎官石柱题名考》24 卷、《唐御史台精舍题名考》3 卷，并续完父未竟之《唐折冲府考》。又有《读书杂识》12 卷。藏书前后达 40 余年，编有《丹铅精舍藏书目》，藏书印有"实事求是多闻阙疑""劳保艾读过""劳参军""劳格季言""庚辰"等。

（《象山年谱》载江淮总领郑湜祭文）

5.《攻愧集》三九"仓部郎官郑湜大理少卿制"。略云：立朝有鲠亮之称，治民有循良之效。总饷江左，威誉日耸。郎潜未久，畀尔枭事。

6.《宋史·宁宗纪》：绍熙五年七月，遣郑湜使金告禅位。

7.《容斋三笔》一二：庆元元年正月一日，郑湜以起居郎直学士院。二月二十三日，赵汝愚罢相，制乃湜所草。议者指为褒词太过。二十五日，有旨免兼直院。湜以罢直求去，不许。越三月，迁权刑部侍郎。

8.《直斋书录解题》一八：《治述十卷》，从政郎郑湜绍兴（疑熙——原注）元年撰进。按：丙戌榜有三山郑湜。溥之是年已为秘书郎，面对札子剀切通练，于今传诵，此当别是一郑湜耶？

9. 又，《直斋书录解题》五：《会稽和买事宜录七卷》，浙东帅鄱阳洪迈景卢、提举常平三山郑湜补之集，时绍熙元年。[①]

按：第 1 条材料，校以四库本，可知："字涛之"应为"字溥之"，也许因为"涛"的繁体"濤"与"溥"形近而误。四库本作：

---

① （清）劳格：《读书杂识》卷一一，清光绪四年刻本，第 25—26 页。

郑湜，字溥之，三山人，乾道二年萧国梁榜同进士出身。治诗赋。十六年三月除，七月为浙东提举。①

这个错误不知是劳格自己造成的，还是他所看到的《馆阁续录》版本就是如此。不过，四库本《南宋馆阁续录》亦非善本，因为，其"十六年三月除"一句，很明显，前面漏了"淳熙"二字，后面漏了"秘书郎"三字。

劳格《读书杂识》"郑湜"条使得郑湜生平信息变得丰富。其中，郑湜的著作《读书杂识》引《直斋书录解题》，写作《治述》。《直斋书录解题》"《治述十卷》"条，原文如下：

《治述十卷》。从政郎郑湜绍兴元年撰进。按：丙戌榜有三山郑湜。溥之是年已为秘书郎，面对札子剀切通练，于今传诵，此当别是一郑湜耶？②

查《福州府志》，亦作《治述》。

政刑类。（宋）许将《熙宁开封保甲敕》二卷。黄邦俊《胥许告文》二卷。郑湜《治述》十卷。③

---

① （宋）佚名：《南宋馆阁续录》卷八，清文渊阁四库全书本。
② （宋）陈振孙：《直斋书录解题》卷一八，清武英殿聚珍版丛书本。
③ （清）鲁曾煜撰：《（乾隆）福州府志》卷七二，清乾隆十九年刊本。

由此可知，《辞典》"郑湜"条是将《治述》的"述"字误抄作"术"。劳格对《直斋书录解题》的"《治述十卷》"条还有所考订。他认为，《治述》的撰进时间应是绍熙元年，《解题》所说的"绍兴元年"当是"绍熙元年"之误。劳格没有说明他怀疑的根据。劳格保留了陈振孙的按语，可能表示他同意陈振孙的看法。陈振孙因《治述》的作者是从政郎郑湜，从而怀疑这是另外一个郑湜，其理由是：郑湜"是年已为秘书郎"。从这个说法可知，陈振孙实际上说的是"绍熙元年"，因为，很多文献都说，绍熙初，郑湜的身份是秘书郎。如宋人撰写的记述宋光宗与宁宗朝事迹的《两朝纲目备要》就有这样的说法：

> （光宗）诏职事官轮对。秘书郎兼权吏部郎官郑湜首上三奏。①

另一方面，陈振孙盛年在宋宁宗中期到宋理宗前期，即 13 世纪 10－40 年代，上距郑湜活跃的 12 世纪末（12 世纪 90 年代）不远，了解郑湜的情况是完全有可能的。

劳格还注意到《直斋书录解题》收录的郑湜的另一著作《会稽和买事宜录七卷》。

总之，劳格已经为我们描绘了一个相对多彩的郑湜的人生，也启发我们继续探索，比如：郑湜还有哪些为官经历？尤其是

---

① 《两朝纲目备要》卷一"光宗"，四库全书本，第 16 页。

在淳熙十六年之前。《治述》到底是不是郑湜所撰？郑湜还有哪些著述？再如，郑湜绍熙初的面对札子，被陈振孙称为"剀切通练，于今传诵"，劳格几乎只字不提，其详究竟如何。

三、郑湜行实详考

检读现有关于郑湜的研究可知，郑湜生平事迹的大量细节需要补充。让我们从郑湜的籍贯问题开始。《索引》与《辞典》，还有更早的《庆元党禁》，都说郑湜是福州人。李祓引《福州府志》，说郑湜是闽县人。劳格引《南宋馆阁续录》，说郑湜是三山人。全祖望据《福建通志》，说郑湜是闽人①。那么，究竟哪一种说法准确呢？

查《淳熙三山志》卷二九"人物类四—科名"，"乾道二年（丙戌）萧国梁榜"有"郑湜"其人：

郑湜，昺（四库本作禹。——校者注）之子，字溥之。

---

① 《乾隆福州府志》卷四九有郑湜传，系据《福建通志》，其中提到郑湜是闽县人。郑湜，字溥之，闽县人。乾道二年进士。光宗初，为秘书郎，因转对旨，乞"尽事亲之道以全大孝，严家法之义以正内治，明教子之方以隆基本"，又乞"节燕饮、约用度、亲正人、勤省览"。庆元初，为起居郎、权直学士院。赵汝愚罢相，湜草制，有"持危定倾任忠竭节"等语。韩侂胄以其无贬词，恶之，出知福州。坐免。后为刑部侍郎。入伪学党。卒谥文肃。（《福建通志》）〔（清）鲁曾煜：《乾隆福州府志》卷四九，"人物一 列传 闽县"，清乾隆十九年刊本〕

礼部侍郎（四库本无。——校者注）。①

同卷"绍兴二十七年（丁丑）王十朋榜"，有"郑昺"：

> 郑昺，字秀（四库本作"学"，程氏抄本作
> "季"。——校者注）明②，闽县人，历枢密院编修官、知
> 南恩（原本无，据四库本补。——校者注）州。还朝，擢
> 京西运判，终承议郎。浑、蒙、湜之父。③

按：福州别称三山，因城内有屏山、乌山、于山三山鼎立。
闽县，始于隋开皇十二年（592），其后，析出侯官县。五代时
曾改称长乐县。一直以来隶属福州府。《淳熙三山志》"人物
类"，有关出生地，就有：闽县、侯官、怀安、宁德、永福、福
清、长邑（长乐）、罗源、长溪等名。就此，可以判定，郑湜的

---

① （宋）梁克家纂修，李勇先点校：《淳熙三山志》，《宋元珍稀地方志丛刊》
甲编（六），成都：四川大学出版社，2007年，第991页。《淳熙三山志》，
或称《三山志》，明代以前亦称《长乐志》，是南宗孝宗淳熙年间（1174—
1189）福州的地方志，共42卷，分9门：地理、公廨、版籍、财赋、兵
防、秩官、人物、寺观、土俗。是现存最古老的福州地方志。是书原刻本
元以后已不见于著录，全系明以后传抄本及刻本得以流传。钞本刻本源流
复杂，但多属两浙、闽中两大传本系统。李勇先点校本系以明崇祯十一年
得山林弘衍越山草堂重刊本为底本，主校明万历癸丑本、影印文渊阁四库
全书本，辅校陈叔侗整理所用清嘉道间乌程程氏抄本、崇祯刊本再钞本。
（参见《淳熙三山志》"前言"，第4—5页）
② 郑昺的字，一说秀明，一说季明。笔者倾向于"季明"这一说法。因为，北
宋苏昺的字就是季明。秀明可能是季明之讹，因"秀"与"季"形近而误。
③ 同上书，第973页。

出生地为福州府闽县。

《淳熙三山志》还为我们提供了大量郑湜家族信息。除了前揭郑湜父郑昺、郑湜兄郑浑[1]、郑蒙[2]之外，《淳熙三山志》卷三一还收录了郑湜兄郑沆以及郑湜子郑天麟。

> （庆元二年丙辰邹应龙榜）。郑沆，字深之，闽县人，湜之兄。本族天麟。官终观文殿学士（四库本无。——校者注）。（第1078页）
>
> （庆元二年丙辰邹应龙榜）郑天麟，字仁甫，闽县人，昺之孙，湜之长（四库本无。——校者注）子，沆之从子（从子，四库本作侄——校者注）。（第1080页）

郑湜于乾道二年（1166）中进士，这就意味着，他开始踏上仕途，但前揭材料述其为官经历，最早已是淳熙十六年（1189）三月除秘书郎，中间二十多年完全断档。笔者通过爬梳史籍，找到若干材料，略补其阙。

淳熙十一年甲辰（1184）正月，时为大理寺司直（正八品）[3]，参与科举监考事宜。

---

[1] 疑"郑浑"为"郑沆"之误，盖"浑"与"沆"形近而致误。
[2] 疑"郑蒙"当写作"郑濛"。参见乾隆《福州府志》关于郑昺的介绍：郑昺，字季明，浑、濛、湜之父，枢密院编修官〔（清）鲁曾煜撰：《（乾隆）福州府志》卷三六，清乾隆十九年刊本〕。
[3] 《宋史·职官志八》：诸奉议、通直郎，七寺丞，秘书郎，太常博士，枢密院计议官、编修官，敕令所删定官，直秘阁，著作佐郎，国子监丞，诸王

（淳熙）十一年正月九日，命户部尚书王佐知贡举，中书舍人兼侍讲王蔺、右正言蒋继同知贡举，监察御史朱安国、太常少卿王信、宗正少卿史弥大、秘书少监沈揆、尚书右司郎中朱时敏、宗正寺丞张叔椿、秘书省著作郎何澹、著作佐郎范仲艺，并参详官。太常丞李嘉言、秘书丞黄伦、大理寺丞赵善誉、赵大猷，司农寺丞方有开，太府寺丞赵巩，敕令所删定官张涛、王三怒、程宏图，国子监丞彭仲刚，诸王宫大小学教授梁汝永，国子博士莫叔光，太学博士章颖，太常主簿谢修，军器监丞胡长卿，司农寺主簿张逊，监都进奏院王厚之、张伯垓，主管官告院计衡，监左藏南库郭，并点检试卷。监登闻检院赵善坚、大理评事钱宇，并差监大门。提辖榷货务都茶场孙逢辰差监中门。大理评事王欣差主管牒试避亲官。监察御史陈贾充别试所考试官。<u>大理司直</u>郑湜、校书郎奚商衡、太常博士倪思、太学博士王叔简，并点检试卷。[1]

官大小学教授，国子博士，<u>大理司直</u>、评事，训武、修武郎，内常侍，开封府诸曹参军事、军巡使、判官，京府判官，亦畿县令，两赤县丞，三京赤县、畿县令，太史局五官正，中书、门下省录事，尚书省都事，为<u>正八品</u>（《宋史》卷一六八，《志》一二一，"职官八"下画线为引者所加，下同，不再一一说明）。

[1] （清）徐松辑：《宋会要辑稿》，《选举》二二，稿本。下画线为引者后加，下同，不再一一说明。

淳熙十三年丙午（1186），为敕令所删定官（正八品）①。因转对，向孝宗建言节用。

> 先是，孝宗创左藏封桩库，其法：非奉亲、非军需不支。至淳熙末年，往往以犒军或以造军器为名，拨入内库或睿思殿或御前库或修内司，有司不敢执。湜为敕令所删定官，因转对，为孝宗力言之，时十三年矣。库中所储金至八十万两，银一百八十六万余两，又有籴米钱、度牒钱，而下库复储见缗，常五六百万。②

论者一般都会提到郑湜在光宗即位后因转对上奏一事，不知道其实在此之前，郑湜就有过因转对向孝宗上奏的经历。

至淳熙十四年丁未（1187）正月，仍为敕令所删定官，参与科举监考事宜。

---

① 敕令所删定官掌裒集诏旨，纂类成书。绍兴十二年（1142）罢。乾道六年（1170），复置详定一司敕令所，以右丞相虞允文提举，参知政事梁克家同提举。淳熙十五年（1188）省罢，绍熙二年（1191）复置局。庆元二年（1196），复置提举，以右丞相余端礼兼，同提举以参知政事京镗兼，仍以编修敕令所为名（《宋史·职官二》）。删定官为正八品：诸奉议、通直郎，七寺丞，秘书郎，太常博士，枢密院计议官、编修官，敕令所删定官，直秘阁，著作佐郎，国子监丞，诸王宫大小学教授，国子博士，大理司直、评事，训武、修武郎，内常侍，开封府诸曹参军事、军巡使、判官，京府判官，亦畿县令，两赤县丞，三京赤县、畿县令，太史局五官正，中书、门下省录事，尚书省都事，为正八品（《宋史·职官八》）。

② （宋）佚名：《两朝纲目备要》卷一，"光宗"，四库全书本，第16—17页。

（淳熙）十四年正月二十日，命翰林学士知制诰兼侍讲兼修国史洪迈知贡举，权刑部尚书兼侍讲兼太子詹事葛邲、右谏议大夫陈贾同知贡举，监察御史吴博古、秘书监兼太子左谕德国史院编修官沈揆、太常少卿朱时敏、左司郎中兼太子侍读杨万年、枢密院捡详诸房文字兼国中院编修官范仲艺、吏部员外郎石起宗、尚旧考功员外郎郑汝谐、秘书省著作郎兼权金部郎官黄伦、著作佐郎兼权兵部郎官梁汝永、知太宗丞兼权刑部郎官李详，并参详官宗正寺丞宋之瑞、秘书丞谢修太、府寺丞刘崇之、大理寺丞谢深甫、秘书郎倪思、太常博士黄黼、枢密院编修官张涛，<u>详定一司敕令所删定官郑湜</u>、冯震武、沈清臣、王齐舆、秘书省著作佐郎兼魏惠宪王府教授黄唐、诸王官大小学教授载履、大理评事陈杞、秘书省校言郎邓驲，将作监丞王厚之，太社令赵伯成，主管官告院曾三复，提辖行在杂买场霄篪，干办行在诸司审计司周晔、孙逢吉，提辖行在左藏库李知己，主管尚书礼兵部架阁文字毛崈，主管尚书刑工部架阁文字沈有开，并点检试卷。中书门下省捡正诸房公事兼国史院编修官兼太子侍讲尤裏，差别试所考试。太常寺主簿林大中，宗正寺簿许及之，监行在左藏西上库段世，监行在草料场陈来仪，并差点检试卷。①

---

① （清）徐松辑：《宋会要辑稿》，《选举》二二。

淳熙十五年戊申（1188）二月，时为将作监丞（从八品）①，参与诠试公试类试。

> （淳熙）十五年二月二十五日，铨试公试类试，命监察御史黄谦监试，右司郎中范仲艺、大理少卿陈倚、户部员外郎罗点并考试，太府寺丞范处义、大理寺丞周琰、<u>将作监丞郑湜</u>，秘书省正字卫泾，大理寺主簿邵骥，敕令所删定官陈谦，大理评事龙准、陈榛，并考校点检试卷。②

是年六月，仍在将作监丞任上。

> （淳熙）十五年六月十一日。诏："冷世光身居风宪，嘱托徇私，可放罢。"既而，以大理少卿袁枢言："奉旨令

---

① 将作监，宋代官署名。置监、少监各一人，丞、主簿各二人。监掌宫室、城郭、桥梁、舟车营缮之事，少监为之贰，丞参领之，凡土木工匠板筑造作之政令总焉。（《宋史·职官五》）将作监丞为从八品：诸宣教、宣义郎，御史台检法官、主簿，少府、<u>将作</u>、军器、都水<u>监丞</u>，寺、监主簿，秘书省校书郎、正字，太常寺奉礼郎、太祝，太学、武学、律学博士，主管太医局，合门祗候，枢密院逐房副承旨，东、西头供奉官，从义、秉义郎，太子诸率府副率，亲王府记室，节度、观察、防御、团练、军事、监判官，节度掌书记，观察支使，京府、节度、观察、防御、团练、军事推官，诸州签判，节镇、上中下州录事参军，京府诸曹参军事、军巡判官，承直、儒林、文林、从事、从政、修职郎，京畿县丞，三京赤县、畿县丞，诸州上中下县令、丞，两赤县主簿、尉，诸府诸曹，节镇、上州诸司参军事，节度副使、行军司马，防御、团练副使，太史局丞、直长、灵台郎、保章正，翰林医愈、医证、医诊、医候，三省枢密院主事，守阙主事、令史、书令史，为<u>从八品</u>。（《宋史·职官八》）
② （清）徐松辑：《宋会要辑稿》，《选举》二一。

本寺勘通州百姓高楠诉兄居贤事，却承御史台姓阎人传意本寺，欲责出余瑑。窃详其人系的切干证，窃恐上下观望，乞改授差遣。"奉旨，将作监丞郑湜就临安府置院追王楫及姓阎人鞫实，乃殿中侍御史冷世光、阎大猷嘱王楫云：余瑑是殿院亲戚，罪已该赦，钱有下落，可与责出知在。故有是命。以上，《孝宗会要》。①

郑湜在任将作监丞时曾经与象山通过信，象山的回信《与郑溥之》则写于淳熙十六年春，当时象山在山间方丈。

关于《与郑溥之》的写作时间，论者有不同说法。王心田以为是绍熙元年庚戌（1190），但未说明根据。② 郭齐家则以此书作于淳熙十五年（1188）底，其说如下：

> 本文有"游仙岩题新兴寺壁数语，颇足以见居山之适。腊月，得元晦复论太极图说书，寻以一书复之，今并往"。按：《年谱·淳熙十五年》载："秋八月游仙岩，题新兴寺壁。（见前卷二〇）"所复朱元晦书当为淳熙十五年十二月十四日，即《陆九渊集》卷二之《与朱元晦（二）》。可知

---

① 《永乐大典》卷二六〇七，第17页。亦见（清）徐松辑：《宋会要辑稿》，《职官》五五。
② 参王心田：《陆九渊知军著作研究》，武汉：武汉大学出版社，1999年，第185页。

本篇当作于淳熙十五年（1188）底。五十岁。[①]

按：象山信中所云"元晦复论《太极图说》书"，指朱子淳熙十五年十一月八日《答陆子静》书。是书开篇即云："十一月八日熹顿首再拜上启子静崇道监丞老兄"[②]，而象山《与朱元晦（二）》有"江德功人至，奉十一月八日书"云云[③]，两下相合，无复可疑。象山答书，据《年谱》，在十二月十四日。[④]《与郑溥之》云"去冬，与邵机宜一书，颇究为学本末。今往一观"，当指《与邵叔谊（前日窃闻尝以夫子所论齐景公伯夷叔齐之说断命以祛俗惑）》，盖信中反复谈到学问"端绪""本末"。[⑤] 此书，《年谱》系于淳熙十五年下。[⑥] 详其时间，必在是年八月之后。[⑦] 又，《陆九渊集》卷十另有一书《与邵叔谊》，是书信末称"得元晦书，其蔽殊未解，然其辞气窘束，或恐可疗也。某复书又加明畅，并录往，幸精观之"[⑧]，则此书当在淳熙十五年

---

① 郭齐家、顾春著：《陆九渊教育思想研究》，南昌：江西教育出版社，1996年，第 335 页。

② 《文集》卷三六，《朱子全书》第二十一册，第 1566 页。

③ 《陆九渊集》卷二，第 25 页。

④ 参见《年谱》"淳熙十五年"条，《陆九渊集》卷三六，第 505 页。

⑤ 《陆九渊集》卷一，第 2 页。

⑥ 秋八月游仙岩，题新兴寺壁。（见前卷二〇）访江西帅王谦仲。时帅幕邵叔谊在坐，听谈命者，曰："吾之谈命异于是。伯夷叔齐饿死于首阳之下，民到于今称之，此命极好。齐景公有马千驷，死之日，民无德而称焉，此命极不好。"先生与叔谊书。（见前首卷）（《陆九渊集》卷三六，第 504—505 页）

⑦ 王心田以为，此书写于 1189 年（淳熙十六年）江西金溪，未详所据。（所著：《陆九渊知军著作研究》，第 80 页）

⑧ 《陆九渊集》卷一〇，第 138 页。

十二月十四日《与朱元晦（二）》之后不久。郭齐家亦持此解。① 后一书时间在冬季无疑，但观其内容，并非"颇究为学本末"，而是针对邵叔谊接到前一书后所作答书而来，盖书中有"教以向来为学本末，又加详于前日所闻，甚幸！但叙述愚言处则尽失其实，'便须认为己物'一句，尤害义理，诚如此，可谓罪人处矣"，"初一再见时，颇觉左右好随，即为数语书所闻。每乖其实。既得旬日浃洽之款，意必已悟前非，不谓又作此等语"云云（第137页）。如果"颇究为学本末"的与邵机宜一书是指前一书，那么，前一书当作于淳熙十五年（1188）冬。然而，如此一来，按"去冬"一语推之，《与郑溥之》当在此书之后一年，亦即淳熙十六年（1189）。则"腊月，得元晦复论太极图说书，寻以一书复之，今并往"云云，系指前一年——淳熙十五年事。

另一方面，《与郑溥之》书中有"窃知晋丞大府，此亦未足以处贤者。今当复有清切之除矣。屏居者未之闻耳"数语，而郑湜于淳熙十五年任将作监丞，淳熙十六年三月除秘书郎，与象山信中所云若合符节。综此可知，《与郑溥之》书写于淳熙十六年春正月，其事在二月孝宗内禅之前。王心田、郭齐家等人之说皆非。

---

① 参郭齐家、顾春：《陆九渊教育思想研究》，第328页。

淳熙十六年己酉（1189），三月，郑湜除秘书郎（正八品）①。（参见前揭《南宋馆阁续录》）需要补充的是，这一任命是由于罗点（1150—1194，字春伯，号此庵，江西崇仁人，淳熙二年进士）的举荐。

> （淳熙十六年二月）庚寅，诏中书舍人罗点具可为台谏者，点以叶适、吴镒、孙逢吉、张体仁、冯震武、郑湜、刘崇之、沈清臣八人上之。三月壬辰，以周必大为少保，留正转正奉大夫。丙申，遣沈揆等使金贺即位。诏侍从两省台谏各举可任湖广及四川总领者一人。己亥，子扩进封嘉王。②

论者皆谓郑湜"绍熙初面对"（参见《辞典》《读书杂识》《直斋书录解题》），其实，准确的说法应该是"淳熙末面对"。史载：

> （淳熙十六年）二月辛酉朔，日有食之。壬戌，上内禅，移居重华宫，皇太子即皇帝位，立妃李氏为皇后，上

---

① 诸奉议、通直郎，七寺丞，秘书郎，太常博士，枢密院计议官、编修官，敕令所删定官，直秘阁，著作佐郎，国子监丞，诸王宫大小学教授，国子博士，大理司直、评事，训武、修武郎，内常侍，开封府诸曹参军事、军巡使、判官，京府判官，亦畿县令，两赤县令，三京赤县、畿县令，太史局五官正，中书、门下省录事，尚书省都事，为正八品（《宋史·职官八》）。
② 《宋史》卷三六，《光宗本纪》。

寿圣皇太后尊号，诏求言，下戒励诏，诏职事官日轮面对。秘书郎、权吏部郎官郑湜因转对，首言：三代以还，本朝家法最正，一曰事亲，二曰齐家，三曰教子，此家法之大经也。自昔帝王虽有天下之富，而不以天下养其亲，惟高宗享天下之养，寿皇躬天下之孝，二十有七年，人无间言，此圣贤之所难也。陛下率而行之，必如寿皇，然后无愧也。本朝历世以来，未有不贤之后，盖祖宗家法最严，子孙持守最谨也。后家待遇有节，故无恩宠盈溢之过；妃嫔进御有序，故无忌嫉专恣之行；宫禁不与外事，故无斜封请谒之私。此三者，汉唐所不及也。陛下能谨闲家之义，察女壮之戒，则齐家之道得矣。皇子岐嶷之性过人远甚，然在王所者，左右前后，皆善士也。王谁与为不善，讲读之官进见有时，志意不通，休沐之日，或至多于讲读时，而在左右前后之人，与王亲狎，朝夕无间，一日暴之，十日寒之，未有能生之物也。愿陛下尽事亲之道以全帝王之大孝，严家法之义以正内治之纪纲，明教子之规以寿万世之基本。三月，皇子扩进封嘉王。[①]

照这里所说，郑湜转对的时间似在淳熙十六年二月。但实际应该没有这么早，最快也是在他除秘书郎之后。关于郑湜转

① （宋）刘时举：《续宋编年资治通鉴》卷一○，四库全书本，第17—18页。

对的时间，《宋史全文》^① 用了比较模糊的"其后"一词。

> （淳熙十六年二月）诏职事官日轮面对，用绍兴二年、三十二年之制。<u>其后</u>，秘书郎兼权吏部郎官郑湜因转对，首言：三代以还，本朝家法最正，一日事亲，二日齐家，三日教子，此家法之大经也。自昔帝王虽有天下之富，而不以天下养其亲，惟高宗享天下之养，寿皇躬天子之孝，二十有七年，人无间言，此圣贤之所难也，陛下率而行之，当如寿皇，然后无愧也。本朝历世以来，未尝有不贤之后，盖祖宗家法最严，子孙持守最谨也。后家待遇有节，故无恩宠盈溢之过；妃嫔进御有序，故无忌嫉专恣之行；宫禁不与外事，故无斜封请谒之私。此三者，汉唐所不及也。皇子岐嶷之性，过人远甚，然讲读之官进见有时，志意不通，休沐之日或至多于讲读，曾不若左右前后之人，与王亲狎，朝夕无间，一日暴之，十日寒之，未有能生之物也。愿陛下尽事亲之道，以全帝王之大孝；严家法之义，以正内治之纪纲；明教子之方，以寿万世之基本。又曰：窃闻道路之言，或谓宫中燕饮频并，费用倍加；便嬖使令往往

---

① 《宋史全文》成书于宋末元初，36 卷，不著撰人名氏。其书自建隆以迄咸淳，用编年体，以次排纂。靖康以前，本于李焘《续通鉴长编》而颇加删节，高、孝二代则取诸留正《中兴圣政草》。研究者认为，《全文》保留了比《本纪》更多的诏敕、御笔和其他一些历史文献。《全文》保留了宋代《实录》等书的较多痕迹，因而收录了数量可观的君臣对话。这些对话内容多样，涉及治国、军事、理财、理学等，《宋史》很少收载，甚为珍贵。

亲昵，中外章奏，付出稽缓，愿陛下奋发乾刚，一洗旧习，省燕饮、节用度、亲正人、勤省览。三月，皇子扩进。①

由《宋史全文》所记可知，郑湜转对时官衔为秘书郎兼权吏部郎官②。

郑湜上奏的内容，《宋史全文》这里所录，仅是三奏当中的前两奏。第三奏，则被《宋史全文》放在另一处单独叙述。

---

① （元）佚名：《宋史全文》卷二七下，四库全书本。
② 宋制，六省郎官（简称省郎）为正七品，参见《宋史·职官八》："诸朝请、朝散、朝奉郎，殿中侍御史，左、右司谏，尚书诸司员外郎，侍讲，直龙图、天章、宝文阁，开封府司录参军事，枢密副承旨，枢密院诸房副承旨，武功至武翼大夫，成全、平和、保安大夫，翰林良医，太子侍读、侍讲，两赤县令，云骑尉，为正七品。"但六省郎官任职有一定的资格限制，如侍郎必须先前任过待制以上职务，郎官必须先前任过知州、监司职务，不够资格的，就在官职前面加一个"权"字。参见《宋史·职官三》："又置权侍郎，如未历给事中、中书舍人及待制以上者，并带'权'字，禄赐比谏议大夫。郎官虽理知州资序，未曾实历知州及监司、开封府推官者，止除员外郎。"郎官是统称，细分又有：郎中、员外郎、尚左、尚右、侍左、侍右等职。洪迈《容斋随笔》记载了"权吏部郎官"这一称呼的由来：除省郎者，初降旨挥，但云："除某部郎官。"盖以知州资序者，当为郎中，不及者为员外郎。及吏部拟告身细衔，始始直书之。其兼权者，初云："权某部郎官"，洎入衔及文书，皆曰"权员外郎"，已是他部郎中，则曰"权郎中"。至绍兴末，冯方以馆职摄吏部，欲为异，则系衔曰："兼权尚书吏部郎官。"予尝叩其说，冯曰："所被省札只言权郎官'，故不敢耳。"予曰："省札中岂有'尚书'二字乎？"冯无以对，然讫不肯改。自后相承效之，至今告命及符牒所书，亦云"权郎官"，固已甚野，至于尚左、侍右之名，遨人除目，皆小吏不谙熟故事，驯以致然，书之记注，为不美耳。（宋洪迈：《容斋随笔》卷一〇，"省郎称谓"，宋本配明弘治本，第7页）郑湜是秘书郎，之前没有任过知州或监司的经历，所以，只能权吏部郎官。

秘书郎兼权吏部郎官郑湜，因转对奏言：民力之困，莫甚于此时。盖所取者皆祖宗时所未尝有，而作俑于后来。所用者，皆循习承平积弊，而不量今日之事力。愿先以清心寡欲、躬自节俭为本，然后明诏大臣裁度经费，除奉宗庙、事两宫、给兵费之外，一切量事裁酌，惟正之供，滥恩横例皆厘正之，然后使版曹会一岁之入，择诸路监司之爱民而晓财赋者，使之稽考调度，蠲其烦重以宽民力。疏既出，右丞相留正乃命中司版曹检正都司置局同共稽考。[①]

《两朝纲目备要》则对三奏的内容统一做了介绍。

（光宗）诏职事官轮对。秘书郎兼权吏部郎官郑湜首上三奏。其一言：三代以还，本朝家法最正，一曰事亲，二曰齐家，三曰教子，此家法之大经也。其二言：省燕饮，节用度，亲正人，勤省览。其三言：民力之困莫甚于此时，盖所取者，皆祖宗时所未尝有，而作俑于后来；所用者，皆循习承平积弊而不量今日之事力。愿先以清心寡欲、躬自节俭为本，然后明诏大臣，裁度经费，除奉宗庙、事两宫、给兵费之外，一切量事裁酌，惟正之供，滥恩横例，皆厘止之，然后使版曹会一岁之入，择诸路监司之爱民而晓财赋者，使之稽考调度，蠲其烦重，以宽民力。疏出，

① （元）佚名：《宋史全文》卷二八，四库全书本。

四方盛传，而湜亦出为浙东提举。①

李心传《建炎以来朝野杂记》把郑湜向光宗上奏的时间定为淳熙十六年夏。

> 左藏封桩库者，孝宗所创也。其法：非奉亲、非军需不支。至淳熙末年，往往以犒军或造军器为名，拨入内库，或睿思殿，或御前库，或修内司，有司不敢执。郑溥之为敕令所删定官，因转对，为上力言之，时十三年矣。库中所储金至八十万两，银一百八十六万余两，又有籴米钱、度牒钱，而下库复储见缗常五六百万。十六年夏，溥之为秘书郎，因转对，又为光宗言之。疏入，令户部稽考以闻。（十六年六月）。然卒不竟也。②

《南宋馆阁续录》关于郑湜"（淳熙十六年）七月，出为浙东提举"的说法似乎证实了《两朝纲目备要》所云"（郑湜）疏出，四方盛传，而湜亦出为浙东提举"。

不过，郑湜出为浙东提举的具体时间，《会稽续志》则提供了不同的说法："郑湜，淳熙十六年八月十七日，以承议郎到浙东提举任。"③ 对此，也许我们可以做这样的理解：任命是在七

---

① （宋）佚名：《两朝纲目备要》卷一"光宗"，四库全书本，第16—17页。
② （宋）李心传：《建炎以来朝野杂记》甲集卷一七，清武英殿聚珍版丛书本。
③ （宋）张淏：《会稽续志》卷二，民国十五年影印嘉庆十三年刊本，第35页。

月，到任则是八月。

无论如何，淳熙十六年十月，郑湜是在浙东提举任上，官阶是承议郎（从七品）[①]。此可证之于如下材料。

（淳熙十六年十月）二十三日，诏封椿库支会子二万贯，付浙西提刑袁说友，等第支散平江府许浦水军。支会子一万贯，付<u>浙东提举郑湜</u>，支散定海水军。如有散不尽钱，仰均给士卒，候毕具已给散，文状申三省枢密院。[②]

郑湜在浙东提举的位置上，一直待到第二年——绍熙元年庚戌（1190）夏天还朝，此据《两朝纲目备要》之说。

明年（按：绍熙元年）夏，湜还朝。赵汝愚得政，骤擢为从官。何澹再入，首劾罢之。[③]

在浙东提举任上，郑湜有几件事值得一书。首先，是绍熙元年元月四日郑湜应邀撰写了《太府寺厅壁记》。

---

① 《宋史·职官八》：诸承议郎，左、右正言，符宝郎，监察御史，直显谟徽猷、敷文阁，太常、宗正、秘书丞，大理正，著作郎，崇政殿说书，内符宝郎，正侍至右武郎，武功至武翼郎，和安至保安郎，翰林医官，合门宣赞舍人，太子中舍人、舍人、诸率府率，亲王府翊善、赞读、直讲，判太医局令，翰林医效、医痊，武骑尉，为<u>从七品</u>。
② （清）徐松辑：《宋会要辑稿》，《兵》一九。
③ （宋）佚名：《两朝纲目备要》卷一"光宗"，四库全书本，第16页。

太府，周官也。凡邦国之赋用取具焉。汉以大农领军国之经费，而少府给县官之私养，分画与古不同，故太府之官（缺）。置卿，自梁后魏始也。隋唐因之。实与版曹相为管键，以制邦财。国初，财贿出纳，阜通之政，颛领于三司，太府所掌，惟奉悦币、颁权度而已。元丰，治官尽循唐旧。中兴初，并省附于金部，独以一丞治醝茗之质剂，凡省五年而后复。马承家，盖初除也。初，元丰以在京司局分属寺监，而太府局二十有四。今虽颇省，犹剧于他寺，以式班内外之廪，稍覆其名数，而钩磨之，则诸军诸司粮审四院属焉。颁财用于受藏之府，周知入出而会之，则左藏东西两库属焉。时禁省官府之需，以债用物，则买务属焉。[①] 比物莫贾，俾从其抵，则编套两局属焉。药石必良，以除札瘥，则和剂惠民四局属焉。叙财币以待上之赐好，则祇候库属焉。制券之短长以通商，则钞引库属焉。所异于元丰者，惟内藏奉宸不外属，□货颛隶于都司。盖经财制用有不同尔。寺凡再徙，面执非宜，与尘嚣溷，今寺故勅局也。淳熙十有五年夏，局罢，白于朝，以为寺，秋七

---

① 据《咸淳临安志》，此下漏一句：斥币（阙）互市之积，以便贸易，则卖场属焉。（《咸淳·临安志》卷六，四库全书本，第21页）四库本《咸淳临安志》所收《壁记》阙文较多，且落款年月误为"绍兴元年正月四日"。盖误抄"绍熙"为"绍兴"也。清光绪九年武林掌故丛编本《咸淳临安志（残）》即云：绍熙元年正月四日。（卷六，第18页）《杭州府志》亦云："太府寺题名记。《咸淳志》：在保民坊，耿秉撰。又，郑湜续记。皆绍熙元年。"（民国李楁撰：《（民国）杭州府志》卷九六，民国十一年本）

月乃迁。闳奥显厂，称其官府，寺故有题名。岁久官溢，不足登载，离为三四，丛猥不章，不与寺称。于是，欲更营穿石，叙次官氏岁月而镵之，同舍或迁或去，不果就，惟曾君三复，曩尝预迁议，再除，复来为丞，实终始之，以成同舍之志。以湜于是寺也为有旧，移书命之记，不得辞，因考其沿革，系于碑端并识迁焉，绍熙元年正月四日郑湜书。[1]

其次，是绍熙元年六月，宋廷命郑湜协助洪迈（1123—1202，字景卢，号容斋，江西鄱阳人）措置绍兴和买[2]事宜。《宋会要辑稿·食货》六六，述其始末甚详。

---

[1] （元）富大用《古今事文类聚新集》卷三二，四库全书本，第4—5页。

[2] "和买"原指两相情愿公平交易，宋时"和买"大多是官府向民间购买丝麻产品，以保证庞大常备军的军装供应。为此，官府需在丝麻产区置场和买各种产品。宋太宗到宋真宗时，经马元方、王旭、李士衡等人创议，开始实行预买，即向民间预支和买本钱，而以丝麻产品随两税纳还官府。预买推行于河北、京东、京西、淮南、两浙、江南、荆湖、川峡等路，逐渐成为和买的主要形式，故宋人或将预买与和买混称，或合称预买。大致自宋仁宗时，各地已用不同方式减克和买本钱，景祐时，和买绸绢一百九十万匹，庆历时，增至三百万匹，和买成为民间沉重的负担。北宋晚期，和买已部分演变为定额税，南宋初期，更完全演变为定额税，官府不再支付和买本钱。和买一般按人户家业钱额、税钱额摊派，某些地区还适当参照户等。如四川自宋神宗时规定乡村上三等户摊派和买，四、五等户不敷和买。南康军（今江西星子）每税钱四百三十文，起敷和买一匹。婺州（今浙江金华）某些县人户自三十贯家业钱以上起敷和买。官户和乡村上户往往采取诡名子户的办法，即将一户分成数户以至数十户，以降低户等，向乡村下户转嫁和买负担。在不少地区，和买额超过夏税额，成为南宋的重赋。（参见《中国大百科全书·中国历史》"和买"条，北京：中国大百科全书出版社，1994年，第230页）

绍熙元年二月二十九日，臣僚言：近见朝廷从两浙漕臣之请，所至揭榜，限以两季，令官民户归并诡名挟户，限满，不自首者，许乡司等告首。将及限满，尚未闻有自首归者。臣窃谓：欲革此弊，莫若命郡守各于僚属择能通练清强者，每邑一员，再展期限，专一措置，严行督责，务在必行，其所委之官，措置有方，许令守臣保明量与推赏。诏潘景珪措置闻奏。既而，景珪言：每县欲置木柜二口，封镵印押于县门，一口今展限内许诡名置产人实封状撺柜自首。十日一次，知县躬亲开柜，即与免罪追，乡司归并入户内。一口今展限外许诸色人并见役公吏、乡司及保正、副保长、户长、承帖、催税、家人具实封状，告首诡名挟户之家撺柜内。十日一次，知县躬亲开柜拆封，呼及乡司，究证得实，将告中田产依条给告人，犯人从条断罪，所告人内有公吏乡司等，向断罢，已经叙理充役，若被告人出名，或结托亲知，经官陈诉冒役，官司并不得受理。若首产之后，别有被罢冒役之人，方许受理，仍令转运提刑提举安抚司照会所置木柜。仍造牌二面，其一书召人自陈诡名挟户，其一书召人告首诡户挟户。诡名挟户之家，除人力佃客，干当掠米，人不许告首，外田邻并受寄人，亦许令撺柜，首如点检得实，与免罪，将告中田产亦给与告人，如被他人陈告，田邻并受寄人知情，依条科断告首。撺柜日，知县躬亲拆封，若有自首状，虽已被他人撺柜告首，知县点检得实，亦理为自首，与免罪，归并一。

官户除登科军功荫补外，余依非泛补授，不得豁除，限田指挥官户，于户下书名。若系执政侍从、两省台谏卿谏郎官，注云见任某官，亡殁者即云曾任某官，官户既已取见职位姓名，若已亡殁，即将格内合得田产，据子孙人数均算，官户合得限田，子孙虽多，须是服阕之后，已曾分析，方合据户均算。乡司诸色人能首并人户诡名置产，依今来指挥，照条推赏给产，如逐县故有阻抑，许直经转运司陈理，官户依格合破限田，其家田产不及格数，受寄民户田亩入户揍充，并许受寄官户令干人等首知县，究证得实，将告中田产尽行给赏。如他人陈告，亦当坐罪。诡名挟户之家，于今展限内，不自陈首，又无人告论，即从逐县知县索诸乡户长催税，承帖家人脚头簿点检，所催税去处，便可照应诡名。诡名置产，依淳熙十六年七月一十八日指挥，先限一季，又展一季，限满，更展一季，系是三次立限，限内不首，更不展日，若被人陈首，即从今降指挥施行，不曾首，并田产税色之人，逐县出榜告示，今后不许作代纳销钞。典卖田产之人，知典卖主系是诡名，许行陈首，根究指实，将元典卖田产给还原主。从之。六月十四日，户部尚书叶翥言，乞将绍兴和买元额十四万四千有奇，先蠲减四万余，以十万匹为额，既定，然后行均敷之法，自上四等至下五等户，各照田产多寡，本以经界等则、物力高下，一例均科，其均科，委侍从详议闻奏。诏：专委知绍兴府洪迈同提举郑湜措置，限两月开具以闻。既而，迈等榜示官民户，立限一月，将诡名挟户、隐寄田产从实开具，各令实封，经本府及逐县投柜，首并不以数目多寡、年岁远近，并不追理，所□官物仍免罪赏，候限满开拆。或人户□顽不首，乡司隐庇，即点追，最多者，送狱根勘。和买局、乡司节次供具到：人户隐寄物力钱七十万五千四百七十七贯六百四十四文，计四万八千三百五十五户，元系下五等，并白脚，今关并入第四等。应料和买者，三十六万四千六百五十四贯五百九十二文，计诡户一万一千九百四十五户，元系下五等，今关并系五等。不应科者，一十万六千六百六十三贯六百一十六文，计诡户一万一千一百八十一户，元系上四等，今关并不增添。和买者，二十三万四千一百五十九贯四百三十六文，计诡户二万五千二百二十九户，人户自首并一十五万八千一百七十贯四百七十一文。照得：会稽、山阴、萧山、诸暨、上虞，共五县，自淳熙十二年创科，及真五等户，后来帅臣陈乞自十四年权往催。此外，又有坍江逃绝，虚挂簿书，今蠲减四万四千二百八十余匹，先与五县除豁，外尚余二万四千二百余匹，却将八县合实额均作二分四厘有奇，带减。然余姚、新昌、嵊县，向来不曾创科，五等无前件，除豁之数，所减比于五县为不侔，故又微损。诸暨、山阴最多者补之，减多者止于三分八厘，减少者及二分二厘。验一郡之民情，校逐县之事力，咸谓轻重适得其平。诸县人户物力，有元管绝少，而新并过倍；有元系白脚，而新并千百贯者，多合升起等第充税。长保正之人，缘积习累年，一旦输纳和买，又便当役，中产之家所不能堪。今下逐县，以旧籍为限，至绍兴二年以后，始用新籍差役。今造八县和买新簿，各两面，一留府，一付县，各于户下先坐等第，并元管物力，次开今并钱数，及诡户姓名田产亩步，通计物力若干，浮财若干。每户留控纸，如有典卖，并委本县丞于户下分明收除签押，以防奸弊，见条撮纲目奏册投进，候及三年，仰本府选官同逐县令佐依推排法再行升降。推排和买，与田产相随，亦如今法，逐次推排，如有走失，今并物力总额，官吏乞加重坐，不以去官赦降。原减亭户，田产自来免科，乞照今数，籍定为额，自后，有增置，并同编户法。从之。[①]

按：宋时，户籍人口依其身份分官户与民户、形势户与平户。居住城市者称坊郭户，居住乡村者称乡村户。乡村户中，又分乡村主户与乡村客户，乡村主户再分五等，其中，第一、二、三、四等为上户，第五等为下户。财产税在乡村赋税中占主要地位，财产税的摊派方式主要有三类：第一类是按田亩摊派，如两税即是田亩税，以各地耕田的肥瘠为等差。第二类是按户等摊派，五等户制作为依据，不少赋税，规定乡村上户承担。第三类是按税钱、家业钱等划分乡村主户户等的财产标准摊派。税钱是两税的夏税钱，家业钱是将乡村主户的田亩、浮

---

① （清）徐松辑：《宋会要辑稿·食货》六六，稿本。

财等折算成钱贯，如北宋后期创设的役钱。以上三种方式，又相互交错重叠。即使某些地区或场合的丁税与夫役，也存在乡村上户、乡村下户与乡村客户之别。在宋朝的户口分类制度与乡村赋役制度下，诡名挟户即是官户与乡村上户冒充乡村下户与客户，以逃避税役的一种方式。[①] 为了解决诡名挟户问题，绍熙元年二月，宋廷听取朝臣建议，对诡名挟户比较严重的两浙地区，采取鼓励自首与告发的形式予以排查。六月，又以户部尚书叶翥建议，对和买额度过高的绍兴地区适当予以减免，在此基础之上再实行均敷法，即从上四等到下五等户一律均科。而计算均科具体数额的任务，宋廷最后交给了时任绍兴知府的洪迈与时任浙东提举的郑湜。洪、郑两人工作的成果就是造出了一份绍兴府所辖八县（即会稽、山阴、萧山、诸暨、上虞、余姚、新昌、嵊县）《和买新簿》。这个新簿，又称《会稽和买事宜录》，绍熙元年编讫。陈振孙《直斋书录解题》卷五收录了此书，且对其来龙去脉做了交代。

> 《会稽和买事宜录七卷》。浙东帅鄱阳洪迈（景卢）、提举常平三山郑湜（补之）集。初，承平时，预买令下，守越者无远虑，凡一路州县所不受之数悉受之，故越之额特重。以匹计者，十四万六千九百，居浙东之半。人户百计规免，皆诡为第五等户，而四等以上户之害日益甚。于是，

---

① 参见王曾瑜：《宋朝的诡名挟户》，《社会科学研究》1986 年第 4 期。

有为亩头均科之说者。帅郑丙（少嘉）、宪邱崇（宗卿）、张诏（君卿）颇主之。由淳熙十一年以后略施行，而议者多以创科五等户为不便。参政李彦颖（秀叔）、尚书王希吕（仲行），先后帅越，皆言之，而王画八事，尤力。会光庙亦以为贻贫弱之害，户部尚书叶翥叔羽奏，乞先减四万四千余匹，止以十万为额，而后议均敷。诏从之，仍令侍从集议，皆乞阙并诡挟（陈氏原案：《文献通考》阙字作关，误）。遂诏迈、湜措置。既毕，以施行次第，类成此书，时绍熙元年也。[①]

陈振孙这条材料透露了一个信息，那就是：郑湜提举浙东，具体工作是提举常平。在宋代，提举常平司又称提举司、常平司、仓司，负责掌管常平、义仓、农田水利和差役等事务。提举常平司作为路级监司，由中央直接委派，归司农寺、尚书户部右曹管辖。提举常平有一段时间与提举茶盐司合并。提举常平司的设立，将宋代地方财政体制一分为二，所谓"转运司独主民常赋与州县酒税之课，其余财利悉收于常平司"[②]。熙宁、元丰间，诸路提举常平司为政府创收了大量财富。[③]

---

① （宋）陈振孙：《直斋书录解题》卷五，清武英殿聚珍版丛书本。
② （宋）王应麟：《玉海》卷一八六，"食货·理财"，文渊阁四库全书本。
③ 关于宋代常平司的详细情况，可参贾玉英：《宋代提举常平司制度初探》，《中国史研究》1997年第3期；杨永胜：《宋代提举常平司制度探究》，广西师范大学2016年硕士论文。

绍熙二年二月，郑湜出知建宁府。建宁府治在建瓯。此据《会稽续志》。

绍熙二年二月十二日，知建宁府。[①]

绍熙三年七月、八月，郑湜在江西提刑任上。

绍熙三年七月七日。吏部言：江西提刑郑湜等，相度赣州龙南县难以废罢，令欲从诸司所申，照本县民庶所请，择地胜处易置县治，其合得赏，祗依旧格，如无人。愿就本路监司，同本州守臣选辟。从之。[②]

（绍熙）三年八月十八日。江西提刑郑湜、知赣州赵彦操言：赣州诸县，昨因寇难，增创土军，后来安静已久，而因仍不去。今凡一十二寨所管一千一百余人，岁费衣粮料钱二万七千余贯、米二万一千余斛，当时失于由明科拨衣粮，止是州县那融支给，缘州县财赋有限，支遣之日，土军衣粮多不时得。今诸寨未敢遽议废，并盖亦量度紧慢，少损其数，别立新额。若见管人过于新额，姑与存留，有阙不补，苟不及，新额续议招填，如此，亦可以宽诸县煎熬之忧，而科罚之扰不足，于百姓衣粮之给无乏，于土军

---

① （宋）张淏：《会稽续志》卷二，民国十五年景印嘉庆十三年刊本，第35页。
② （清）徐松辑：《宋会辑稿·职官》四八，稿本。

一举而三获其利。今具元额及欲立新额下项：赣县磨刀巡检寨，元额一百人，今欲六十人为额。兴国衣锦巡检寨，元额一百人，今欲六十人为额。赣州南安军都巡检寨，元额二百人，今欲一百二十人为额。安远信丰龙南三县巡检寨，元额一百人，今欲六十人为额。宁都青唐巡检寨，元额一百人，今欲六十人为额。宁都投杀寨，元额七十人，今欲四十人为额。宁都逤检寨，元额一百人，今欲六十人为额。宁都石城雩都三县逤检寨，元额一百二十人，今欲七十人为额。会昌相乡逤检寨，元额一百人，今欲六十人为额。会昌瑞金两县巡检寨，元额一百二十人，今欲七十人为额。瑞金苟脚逤检寨，元额一百人，今欲六十人为额。石城捉杀寨，元额五十人，今欲四十人额。诏：令见在人并令仍旧，如已溢新额，将来有阙，更不招填。[①]

疑郑湜与朱子论戢盗法即在此际，因为戢盗正是提刑的职事所系。

绍熙三年九月十五日，郑湜调任江东、淮西总领。

郑湜。朝散郎尚书仓部员外郎，绍熙三年九月十五日到任（按：总领所），三年十一月二十六日，磨勘，转朝

---

① （清）徐松辑：《宋会要辑稿·兵》三，稿本。

请郎。①

淮西总领是总领淮西、江东军马钱粮官的省称，治所在建康。②

郑湜是以朝散郎尚书仓部员外郎（正七品）③的朝臣身份出任淮西总领的。这是因为，宋制，用朝臣（具体说，是掌管钱粮的所谓金谷官④）出任各路总领。比如，绍兴三年，户部侍郎姚舜明就被派往建康府做淮西总领。淳熙中，赵汝愚任命著作郎兼权金部郎官宇文子震出任淮东总领。

> 《国朝会要》：初，命朝臣总领都督府宣抚司财赋，其后，收诸帅之兵以为御前军，屯驻诸处，皆置总领，亦以朝臣为之。……绍兴三年正月八日，诏差户部侍郎姚舜明前往建康府专一总领。……十三年九月二十一日，诏总领

---

① （宋）周应合：《景定建康志》卷二六，《官守志》三一，"总领所"，清嘉庆六年刊本。

② "建康、池州诸军钱粮，隶淮西总领，治建康。"（宋李心传：《建炎以来朝野杂记》甲集卷一一，"总领诸路财赋"）龚延明：《中国历代职官别名大辞典》，"淮西总领"条（上海：上海辞书出版社，2006年，第675页）可参。

③ 《宋史·职官八》：诸朝请、朝散、朝奉郎，殿中侍御史，左、右司谏，尚书诸司员外郎，侍讲，直龙图、天章、宝文阁，开封府司录参军事，枢密副承旨，枢密院诸房副承旨，武功至武翼大夫，成全、平和、保安大夫，翰林良医，太子侍读、侍讲，两赤县令，云骑尉，为正七品。

④ 金谷官，是宋代户部、太府寺、司农寺官的通称。因掌钱粮出纳或管仓库、农田水利等事，故名（参见龚延明：《中国历代职官别名大辞典》，上海：上海辞书出版社，2006年，第441页）。

淮西江东军马钱粮所属官，今后许户部长贰、太府、司农卿、少，通行荐举。①

诸路总领，故事，皆带在内金谷官，若太府、司农卿、少丞，户部列曹郎中、员外郎之类。淳熙中，赵温叔（引者按：赵汝愚，字子直，一字温叔）用宇文郎中子震（引者按：宇文子震，字子友，成都人）为淮东总领。时宇文尚为馆职，以未历郡不可除郎，乃命以著作郎兼权金部郎官为之，以馆职领钱粮，非旧典也，当时皆不以为是。②

绍熙三年十一月二十六日，经考核（磨勘），郑湜转朝请郎（正七品）③，职务依然是淮西总领。十二月十四日，象山卒于荆门，郑湜撰祭文，署名淮西总领。

然而，李被发现，郑湜这篇祭文其实是其部下任希夷代笔的。

先生卒于荆门，《年谱》载江淮总领郑湜祭文，止存其署，后见任希夷伯起所为《斯庵集》，有代江淮总领郑湜祭

① （宋）周应合：《景定建康志》卷二六，清嘉庆六年刊本，第1页。
② （宋）李心传：《建炎以来朝野杂记》甲集卷一一，"馆职为总领"，清乾隆武英殿聚珍版丛书本，第13页。
③ 《宋史·职官八》：诸朝请、朝散、朝奉郎，殿中侍御史，左、右司谏，尚书诸司员外郎，侍讲，直龙图、天章、宝文阁，开封府司录参军事，枢密副承旨，枢密院诸房副承旨，武功至武翼大夫，成全、平和、保安大夫，翰林良医，太子侍读、侍讲，两赤县令，云骑尉，为正七品。

陆荆门文，云："呜呼！道晦难明，学绝谁续？人而有志，命何不淑？伊昔中州，有来二陆。奋迹江介，翔鸾振鹄。家庭之行，世想其风。贤关之美，翕然景从。声实方盛，长公云亡。君益自振，熠然有光。圣去千载，所传者书，君独深造，忘其绪余；谓心至灵，可通百圣，外物虽繁，在我能镜。欲世知师，欲人知味。未之能行，慨其将废。若夫素怀，尤具经济，武事兵书，抵掌论议，英明通达，事物无细。自以无前，曾未用世，岂不登朝？惟监之贰，一麾荆门，仅尔小试。增城浚隍，为国远虑，所怀何长。所事未既，顾念畴曩，晤言朝夕，分处江湖。岁年屡易，忽闻讣音。悲凄惨怆，王事方糜。莫吾莫往，缅言象山，无复湮灭。白云英英，瞻望永诀"云云。盖伯起是时为溥之幕职，故代为此文也。伯起从学朱子，其后入参政府，依违史氏相业，无可称。然当陆子殁时，正其师与陆子辩无极悠争之余，其为此文，乃推崇陆子如此其至，虽代作之文，意本主人。溥之之得于陆子者固深，而伯起亦可谓知足以及之矣。[1]

任希夷（约1156－1233），字伯起，福建邵武人。淳熙二年进士，除建宁府蒲城簿。《宋史》有传。[2] 任希夷有《斯庵

---

① 《陆子学谱》卷一五，清雍正无怒轩刻本，第5页。

② 参见《宋史》本传："任希夷，字伯起，其先眉州人。四世祖伯雨为谏议大夫，其后仕闽，因家邵武。希夷少刻意问学，为文精苦。登淳熙三年（1176）

集》。李祓称，在《斯庵集》中看到了任希夷代郑湜祭陆九渊文。因《斯庵集》久佚，我们已无从核实。

李祓言任希夷"时为溥之幕职"。案：郑湜绍熙二年知建宁府，当时确是任希夷的顶头上司。但是，绍熙三年七月，郑湜已是江西提刑。绍熙三年九月，郑湜出任淮西总领。象山卒时，郑湜为淮西总领，没有资料显示，任希夷此时是郑湜的幕僚。

任希夷曾从学于朱子。李祓将这一节特别提出来加以评论：任希夷作为朱子门人，象山殁时，"正其师与陆子辩无极忿争之余"①，这样的身份，这样的时刻，他代郑湜起草祭象山文，推崇象山至甚。李祓的结论是："虽代作之文，意本主人"，祭文实际表达了任希夷自己的看法。李祓这样说，其实没有什么客观根据，只是他个人出于尊崇象山的心理而产生的主观印象。

郑湜在淮西总领的位置上一直待到绍熙五年甲寅（1194）三月。

（按：查《南宋馆阁续录》卷七，淳熙三年为淳熙二年之误）进士第，调建宁府浦城簿。从朱熹学，笃信力行，熹器之曰：'伯起，开济士也。'开禧（宁宗年号，1205－1207）初，主太常寺簿，奏：'绍熙以来，礼书未经编次，岁月滋久，恐或散亡，乞下本寺修纂。'从之。迁礼部尚书兼给事中。谓：'周惇颐、程颢、程颐为百代绝学之倡，乞定议赐谥。'其后惇颐谥元，颢谥纯，颐谥正，皆希夷发也。进端明殿学士、签书枢密院事兼权参知政事。史弥远柄国久，执政皆具员，议者颇讥其拱默。寻提举临安洞霄宫，薨，赠少师，谥宣献。"（卷三九五）

① 李说不确。据《象山年谱》，象山与朱子无极之辨，始自淳熙十四年冬，淳熙十五年、十六年，双方往复两论后朱子主动提出休战。也就是说，淳熙三年底，象山卒时，已经距离朱陆辨论无极好几年。

（绍熙）五年三月十七日，归班。[1]

所谓归班，是指有爵禄者就闲待选，典出《齐东野语》。

上（引者按：孝宗）一日与宰执言："伯圭（引者案：孝宗胞兄，字禹锡，后封为嗣秀王）不甚教子，各使之治生，何以为清白之传？且其下尚有三弟，若皆作郡，则近地州郡皆自家占了，何以用人？莫若以高爵厚禄使之就闲可也。"赵丞相赞曰："凡好事，古所难者，尽出陛下之意，臣等略无万一可以补助。"后秀邸诸子弟，悉归班焉。[2]

作为淮西总领，郑湜的表现比较积极，其事迹有三条记录。有两条是关于他对行为不佳的部属加以管束的。

（绍熙三年十一月）十六日，诏：太平州采石镇屯驻本司水军统制郭师彦降两官，令本军自效。以本军都统赵济言其不觉察将官田广科率所部，连遭队伍之人陈诉，及<u>总领郑湜</u>言其委有掊克事迹，士卒不堪，颇有断手自毙者。故有是命。[3]

---

① （宋）周应合：《景定建康志》卷二六，"官守志"，清嘉庆六年刊本。
② （宋）周密：《齐东野语》卷一，"孝宗圣政"，四库全书本。
③ （清）徐松辑：《宋会要辑稿·职官》七三，稿本。

准中书门下省送到录黄一道，枢密院关池州驻札御前诸军副都统制率逢原，奉圣旨除都统制令。臣书行右臣将指湖湘，已闻率逢原之为人，且见其行事矣。其在江陵，其在襄阳，与今在池阳，监司帅守皆患苦之，屡有文字上烦朝廷。虽然，犹有可解者，监司帅守与军中事不相关，未必非好恶之偏也。近者，<u>淮西总领郑湜</u>，亲见其驭下无恩，将士多怨徒以为管军之人颇系观听，不欲斥言逢原之罪，而按其中军统制崔公亮以警动之，逢原果不自安，且无以掩讳其失，至于自劾。[1]

还有一条是他向朝廷要求重新给予总领所酤买权限的。

淮西总领郑湜奏：总领之职在于调度粮饷、稽察军政而已。乾道八年，总领周閌欲兴酒利，始奏乞拨诸司酒课并归总所管，趁御前并朝廷净息钱三十万贯。递年，又抱认净息钱二十五万贯。又增认建康府税钱一万贯。通管趁到净息钱五十六万贯。自拨并之初，朝廷约束方新诸司不肯过数，造酒亦不敢私自酤卖。数十年来，诸司私造之酒月增岁盛，始者举在城之酒利惟归一总所，故所亏课额不为甚多，后来裂为四五，各私其利，酒课既已暗分，每年

---

① （宋）陈傅良：缴奏率逢原除都统制状，《止斋文集》卷二四，清同治光绪闲永嘉丛书本，第1页。

尝亏净息二十余万，往往皆侵移经常钱兑发及别作营运补掩。见今已侵过经常钱四十四万余贯，久朝廷桩管钱八十三万余贯。若不以利害分明控告，向后转见狼狈。乞矜念总所之职本为给粮饷察军政，许将见在本钱给还诸司自行酤卖。诏：令总领所依旧酤卖，每岁除合纳内库钱，照数解发。外所起朝廷桩管钱，全与减免。诸司息钱权减四分之一，仍自来年为始。①

绍熙五年，郑湜待选的时间应该不长，因为七月十日他就已经是大理寺少卿（正六品）② 了。

> 光宗绍熙五年七月十日，诏大理寺官：遇有奉使职事，许令出入。以大理少卿郑湜言：被旨充登宝位报金国使，合赴都亭，择闲习仪范等事，故有是命。③

郑湜由仓部郎官除大理寺少卿，是由楼钥（1136－1213，

---

① （清）徐松辑：《宋会要辑稿不分卷》职官四一，稿本。这条材料，《杂记》紧接着绍熙五年十二月三日淮东总领叶适的言论之后。很容易让人以为郑湜的建言是在绍熙五年十二月九日。但实际上，绍熙五年七月郑湜就已经从仓部郎官转为大理寺少卿了。详下正文所论。

② 《宋史·职官八》：诸朝议、奉直大夫，集英殿修撰，七寺少卿，中书门下省检正诸房公事，尚书左、右司郎中，国子司业，军器监，都水使者，太子少詹事、左右谕德，入内内侍省、内侍省都知副都知，宣庆、宣政、昭宣使，拱卫、左武、右武大夫，入内内侍省、内侍省押班，枢密承旨、副承旨，骁骑尉，为正六品。

③ （清）徐松辑：《宋会要辑稿》职官二四，稿本。

字大防，号攻媿主人，鄞县人）草制的，制文见楼氏《攻媿集》。

> 敕具官某。国家刑辟之寄，总于廷尉，而职责分任焉。使习宪章者，视狱之成，而审听囚徒，必命儒者临之。其旨深矣。尔少而发藻，善为辞章，立朝有鲠亮之称，治民有循良之效，总饷江左，威誉日耸，郎潜未久，卑尔臬事，能深知设官分职之旨，斯无负今日推择之意，往赞而长，亦惟钦哉！①

正是在大理少卿任内，郑湜出使金国。

> （甲寅绍熙五年）六月丁酉，寿皇崩于重华宫。……七月庚申朔。……甲子……（嘉王）遂即皇帝位。……<u>大理少卿郑湜为金主报登位，使左骁卫郎将范仲壬副之</u>。②

元人所修《金史》，关于郑湜使金报登位的时间以及郑湜的官衔，说又不同。

> （明昌五年）闰十月戊午朔，宋翰林学士郑湜、广州观

---

① （宋）楼钥：《仓部郎官郑湜大理少卿》，《攻媿集》卷三九，四部丛刊本，景上海涵芬楼藏武英殿聚珍版。
② 《宋史全文》卷二八，四库全书本。

察使范仲任报即位。甲戌，以河东南北路提刑使王启、广威将军殿前左副都点检石抹仲温为贺宋即位国信使。①

实际上，作为副使的范仲壬（《金史》误作"范仲任"），时任左骁卫郎将，不是什么广州观察使。②

全祖望对《金史·交聘表》有关翰林学士郑湜使金报宁宗登位的说法曾有所质疑。

考之宋制，翰林学士承旨之下为翰林学士，学士之下为直学士院，承旨不常置，以学士久次者为之，他官入院，未除学士，谓之直院。溥之本直院使金，时暂假学士衔以行耳。③

谢山的解释是：郑湜本为直学士院，当时暂假以翰林学士衔。这个解释是错误的，因为，郑湜当时是大理寺少卿，权直学士院是庆元元年正月才任命的。

"免直学士院。"庆元元年正月一日，郑湜以起居郎直

---

① 《金史》卷六二，"表第四 交聘表下"。
② 高纪春已指出范仲任为范仲壬之误，但没有提到范仲壬的官衔以及郑湜的官衔和使金时间的错误。参见高纪春：《读〈金史·交聘表〉劄记》，收入《漆侠先生纪念文集》，保定：河北大学出版社，2002年，第581页。
③ 《宋元学案》卷九七，第3216页。

学士院。①

郑湜以起居郎（从六品）② 权直学士院。这个职务很快随着赵汝愚的倒台而被免。《两朝纲目备要》述其始末甚悉。

> （庆元元年，乙卯，1195）（二月戊寅）右丞相赵汝愚罢。先是，正月辛亥，将作监李沐为右正言。是月丁丑，沐以本职公事上殿，乞罢汝愚政柄，以尊安天位，塞绝奸原。是日，汝愚乞罢政，出浙江亭待罪。诏中使宣押赴都堂治事。沐又入札子，乞即赐明断，更不宣押，无使之往来道路，重失进退之义。是晚，召权直学士院郑湜锁院。汝愚遂罢右丞相，除观文殿大学士、知福州。制辞略曰：顷我家之多难，赖硕辅之精忠，持危定倾，安社稷以为悦；任公竭节，利国家无不为。既隆翊戴之勋，尚祈启沃之助。力陈忧悃，祈避烦言。于是，御史中丞谢深甫、殿中侍御史杨大法、监察御史刘德秀刘三杰札子：臣等窃见赵汝愚冒居相位，陛下示以谏臣之章，汝愚仓皇出门，至宣麻罢免在廷之臣，犹以为不当，加以书殿隆名帅藩，重寄伏望，

---

① （宋）洪迈：《容斋随笔》卷一三，"容斋三笔"，清修明崇祯马元调刻本。
② 《宋史·职官八》：诸朝请、朝散、朝奉大夫，起居郎，起居舍人，侍御史，尚书省左、右司员外郎，枢密院检详诸房文字，右文殿、秘阁修撰，开封少尹，尚书诸司郎中，开封府判官、推官，少府、将作、军器少监，和安、成和、成安大夫，陵台令，飞骑尉，为从六品。

因其有请，姑寝福唐之命，令汝愚且以职名奉祠。汝愚状：乞将前件新命尽赐罢免，令臣姑守本官奉祠，杜门省咎。甲申，有旨：依所乞，依旧观文殿大学士，提举临安府洞霄宫。郑湜之草制词也，坐无贬辞，免兼学士院。未几，罢去。[1]

宣布罢免赵汝愚丞相的诏令（即所谓宣麻）出自郑湜之手。也许是因为内心对赵汝愚不无同情，郑湜的措辞比较委婉，对赵汝愚的功绩有所肯定。这个制词让打击赵汝愚的势力（以韩侂胄为首）很不满意，两天后，郑湜就因此被免去了权直学士院。

二月二十三日，赵汝愚罢相，制乃湜所草。议者指为褒词太过。二十五日，有旨免兼直院。[2]

这里需要澄清的是，有一种说法称，郑湜因制词不当而得罪当权派，随后遭到出知福州的处分。

郑湜，字溥之，闽县人。乾道进士。庆元中，仕起居郎、权直学士院。赵汝愚罢相，湜草制，有持危定倾任忠

① 《两朝纲目备要》卷四，"宁宗"，第2—3页。
② （宋）洪迈：《容斋随笔》卷一三，"容斋三笔"，清修明崇祯马元调刻本。

竭节语，韩□胄以其无贬词恶之，<u>出知福州</u>。[1]

庆元初，（郑湜）为起居郎、权直学士院。赵汝愚罢相，湜草制，有"持危定倾任忠竭节"等语。韩侂胄以其无贬词，恶之，<u>出知福州</u>。[2]

庆元初，（郑湜）以起居郎权直学士院。赵汝愚罢相，郑溥之草制，其中有"持危定倾、任忠竭节"等语，韩侂胄以其为褒词，大怒，将他排挤出京，<u>任福州知州</u>。[3]

这种说法实际上是把对赵汝愚的处分误解为是对郑湜的了。全祖望没有发现郑湜出知福州纯属张冠李戴，他只是对郑湜出知福州而后又为刑部侍郎这一点感到困惑。

忠定罢相在庆元元年三月。次年即有伪学之禁。溥之既斥知外郡，何以得遽入为侍郎？既召用，何以又遭禁锢？愚意：或即草制时所迁之官，而后人误记之者。[4]

谢山最后的理解是：侍郎也许是郑湜草制时所迁之官，后人误记了。现在我们知道，真实情况是：郑湜草制时是起居郎

---

① （明）李贤：《明一统志》卷三二六，四库全书本，第 15 页。
② 《福建通志》，转引自（清）鲁曾煜：《乾隆福州府志》卷四九，乾隆十九年刊本。
③ 王心田：《陆九渊知军著作研究》，"与郑溥之"解评，第 185 页。
④ （清）全祖望：《鲒埼亭集外编》卷四三，"简帖"，清嘉庆十六年刻本。

权直学士院，随后被免权直学士院，并没有遭到出知福州的区分。所以，不存在让谢山困惑的那种情况："既斥知外郡，何以得遽入为侍郎？既召用，何以又遭禁锢？"

与郑湜同时的洪迈对其庆元初的政治表现知之甚详。

> 湜亦以罢直求去，不许。越三月，而迁权刑部侍郎。[①]

这个细节可以消除朱子师徒对郑湜庆元初出处的误解。朱子言：

> 后来既迁之后便出，亦自好。它（引者按：郑湜）却不合不肯出，所以可疑。[②]

实际上，郑湜在被罢权直学士院之后，主动求去，因为没有得到批准而继续留下来，直到庆元元年五月迁权刑部侍郎（从四品）[③]。庆元元年五月之前，郑湜都是权直学士院。在此期间，除了曾经草赵汝愚罢相制，还曾经草嗣秀王赐赞拜不名制。

---

① （宋）洪迈：《容斋随笔》卷一三，"容斋三笔"，清修明崇祯马元调刻本。
② 《朱子语类》卷一三二，"本朝六 中兴至今日人物下"，第3182页。
③ 《宋史·职官志八》：诸太中大夫，保和殿、龙图、天章、宝文、显谟、徽猷、敷文阁侍制，左、右谏议大夫，权六曹侍郎，七寺卿，国子祭酒，少府、将作监，诸卫将军、轻车都尉，为从四品。

庆元初，嗣秀王①辞中书令，赐赞拜不名。郑溥之草制云："天下之达尊三，德兼爵齿以俱茂；人臣之不名五，老与亲贤而并隆。"《公羊传》注："礼，君于臣不名者有五：诸父兄不名，上大夫不名，盛德之士不名，老臣不名。"《说苑》：伊尹曰："君之所不名臣者四：诸父臣而不名，诸兄臣而不名，先王之臣臣而不名，盛德之士臣而不名。"咸淳初，嗣荣王赐诏书不名，余草制，用《说苑》事。（全祖望注：郑文肃公湜，一字补之，庆元党人）②

按：嗣秀王赵伯圭于庆元元年五辞中书令。此据楼钥《攻媿集》。

庆元元年，以复土拜中书令。王以旷典，五辞。③

庆元元年七月，赵汝愚落职，郑湜放罢。

（庆元元年）七月十四日，观文殿大学士、银青光禄大

---

① 嗣王是封爵的一种，高于郡王，低于亲王。始于唐代。宋神宗时，有感于其父宋英宗以外藩入继仁宗，将其本生叔父赵宗晖封为嗣濮王并规定世袭。之后，以宗室子入继的宋孝宗、宋理宗沿袭此例，相继设立嗣秀王、嗣荣王两个爵位，加上后来的嗣沂王，整个宋代有四个嗣王，他们并非普通亲王苗裔，而是皇帝生父或养父的后代。
② （宋）王应麟著，（清）阎若璩、何焯、全祖望注：《困学纪闻》卷一九，上海：上海古籍出版社，2015年，第538页。
③ （宋）楼钥：《皇伯祖太师崇宪靖王行状》，《攻媿集》卷八六，《四部丛刊》本。

夫提举洞霄宫赵汝愚落职。朝请大夫、权尚书刑部侍郎郑湜，与郡朝奉郎监察卿史吴猎、宫观秉义郎差知濠州张致远，放罢。以臣僚言：汝愚自恃有恩，玩侮君上。郑湜草制，乃深怀荐引之恩，巧作诌佞之语。吴猎不避交通之迹，公然上疏，乞止宰相掩攒之行。武臣张致远受其亲密之指，朝辞上殿乞宰相兼枢密使。故有是命。[1]

庆元三年六月，时为朝请大夫（从六品）、提举江州太平兴国的郑湜落职罢祠。

（庆元三年）六月二十三日，朝请大夫、提举江州太平兴国宫郑湜罢祠。从义郎盐骐骥院张熙特追两官送辰州居住。以臣僚言：湜昨来条奏三札，力诋太上，传写夸示。熙以上皇帝，书录成副本，遍谒从官，自夸敢言。[2]

可知，郑湜落职的原因是之前的直言上谏。三札的具体内容是什么，已不可考。

当时有人统计，到宁宗嘉泰二年（1202）为止，以伪学逆党得罪者凡五十有九人，这就是所谓庆元党籍，而郑湜的大名赫然亦在其中。

---

① （清）徐松辑：《宋会要辑稿》职官七三，稿本。
② （清）徐松辑：《宋会要辑稿》，职官七五，稿本。

（庆元三年十二月）丁酉，籍伪学。知绵州王沇乞置伪学之籍，仍自今，曾受伪学举荐关升，及刑法廉吏自代之人，并令省部籍记姓名，与闲慢差遣，从之。于是，自庆元至今，以伪学逆党得罪者凡五十有九人。宰执四人：赵汝愚（右丞相），留正（少保、观文殿大学士），王蔺（观文殿学士、知潭州），周必大（少傅、观文殿大学士）。待制以上十三人：朱熹（焕章阁待制兼侍讲），徐谊（权工部侍郎兼知临安府），彭龟年（吏部侍郎），陈傅良（中书舍人兼侍讲）（案：《庆元党禁》：陈傅良舍人兼侍读兼直学士院），薛叔似（权户部侍郎兼枢密都承旨提举太史局），章颖（权兵部侍郎兼侍讲），郑湜（权刑部侍郎），楼钥（权吏部尚书），林大中（吏部侍郎），黄由（权礼部尚书），黄黼（权兵部侍郎），何异（权礼部侍郎），孙逢吉（权吏部侍郎）。余官三十一人。[①]

论者已经指出，宋廷并没有公布过一份包含五十九人名单的庆元党籍，而且，被列入党籍的吕祖泰、周必大等人在庆元三年（1197）尚未受到贬谪，党籍应是李心传整理后的产物。[②]无论如何，郑湜在当时的舆论中，是受伪学党籍案牵连的受害者。

---

① （宋）佚名：《两朝纲目备要》卷四，清文渊阁四库全书本。
② 参见李超：《南宋庆元"伪学逆党籍"真伪考论》，《四川师范大学学报》2019 年第 4 期。

次年，郑湜卒。此据朱子《答李季章》书。

今年，闽中郑、黄、邓皆物故，气象极觉萧索。[1]

陈来认为此书作于庆元四年戊午（1198）。[2] 束景南亦将此书系于是年。[3]

从朱子惋惜郑湜盛年而逝这一点来看，郑湜卒时应该不到六十。如此，可推出郑湜生年不得早于1138年。而郑湜于乾道二年（1166）中进士，按正常情况，应该二十岁之后。所以，其生年不得晚于1146年。取其中间值，约在1143年左右。也就是说，郑湜，生于绍兴十三年（1143）年前后。

想来，郑湜应是落职罢祠后不到一年就卒于自宅，可谓郁郁而终。日后，元修《宋史》亦不为其立传，似乎彻底淡出了史家视线，真是：身前寂寞无人问，死后湮没失名姓。

如上所述，郑湜之为陆门弟子，实乃李绂附会之说，并无其事。全祖望已辨其非，惜乎于若干重要细节亦不甚了了。

---

① 《答李季章（熹今岁益衰）》，《文集》卷三八，《朱子全书》第二十一册，第1709页。
② "蔡、吕皆卒于戊午秋，草告老之请在戊午冬，故此书在戊午之冬。"（陈来：《朱子书信编年考证（增订本）》，北京：生活·读书·新知三联书店，2007年，第468页）
③ 束景南：《朱熹年谱长编（增订本）》，上海：华东师范大学出版社，2014年，第1340页。

四、郑湜简明年表

为便观览，兹据上文所论，整理出一份郑湜简明年表。

宋高宗绍兴十三年癸亥（1143）前后　生于闽县。父郑昺。有二兄：浑（沇?）、濛。

宋高宗绍兴二十七年丁丑（1157）　父昺登进士第。

宋孝宗乾道二年丙戌（1166）　登进士第。

宋孝宗淳熙三年丙申（1176）前后　子天麟生。

宋孝宗淳熙十一年甲辰（1184）　大理寺司直，正八品。

正月，点检贡举试卷。

宋孝宗淳熙十三年丙午（1186）　敕令所删定官，正八品。

转对。向孝宗上奏，请节用。

宋孝宗淳熙十四年丁未（1187）　敕令所删定官。

正月，点检贡举试卷。

宋孝宗淳熙十五年戊申（1188）　二月，在将作监丞任上，从八品。考核点检诠试公试类试试卷。

六月，在临安府置院处理冷时光案。

本年，与象山书。

宋孝宗淳熙十六年己酉（1189）　二月，孝宗退位。

三月，除秘书郎权吏部郎官，正八品。以罗点举荐。

夏，转对，向光宗上奏三事。

七月，出为浙东提举常平，从七品。

宋光宗绍熙元年庚戌（1190）　元月，在浙东提举任，撰《太府寺厅壁记》。

六月，协助绍兴知府洪迈措置绍兴和买事宜。事成，合著《会稽和买事宜录》。

七月，还朝。赵汝愚用事，擢为从官。

宋光宗绍熙二年辛亥（1191）　二月，出知建宁府。

宋光宗绍熙三年壬子（1192）　七月，在江西提刑任上，奏请朝廷移置龙南县治。

八月，在江西提刑任上，奏请朝廷减赣州土军额。

九月，以朝散郎仓部员外郎出任江东淮西总领，正七品。

十一月，磨勘，转朝请郎，正七品。仍在淮西总领任上。

十二月，陆九渊病逝于荆门。撰文祭之。

宋光宗绍熙四年癸丑（1193）　仍为淮西总领。

宋光宗绍熙五年甲寅（1194）　三月，归班。除大理寺少卿，正六品。

六月，孝宗崩。

七月，使金，告宁宗登位。

宋宁宗庆元元年乙卯（1195）　正月，除起居郎权直学士院，从六品。

草嗣秀王赐赞拜不名制。

二月二十三日，草赵汝愚罢相制。二十五日，以制辞褒赵汝愚而被免去兼直学士院。求去，不许。

五月，迁权刑部侍郎，从四品。

七月，赵汝愚落职，郑湜放罢，出为朝请大夫、提举江州太平兴国宫，从六品。

宋宁宗庆元二年丙辰（1196）兄沇、子天麟同登进士第。

宋宁宗庆元三年丁巳（1197）六月，以之前上奏宁宗三札而落职罢祠。

宋宁宗庆元四年戊午（1198）卒。时年不到六十。

第六章

"悟，致知焉尽矣"

—— 禅学对阳明诠释的一个启发

　　王阳明为了与朱子的格物说对抗，着意表彰古本《大学》，企图从经典上压倒朱子的《大学章句》。所谓古本，就是未经朱子加以"分章""补传"的旧本。正德十三年（戊寅，1518）七月，王阳明在江西刻《大学古本》。在嘉靖二年（癸未，1523）改定的《大学古本序》中，王阳明根据自己的理解，对《大学》的宗旨重新做了界定，就是将其统一到"致知"上来。然而，关键的一句话，即此序末句"乃若致知则存乎心悟致知焉尽矣"[1]①，如何断句，晚近由于陈来先生的提出，而成了一个问题。笔者从禅宗思想得到启发，尝试对这个问题给出一种解答。论文从检讨陈来先生的看法开始，笔者将考察陈先生的论证，同时也会关注到林乐昌先生对陈说的反对意见，分析现有两种

---

① 明隆庆刻三十八卷本《王文成公全书》将此序标为"戊寅"，这是一个错误，实际上，此序并非戊寅原序，而是癸未改定之序。吴光等人整理的《王阳明全集》对于卷七《大学古本序》题下的原注"戊寅"未加删除，亦未作说明，只在卷三二"补录"当中收了真正的戊寅原序，题作《大学古本原序》（第1197页）。癸未本《大学古本序》结尾这句话是王阳明在改定时新加的，为原序所无。关于《大学古本序》初本与定本的差异，详细的分析参见袁尔矩：《从〈大学古本序〉的两种文本看王阳明心学的形成过程》，《文史哲》1992年第3期，第74—79页。

断句方案存在的困难，最后阐述笔者受启于禅宗思想而产生的新解。

一、陈、林断句之争

对"乃若致知则存乎心悟致知焉尽矣"这句话，陈来先生在 1991 年出版的《有无之境——王阳明哲学的精神》一书中，将其断为："乃若致知则存乎心，悟致知焉尽矣。"[2]122

陈先生意识到自己的这种断句与传统的读法不同，为此，他在脚注里特地做了一个说明。

> 按：自王门弟子时即读此序末句为"存乎心悟"，然"心悟"之说不见于阳明其他文字，故我将"悟"字属下句读，似近原意。后阳明致薛侃书亦云致知二字从前儒者多不曾悟。[2]122

这个说明显示，陈先生完全了解，自王门弟子时即读此句为"乃若致知则存乎心悟，致知焉尽矣"，但他不同意这种传统读法，其理由有二：（1）"心悟"之说不见于阳明其他文字；（2）阳明致薛侃书亦云致知二字从前学者儒者多不曾悟。

1992 年出版的《王阳明全集》，编校者对"乃若致知则存乎心悟致知焉尽矣"的断句，跟陈先生大同小异，其共同之处就是将"悟"字与"致知"连读。

乃若致知，则存乎心；悟致知焉，尽矣。[3]243①

不过，在提到这句话的另一个地方，编校者却采用了传统的断句方式。

（德洪）曰：“师尝言之矣，'吾讲学亦尝误人，今较来较去，只是致良知三字无病。'”众皆起而叹曰："致知则存乎心悟，致知焉尽矣！"[3]1341②

《王阳明全集》的编校出自多人之手③，这种标点上的前后不一是可以理解的。这从一个方面也反映出，对于这句话的断句，学者们的意见往往不同。

林乐昌先生在1997年发表的一篇文章中对陈先生所代表的新读法提出了商榷。因具体行文较长，为讨论方便，我们将林先生反驳的要点概括如下：

（1）"心悟"之说不见于阳明其他文字，这是事实，但"悟"是阳明经常提及的。[4]118更重要的是，"心悟"一语，被阳明弟子接受下来成为他们讲学讨论中的通行用语。[4]121比如，阳明的大弟子钱德洪（字洪甫，号绪山，1496—

① 《王阳明全集》卷七，《大学古本序》。
② 《王阳明全集》卷三六，《年谱附录一》。
③ 编校者署名四人：吴光、钱明、董平、姚延福。

1574）就曾经专门解释过"致知存乎心悟"这个说法①。[4]121

（2）"悟致知焉尽矣"这样的断句，会使人误以为阳明在"致知"之外别有所谓"悟致知"之说以作为自己学说的纲领。但实际上，阳明从未以"悟致知"立说，其弟子的言论中也从未见有"悟致知"的话头。[4]120 并且，将"悟"与"致"两个动词迭用，也不符合汉语的构词习惯。[4]120

基于以上几点，林先生主张应当维持传统读法。可以看到，陈来先生对传统读法做了否定，林乐昌先生则对陈先生的否定做了否定。究竟孰是孰非？该何去何从？不妨说，定本《大学古本序》末句的断句问题，由于陈、林两位先生的分歧而凸显出来，成了阳明研究当中的一段未了公案。下面我们将仔细检查两位先生的论证，以期对这段公案做出合理的研判。

---

① 这条材料出自《明儒学案》：问"致知存乎心悟"。曰："灵通妙觉，不离于人伦事物之中，在人实体而得之耳，是之谓心悟。世之学者谓斯道神奇秘密，藏机隐窍，使人渺茫恍惚，无入头处，固非真性之悟。若一闻良知，遂影响承受，不思极深研几，以究透真体，是又得为心悟乎？"（《明儒学案》卷十一"浙中王门学案一"，北京：中华书局，1985年，第229页。亦见：《钱德洪语录诗文辑佚》，载钱明编校整理：《徐爱 钱德洪 董沄集》，南京：凤凰出版社，2007年，第121—122页）

二、阳明后学论致知

陈先生称，自王门弟子时即读此序末句的前半句为"存乎心悟"，他没有交代具体是哪些弟子。林先生在文中提到的钱德洪那条材料，可以作为一个例子。陈先生认为，王门弟子的读法并不代表阳明本人的意见。林先生则认为，既然阳明弟子如此断句，就不能排除他们是从老师阳明那里听来的这种可能。二说都有道理。如何取舍，这就需要我们对阳明弟子的说法做出仔细的分疏。

稍加查考就会发现，定本《大学古本序》之末句，在王门弟子中，被引率甚高。但是，对于将这句话完整引用的文本，因无从判断其作者究竟是怎样断句，我们只好弃之不用，而主要留意"致知存乎心悟"与"致知焉尽矣"单独出现的用例，因为，只有这些用例才能明确反映作者的断句倾向。从逻辑上讲，将此句前半句读作"致知存乎心悟"，就意味着，将此句后半句读作"致知焉尽矣"。反过来，同样成立。

在王门弟子中，明确将此句前半句念作"致知存乎心悟"的，除了上述的钱德洪，还有欧阳德（字崇一，号南野，1496－1554）。后者与人论学时，曾议及"致知存乎心悟"。

先师谓，"致知存乎心悟"，故古圣有精一之训。若认意念上知识为良知，正是粗看了，未见其所谓"不学不虑，不系于人"者。然非情，无以见性；非知识意念，则亦无以见良知。周子谓"诚无为，神发知"，知神之为知，方知得致知；知诚之无为，方知得诚意。来书启教甚明。知此，即知未发之中矣。[5]（《答陈明水 二》，下划线为引者后加，下同，不再一一说明）①

而明确将此句后半句念作"致知焉尽矣"的例子，在阳明弟子中，有王艮（字汝止，号心斋，1483－1541）与刘阳（字一舒，号三五，1496－1574）。

王艮云：

> 故正诸先觉，考诸古训，多识前言往行而求以明之，此致良知之道也。……使其以良知为之主本，而多识前言往行以为之蓄德，则何多识之病乎？……充其是非之心，则知不可胜用而达诸多识前言往行以蓄德矣。……是故顺乎天而应乎人，皆由己之德也。孔子曰尽善又尽美，是非明矣。此先师所谓"致知焉尽矣"。[6]（《奉绪山先生书》）

---

① 《明儒学案》亦引了这条材料，而文字有所删节：先师谓"致知存乎心悟"，若认知识为良知，正是粗看了，未见所谓"不学不虑，不系于人"者。然非情无以见性，非知识意念则亦无以见良知。周子谓，诚无为，神发知。知神之为知，方知得致知；知诚之无为，方知得诚意。来书启教甚明，知此即知未发之中矣。（《答陈明水》，《明儒学案》卷一七，"江右王门学案二"，第364页）

刘阳云：

　　知者，心之神明也。知善，知不善，知好善，知恶不善，知必为善，知必不为不善，是至善也，是人之明德也，天之明命也，故曰良。致言学也，致者力而后天者全，曰"明明德"，曰"顾諟天之明命"，举致之之谓也。五常百行，明焉察焉，神明充周，是谓能致其知。古圣人莫如尧，赞曰"钦明"，非知之至而何？中，知之不倚于闻睹者也；敬，知之无怠者也；诚，知之无妄者也；静，知之无欲者也；寂，知之无思为者也；仁，知之生生与物同体者也。各指所之，而皆指夫知之良也。故曰"<u>致知焉尽矣</u>"。[7]568—569①

---

① 《明儒学案》亦收了这条材料：知者，心之神明也。知善，知不善，知好善，知恶不善，知必为善，知必不为不善，是至善也，是人之明德也，天之明命也，故曰良。致言学也，致者力而后天者全，曰"明明德"，曰"顾諟天之明命"，举致之之谓也。五常百行，明焉察焉，神明充周，是谓能致其知。古圣人莫如尧，赞曰"钦明"，非知之至而何？中，知之不倚于睹闻者也；敬，知之无怠者也；诚，知之无妄者也；静，知之无欲者也；寂，知之无思为者也；仁，知之生生与物同体者也。各指所之，而皆指夫知之良也，故曰"致知焉尽矣"。（三五先生洞语，《明儒学案》卷一九，"江右王门学案四"，第445页）黄宗羲评论说：由先生言之，则阳明之学仍是不异于宋儒也。故先生之传两峰（引者按：刘文敏，字宜充，号两峰）也，谓宋学门户谨守绳墨。两峰有之。其一时讲席之盛，皆非先生所深契。尝谓师泉（引者按：刘邦采，字君亮，号师泉，约1490—1578）曰：海内讲学而实践者，有人；足为人师者，有人；而求得先师之学，未一人见。盖意在斯乎？意在斯乎？（《明儒学案》卷一九，清文渊阁四库全书本，第243页。按：梨洲这段话，中华书局本《明儒学案》未收，读者幸留意焉。）

在阳明再传弟子当中，论及"致知焉尽矣"一语者，为数众多，如查铎、王时槐、章潢、邓元锡、刘元卿，等等。

查铎（字子警，号毅斋，1516－1589）学于王畿、钱德洪，属于所谓南中王门。[①] 查铎云：

> 圣人立教，皆为未悟者设法，惟致知格物之教，乃从日用切实处指点出来，自初学以至圣人同一途辙，内外隐显，寂灭俱在，但学者尚忽，意未曾实体验耳。物非外也，良知一念之微从无声无臭中出，见此中色色俱有帝则，不待安排，不俟学虑。格物者，顺其帝则之流行，不使一毫私意闲杂于中，苟无私意，物不待格而自无不格，程子所谓无所污坏即当而行之者是也。苟有私意，格其不正以归于正，程子所谓苟有污坏即敬以治之使复其旧者是也。即如舜格事亲一格据其所遭变态不常，舜惟？夔斋栗，终身不敢忽易，于此一忽，即生怨尤，罔念作狂矣。以此推之，子之事亲，臣之事君，弟之事兄，朋友之相与，莫非此心，真是步步切实，终身无可忽易处，以此修身，以此齐家，以此治国平天下，圣学无余蕴矣，何处容得虚见，此千圣学脉之的传也。文成公本谓"致知焉尽矣"者。此是悟后斯可语此。盖此知既致，则内外隐显寂感浑然一体，更无分别。若初学之士，须从实地用功。若看得格物忽易，则

① 参见《明儒学案》卷二五，"南中王门学案一"，第579页。

于良知尚未免看得空荡无归，非圣门之实学也。今学者百谓，才能觉悟本体，则戒惧之功可以无用，是说误人久矣。明道有云：天地设位而易行乎其中，只是敬也。则戒惧原是本体，觉悟而不戒惧，则所悟者犹是虚见。戒惧而非觉悟，则戒惧者犹是强制。殊不知戒惧即觉悟，觉悟不息，则戒惧自不息矣。非觉悟之后复有戒惧，亦非觉悟之后无复百所谓戒惧也。不知戒惧即本性自然之不息，则所谓觉悟者，亦非本性自然之觉悟矣。尧舜之兢兢业业，即是戒惧，乃其本性原来如此，所谓尧舜性之也，但众人习于放荡之久，失其本体，故言戒惧。然何尝于本性增得一毫也？[8]

王时槐（字子植，号塘南，1522－1605）师同邑刘文敏，属于所谓江右王门。① 王时槐语录载：

> 问："致知焉尽矣"，何必格物？曰：知无体，不可执也。物者，知之显达也。舍物，则何以达此知之用？如窒水之流，非所以尽水之性也，故致知必在格物。[9]

章潢（字本清，1527－1608），与万廷言（字以忠，号思默）同业举，已而同问学于罗洪先（字达夫，别号念庵，

---

① 参见《明儒学案》卷二〇，"江右王门学案五"，第467页。

1504—1564）。著《图书编》一百二十七卷。亦属江右王门。关于章潢的思想倾向，黄宗羲曾评论说：先生论止修，则近于李见罗（引者按：李材，字孟诚，学者称见罗先生，1529—1607）；论归寂，则近于聂双江（引者按：聂豹，字文蔚，号双江，1487—1563）。而其最谛当者，无如辨气质之非性，离气质又不可觅性，则与蕺山（引者按：刘宗周，字起东，别号念台，学者称蕺山先生，1578—1645）先师之书若合符节矣。① 章潢语录载：

> 问：文成谓《大学》之要致知焉尽矣，而格物之旨在格其不正以归于正，然欤？曰：穷至事物之理，固惧其偏于外矣。意之所在为物，如意在事亲，则事亲为一物；意在忠君，则忠君为一物，得无惧其偏于内乎？夫是物也，原不可以有无内外精粗截然二之也，但二先生虽各有定说，然知性格物之谓，非朱子之言乎？"良知抵用安排得，此物由来自浑成"，非王文成之言乎？合二先生之言，观其会通，格物之旨了然矣。[10]

邓元锡（字汝极，号潜谷，1529—1593）亦属江右王门，闻罗汝芳（字惟德，号近溪，1515—1588）讲学，从之游。后就学于邹守益（字谦之，号东廓，1491—1562）、刘阳，得其旨

---

① 参见《明儒学案》卷二四，"江右王门学案九"，第571页。

要。邓元锡著《皇明书》四十五卷，卷四十二为"心学纪"，其述阳明之学云：

> 其言曰：心之良知是谓圣，圣人之学惟致此良知而已矣。自然而致之者，圣人也；勉然而致之者，贤人也；自蔽自昧而不知致之者，愚不肖者也。愚不肖者，虽其蔽昧之极，而本体之知又未尝不知，故善未尝不知也，致其知善之知而必为，则知至矣；不善未尝不知也，致其知不善之知而必不为，则知至矣。此良知所以为圣愚之所同具，而人皆可以为尧舜者，以此也。<u>致知焉，尽矣</u>。又曰：此良知之学至简易，亦至精?。如指掌然，亦孰不知者？若欲亲见良知，亦孰为知者？良知变动不居，周流六虚，盖微乎其微，<u>故存乎心悟</u>。或有疑良知为未足者，缘未尝实用其力，见良知未真，又将致字看太易而然耳。有请教者，谓之曰：千丈之木起于肤寸之萌芽，子谓肤寸之外无所益欤？何以至于千丈？谓肤寸之外有所益欤？子将何以益之？<u>致知焉，尽矣</u>。[7]542

可以看到，在邓元锡对阳明心学的复述当中，不仅两次出现"致知焉尽矣"一语，还对"致知存乎心悟"的说法有所涉及，按邓元锡的理解，"致知"之所以"存乎心悟"，是因为"良知变动不居，周流六虚，盖微乎其微，故存乎心悟"。

刘元卿（字调父，号泸潇，1544—1609）亦属江右王门，初从邹守益二子邹汝梅、邹汝光问学，继禀学于刘阳，后游学于兰溪徐鲁源、黄安耿天台。[①] 刘元卿与人论学云：

予曰："所谓知味，知味而已耶？所谓存心，止于知味已耶？今小乘禅收摄反视，彼吃饭亦口口在肚里，却不能经纶天下之大经，此又何以称焉？"章君云："知味，心也，遇饮食则知味，遇父知孝，遇兄知悌，遇孺子入井知怵惕。穷天彻地，无非此知体充塞，故曰致知焉尽矣。"予曰："善哉！善哉！此所以无终食之间违仁，不容违也。所云从脊梁过□，正谓麻麻木木，虚生枉死，不识此知体之妙而言之者耳。非真要数粒而食，乃为不违仁。虽然，知体大矣。譬之犹灯然，纳诸地上，则光不逾只尺，置之桌案，则光彻堂中，益高则照益远。而所以置之何如，灯体则一也。惟知之在人亦然。卑卑者饥食渴饮知味焉而已；悖德者用此知戕人蠚物，以鸩毒为美羞者也；贤智者用此知寻无上妙道，味空寂为玄酒者也。乃尧舜用此知为君，仲尼用此知为师，教天下万世知仁之于人也，如五谷之美。此谓知味，此谓知之至也。故曰'致知焉尽矣'。致知者必如此，乃谓之存心。存心云者，能尽其心体之量者也。尽其心体之量，则知乃光大，无远不烛。此口口吃在肚里之说也。"章君曰："如是如是"。予因述之以告同志。[11]（《与章斗津

---

①　参见《明儒学案》卷二一，"江右王门学案六"，第 497 页。

丈论鲜能知味》)^①

一直到刘宗周（字起东，别号念台，人称蕺山先生，1578－1645），将定本《大学古本序》末句断为"致知存乎心悟，致知焉尽矣"，似乎是学者默认的一种读法。刘宗周与人论学云：

> 窃尝论之，据仆所窥，《大学》之道诚意而已矣。阳明子之学致良知而已。而阳明子亦曰："《大学》之道诚意而已矣。"凡以亟复古本以破朱子之支离，则不得不遵"古本以诚意为首卷"之意，而提倡之。至篇终乃曰："致知焉尽之矣"。又郑重之曰："致知存乎心悟。"亦何怪后人有矛盾之疑乎？前之既重在心，而曰"眼中着不得金玉屑"^②；后之又尊"致良知"，而以"知是知非"为极则，于学问宗旨已是一了百当，又何取此黍稗双行之种子，而姑存之，而

① 《明儒学案》卷二一，"江右王门学案六"引了这条材料，而误析为两书，且张冠李戴，将章斗津语误系于刘元卿名下，卒至语不可晓：知味心也，遇饮食则知味，遇父知孝，遇兄知悌，遇孺子入井知怵惕。穷天彻地，无非此知体充塞。故曰"致知焉尽矣"。（《与王中石》，第499页）"存心"者，能尽其心体之量者也。尽其心体之量，则知乃光大，无远不烛（《与章斗津丈论鲜能知味》，转引自《明儒学案》卷二一，第499页）。
② 阳明用这个比喻，是为了说明"心体上着不得一念留滞"，语出《传习录》第268条："先生尝语学者曰：'心体上着不得一念留滞，就如眼着不得些子尘沙。些子能得几多？满眼便昏天黑地了。'又曰：'这一念不但是私念，便好的念头亦着不得些子。如眼中放些金玉屑，眼亦开不得了'"（《传习录下》，《王阳明全集》卷三，第124页）。

且力矫而诚之？诚其有善，固可断然为君子；诚其有恶，岂不断然为小人？卒乃授之"知善知恶"，而又"为善而去恶"，将置"《大学》之道诚意而已矣"一语于何地乎？仆不敏，不足以窥王门宗旨，抑聊以存所疑，窃附于整庵、东桥二君子之后，倘阳明子而在，未必不有以告我也。[12]（《答史子复二》）

刘宗周虽然也遵循传统断句"致知存乎心悟。致知焉尽矣"，但他认为，"致知存乎心悟"重在"心"，这与"致知焉尽矣"的推崇"致知"正好构成矛盾。可以说，刘宗周的这个质疑在一定意义上揭示了传统读法的内在紧张。不过，大多数遵循传统断句的作者与刘宗周不同，基本都是站在维护阳明的立场上进行解说。

从钱德洪对"致知存乎心悟"的解释来看，他是把"心悟"理解为是对"灵通妙觉"的"实体而得"，"悟"的对象是所谓"真体""真性"。"致知存乎心悟"，犹言："致知"建基于对"真体"或"真性"的体悟。按照这种解释，"心悟"一词的语义重点在"悟"，因此，"致知存乎心悟"其实就是"致知存乎悟"。如果这就是王阳明要表达的意思，让人不能不疑惑的是，为何王阳明不直接说"致知存乎悟"而要用"致知存乎心悟"这么一种累赘的表达方式？而在另一方面，"存乎心"较之于"存乎悟"，在儒学当中是更常见的一种说法，林文已指出，在阳明那里，源于孟子的"存心"之说时有反映，如阳明说："心之本体，无起无不起，虽妄念之发，而良知未尝不在，但人不知存，则有时而或放耳"，"虽有时而或放，其体实未尝不在也，存之而已耳。"[3]61（《王阳明全集》卷二，《答陆原静书》）

欧阳德对"致知存乎心悟"，没有多谈，仅提示它与《尚书·大禹谟》"人心惟危，道心惟微，惟精惟一，允执厥中"的古训有关。从这里看不出他对"悟"字有多么强调，因为"精一之训"主要是说"道心人心"，并不涉及"悟"的问题。[①]"致知存乎心悟"在他那里跟"致知存乎心"没什么区别。邓元锡对"致知存乎心悟"的理解跟欧阳德比较相近，如果说欧阳德是基于"道心惟微人心惟危"而重视"心悟"或"心"的作用，那么，邓元锡是基于良知的精微（"微乎其微"）而肯定"心悟"的必要。虽然各自理据不同，但强调心在致知过程中的重要性，则是一般无二的。

相比正面解释"致知存乎心悟"的，明确解说"致知焉尽矣"的人数更多，其中包括王艮、刘阳、查铎、邓元锡、刘元

---

① "精一"之说出自《尚书·大禹谟》，传统注疏认为，精是指精心，一是指一意。（参见：《十三经注疏·尚书正义》卷四，北京：北京大学出版社，1999年，第94—95页）本不涉及"悟"的问题，但王阳明在谈"致知""良知开悟"时曾经联系到"精一"功夫："我辈致知，只是各随分限所及。今日良知见在如此，只随今日所知，扩充到底；明日良知又有开悟，便从明日所知，扩充到底；如此方是精一工夫。……"（《传习录 下》，《王阳明全集》卷三，第96页）"明日良知又有开悟，便从明日所知扩充到底"这样的说法，似乎可以理解为：在致知过程中，"悟"起了重要作用，致知的"知"往往就是良知开悟所获得的洞见。也许，欧阳德正是受了阳明影响，才把《尚书》的"精一"之训与"致知存乎心悟"联系起来。

卿，大体上，他们都是把"致知焉尽矣"理解为："致知"作为成圣工夫，适用极广，无所不至。

就阳明后学对"致知焉尽矣"的这种理解来说，它的确符合阳明以"致良知"作为学问大头脑的特点。如果要表达"致知"或"致良知"是《大学》之要的思想，"致知焉尽矣"就已足够，前面再加上一个"悟"字，就没有必要。如果"悟"字加在前面是有意义的，那就意味着，不是"致知"而是"悟致知"才是工夫的极致（尽）。但是，这样的意思对于阳明来说是比较奇怪的。就此而言，林先生的担心不无道理："悟致知焉尽矣"会让人误把"悟致知"当作阳明学说的纲领。

总结以上，陈先生的读法，主要的问题可能不在前半句"乃若致知则存乎心"，而在后半句"悟致知焉尽矣"。事实上，林先生就表示，"乃若致知则存乎心""尚大体可通"，而"悟致知焉尽矣""则不可不辨"。[4]120

既然"致知焉尽矣"可以讲得通，"致知存乎心"也说得过去，现在最让人伤脑筋的是："悟"字如何下落？

陈先生之所以主张"悟"字与"心"字断开，除了"心悟"一词不见于阳明文字，还有一个重要原因，是他发现，阳明曾明确提到：对于"致知"而言，存在着"悟到""悟不到"的问题。嘉靖二年（1523）阳明致薛侃书有如下之说：

> 承喻："自咎罪疾，只缘轻傲二字累倒。"足知用力恳切。但知得轻傲处，便是良知；致此良知，除却轻傲，便

是格物。致知二字，是千古圣学之秘，向在虔时终日论此，同志中尚多有未彻。近于古本序中改数语，颇发此意，然见者往往亦不能察，今寄一纸，幸熟味！此是孔门正法眼藏，从前儒者多不曾悟到，故其说卒入于支离。……[3]199-200（《王阳明全集》卷五，《寄薛尚谦（癸未）》）

林先生注意到陈先生在引用这条材料时出现的一个瑕疵：原文为"多不曾悟到"，而陈先生引作"多不曾悟"，漏掉了一个"到"字。[4]119不过，这个瑕疵并不影响陈先生所做的判断："阳明致薛侃书亦云致知二字从前儒者多不曾悟。"[2]122因为，从上下文来看，阳明所说"从前儒者多不曾悟到"的，指的应该就是"致知二字"。上文说"致知二字，是千古圣学之秘，向在虔时终日论此，同志中尚多有未彻"，很显然，同志中多有未彻的，指的是"致知二字"。阳明认为"致知二字""是千古圣学之秘"，"此是孔门正法眼藏"的"此"，作为代词，指"致知二字"，应该没有什么异议。

现在的问题是：阳明说"从前儒者多不曾悟到（致知二字）"究竟是什么意思？如果将"致知"当作某种对象性之物①，

----

① 林先生曾提到"悟致知"的文法问题，他说，将"悟"与"致"两个动词迭用，不符合汉语构词习惯。在我们看来，这一点不构成太大困难，因为，可以这样来解释："致知"在此作名词，"悟致知"就是常见的动宾结构。所以，问题不在于"悟"跟"致知"两个词能不能连用，而在于"悟"跟"致知"连用之后，它们之间是什么关系。

"悟到致知"或"悟致知"就意味着，"致知"作为一个活动，其本身还没有开始。如果是这样，又怎么能说"尽"呢？除非"悟"就是"致知"的一个阶段，否则，谈不上"尽"或"不尽"。如果把"悟"理解为"致知"的最高阶段（也就是"尽"），那么，换句话说，"悟"就尽了致知，或"悟"就是"致知"之尽。这种理解表现在断句上就是："悟，致知焉尽矣。"

必须说明的是，笔者对"悟"与"致知焉尽矣"提出这种理解，灵感主要来自禅宗"迷即众生悟即佛"之说。下面，笔者将试着证明，这种理解及相应的断句虽然看上去不合常规，但它能够解决《大学古本序》末句的断句难题，同时，它还可以得到王阳明及其弟子的文本支持。

三、悟时致知尽

《坛经》云"前念迷即凡夫，后念悟即佛"（《般若品第二》)[13]93，又云"不悟，即佛是众生。一念悟时，众生是佛"（《般若品第二》)[13]101，"自性迷即是众生，自性觉即是佛"（《疑问品第三》)[13]118。禅宗将"悟"视为成佛的一个标志，所谓"悟即佛"，"佛"是学道的最高境界。类似的，说"悟，致知焉尽矣"，意思就是："悟"是衡量"致知"与否的一个标准。"悟"不是手段，"悟"本身就是目标。

说王阳明把"悟"当作"致知"与否的标准，当作"致知"

的最高阶段，这是否符合阳明一贯的思想呢？"悟"对阳明的"致知"理论真有这么重要吗？

其实，林先生在文中已举例说明，"悟"是阳明经常言及的。[4]118—119他正确地指出，阳明喜言"悟"，一方面是受到佛教禅宗的影响，另一方面与他龙场大悟的经历与体验有关。[4]119不过，林先生说阳明把"致知"的原则归结为"悟"[4]119，这是笔者所不能同意的。在我们看来，王阳明不是把"致知"的原则归结为"悟"，而是把"悟"作为"致知"实现与否的标志。无论是《年谱》对他龙场大悟的描述，还是他询问学生致知工夫的进展，"悟"或"体验"都是关键性词语。

> （正德三年戊辰，先生三十七岁，在贵阳。）春，至龙场。先生始悟格物致知。……忽中夜大悟格物致知之旨，寤寐中若有人语之者，不觉呼跃，从者皆惊。始知圣人之道，吾性自足，向之求理于事物者误也。[3]1228（《王阳明全集》卷三三，《年谱一》）

龙场大悟，是对格物致知的"悟"。按照这里所说，王阳明通过"悟"，认识到"圣人之道，吾性自足，向之求理于事物者误也"。所谓格物就是格心，而致知就是致（扩充）吾心之良知。认识到格物致知是这样的含义，这个认识就是"悟"，这个"悟"就已经是格物致知，而不是说，悟到格物致知是这个意思，然后再去格物致知。因为，归根结底，格物致知就是在心上做功夫。而"悟"正是心上功夫到一定阶段的一个效验或境界。

《年谱》有关龙场大悟的这段文字是旁人（钱德洪）对阳明的描述，如果认为这不能代表阳明本人的看法，那么，我们不妨来看阳明自己的叙述。实际上，阳明在自述其学道经历时，并不避讳"悟"字。据王畿介绍：

> 先师（按：阳明）自谓：良知二字，自吾从万死一生中体悟出来，多少积累在。但恐学者见太容易，不肯实致其良知，反把黄金作顽铁用耳。[14]①

所谓"体悟""良知二字"，不是简单地把"良知"作为某种知识去认识，而是指在自己的道德实践（亦即工夫）当中体会、验证良知的存在及其活动原理并扩充之。"见"字也一样，"见""良知"或"见""致知"，不是认知（epistemological）意义上的，而是实践伦理（practical ethical）意义上的。

> 先生（按：王阳明）问："九川于'致知'之说体验如何？"九川曰："自觉不同：往时操持常不得个恰好处，此乃是恰好处。"先生曰："可知是体来与听讲不同。我初与讲时，知尔只是忽易，未有滋味。只这个要妙，再体到深

---

① 《龙溪王先生全集》卷二，《滁阳会语》。

处，日见不同，是无穷尽的。"又曰："此'致知'二字，真是个千古圣传之秘，见到这里，'百世以俟圣人而不惑'。"[3]93①

阳明问陈九川（字惟濬，号明水，1494－1562）对"致知"之说体验如何，看起来是问后者对他的"致知"学说体会得如何，实际上是问后者在"致知"工夫（操持）方面修养得如何。所以陈九川向他汇报自己近期在致知工夫（操持）方面的体会。阳明对九川给予了肯定。不难理解，在阳明这里，对"致知"二字的"体"（体验）与"见"（识见），跟在"致知"方面所下功夫是一回事。换言之，"体"与"见"是描述致知工夫或境界的术语。而"悟"与"彻"跟"体"或"见"的用法一样。这里虽然说在体验方面是无穷尽的，"只这个要妙，再体到深处，日见不同，是无穷尽的"，但顺着这个语脉，如果王阳明谈到"致知"的"尽"，是完全可以想象的，诸如"悟，致知焉尽矣"那样的表达是没有什么奇怪的。

不光是钱德洪，王畿同样用"悟"来评述王阳明的为学历程。王畿说："先师之学凡三变，而始入于悟，再变而所得始化而纯。"[14]（《龙溪王先生全集》卷二，《滁阳会语》）不只如此，王畿还把阳明的"致良知"工夫整个理解为为"未悟者"所设。

---

① 《王阳明全集》卷三，《传习录下》。

盖良知原是无中生有，无知而无不知；致良知工夫原为未悟者设，为有欲者设；虚寂原是（良知）之体，明觉原是良知之用，体用一原，原无先后之分。学者不循其本，不探其原，而惟意见言说之腾，只益其纷纷耳。而其最近似者不知良知本来易简，徒泥其所诲之迹而未究其所悟之真，哄然指以为禅。同异毫厘之间自有真血脉路，明者当自得之，非可以口舌争也。[14]①

无怪乎作为王畿弟子的查铎，绍其师说云"圣人立教，皆为未悟者设法"[8]，又说"文成公本谓'致知焉尽矣'者，此是悟后斯可语此"[8]。查铎的这个说法表明，只有"悟"了，才可以说"致知焉尽矣"。这简直就是为"悟，致知焉尽矣"做的注脚。

王学如此倚重于"悟"，在儒释之辨甚严的时代，难免会让人联想到禅学。王畿意识到了这种潜在的批评，所以他特别提到，阳明所悟跟禅学毕竟不同，当注意区分其间的同异。

无论如何，阳明《大学古本序》定本末句中，"悟"字的存在不可忽略，不管做何种断句，阳明的"致知"说与"悟"都脱不了干系。② 本文所做的工作是借鉴禅宗"迷即众生悟即佛"

---

① 《龙溪王先生全集》，《滁阳会语》卷二。
② 陈来先生已经指出，《大学古本序》前后有些不一致，前部分突出诚意，后部分突出致知。（《有无之境》，第122页）笔者想进一步指出，阳明的《大学古本序》不只是诚意与致知的二重奏，更是诚意、致知、悟的三重奏。

的表达，找到一个解决"悟"跟"致知"之间关系难题的方案，既维护"致知"在阳明思想中的核心地位，同时也力求准确传递阳明以体悟诠释致知的良苦用意。利钝得失，俟诸高明。

通常，人们以"致良知"概括阳明之学。如果本文对《大学古本序》末句断句的看法能够成立，这就不能不让我们深思：致知在阳明思想中到底处于何种位置？在嘉靖二年改定《大学古本序》的王阳明那里，究竟是致知还是悟才是最为根本的工夫？对这些问题的讨论，也许，将撬动现有关于阳明思想的那些"定见"。

［参考文献］

［1］王文成公全书：卷七［M］. 明隆庆刻本.

［2］陈来. 有无之境——王阳明哲学的精神［M］. 北京：人民出版社，1991.

［3］王阳明全集［M］. 上海：上海古籍出版社，1992.

［4］林乐昌. 阳明学"致知"与"心悟"关系简议——新编《王阳明全集》所收《大学古本序》之末句不宜改断［J］. 孔子研究，1997（4）.

［5］欧阳德集：卷三［M］. 陈永革编校. 南京：凤凰出版社，200：109.

［6］王艮. 心斋王先生语录：卷下［M］. 明刻本.

［7］邓元锡. 皇明书［M］. 明万历刻本.

［8］查铎. 查先生阐道集：卷四［M］. 清光绪十六年泾川查氏济阳家塾刻本：49.

［9］明儒学案：卷二十［M］. 北京：中华书局，1985：480—481.

［10］章潢. 图书编：卷十四［M］. 清文渊阁四库全书本：449.

［11］刘元卿集［M］. 彭树欣编校. 南京：凤凰出版社，2007：549.

［12］刘宗周全集：第五册，文编三"书"［M］. 杭州：浙江古籍出版社，2012：343.

［13］丁福保. 六祖坛经笺注［M］. 济南：齐鲁书社，2012.

［14］龙溪王先生全集：卷二［M］. 明万历四十三年张汝霖校刊本.

第七章
阳明丛考

一、严滩小考

严滩问答是阳明生前最后一次重要的论学[1]，然而，一个基本问题：严滩在何处？论者莫衷一是。今试为考订。

先看诸家之说。陈荣捷先生云：

> 严滩，一名七里滩，又名七里濑。在浙江桐庐县西。[2]

邓艾民先生说又不同：

> （严滩）在今浙江富阳县境。[3]

---

[1] 第一、第二两部分曾以《阳明杂考二则》发于《中国哲学史》2018年第4期。关于严滩论学的详情，可看陈来：《有无之境——王阳明哲学的精神》，北京：人民出版社，1991年，第229—231页。

[2] 陈荣捷：《王阳明〈传习录〉详注集评》，上海：华东师范大学出版社，2009年，第228页注④。

[3] 邓艾民：《传习录注疏》，台北：法严出版社，2000年，第426页注①。

陈来先生在《有无之境——王阳明哲学的精神》一书中，没有明确对严滩做注，但从有关表述来看，他是同意邓先生的意见的，即：严滩在富阳。

　　据过钓台诗序"嘉靖丁亥九月二十二日书，时从行进士钱德洪、王汝中，建德尹杨思臣，及元材，凡四人"，可知钱王二人送钓台在九月下旬，后在富阳一带分别。[1]
　　王畿《钱绪山行状》谓四句教之论，阳明在富阳"复申其说"，即指严滩问道一事。[2]

按，王畿《钱绪山行状》云："【……】，自此，海内相传，天泉辨正之论始归于一。夫子赴两广，予与君送至严滩，夫子复申前说。"[3] 可以看到，王畿原文只说"（予与君送至严滩），夫子复申前说"，陈来先生转述作"阳明在富阳'复申其说'"，显然是把严滩当成是在富阳。

不但王畿的说法不能提供严滩就在富阳的证据，从钱德洪的叙述也找不到严滩问道就在富阳的线索，后者也只是说"严滩"，没有将它与富阳连在一起，如《讣告同门》云：

---

① 陈来：《有无之境——王阳明哲学的精神》，北京：人民出版社，1991年，第229页。着重号为引者所加，下同，不再一一说明。
② 同上书，第230页注①。
③ 《龙溪王先生全集》卷二〇，明万历四十三年张汝霖校刊本，第5页。

前年秋，夫子将有广行，宽、畿各以所见未一，惧远离之无正也，因夜侍天泉桥而请质焉。夫子两是之，且进之以相益之义。冬初，追送于严滩请益，夫子又为究极之说。[①]

王畿、钱德洪皆说送阳明至严滩，唯邹守益（字谦之，号东廓）始言钱、王二人送阳明于富阳：

阳明夫子之平两广也，钱、王二子送于富阳。夫子曰："予别矣，盍各言所学。"德洪对曰："至善无恶者心，有善有恶者意，知善知恶是良知，为善去恶是格物。"畿对曰："心无善无恶，意无善无恶，知无善无恶，物无善无恶。"夫子笑道："洪甫须识汝中本体，汝中须识洪甫工夫，二子打并为一，不失吾传矣。"[②]

然而，天泉证道与严滩答问，邹守益皆非身历，以至于《青原赠处》将二者混为一谈，陈来先生已发其误。

（陈先生）按：东廓非丁亥九月天泉证道的当事者，他把天泉证道与严滩有无之辩混为一事，故误以天泉为富阳，

---

① 《王阳明全集》卷三八，上海：上海古籍出版社，1992年，第1444—1445页。
② 《青原赠处》，《邹守益集》卷三，南京：凤凰出版社，2007年，第103页。

富阳即指严滩，盖钱、王送阳明至严滩，再论有无，其详亦见于《传习录》下。[1]

陈先生指出邹守益"误以天泉为富阳"，甚是。惜乎仍有一间未达：以为"富阳即指严滩"，昧于富阳、严滩之分。

有意思的是，吴震一方面采用了"在富阳一带分别"之说（即严滩在富阳），另一方面，又沿袭了陈荣捷对严滩的注（严滩在浙江桐庐县西），却丝毫没有意识到其中矛盾之处。吴氏云：

> 《年谱》记录四句教后，又说"甲申渡钱塘。先生游吴山、月岩、严滩，俱有诗。过钓台……"其时，钱德洪、王畿等弟子一路相伴，追送至富阳一带而别。阳明逝世后，嘉靖八年钱、王两人在讣告同门的文章[2]中说道：前年秋，夫子将有广行，宽、畿各以所见未一，惧远离之无正也，因夜侍天泉桥而请质焉。夫子两是之，且进之以相益之义。冬初，追送于严滩（原按：在浙江省桐庐县西）请益，夫子又为究极之说。由是，退与四方同志更相切磨，一年之别，颇得所省，冀是见复得遂请益也，何遽有是邪！呜呼！别次严滩，逾年而闻讣复于是焉，云何一日判手，遂为终身永诀已乎！[3]

---

① 《有无之境》，第201页注①。
② 《讣告同门》署名唯钱德洪一人（参见《王阳明全集》，第1444页）。
③ 吴震：《〈传习录〉精读》，上海：复旦大学出版社，2011年，第209页。

综上，关于严滩在何处，学界主要有两种意见：一说即桐庐七里滩，一说在富阳。那么，严滩究竟在何处呢？

实际上，严滩就在今桐庐县富春江镇严子陵钓台一带。邓艾民先生、陈来先生说在富阳，固误。[①] 陈荣捷先生说严滩是七里滩、七里濑，亦非。盖严滩即严陵濑，而非七里濑（七里滩），后者在桐庐县西四十五里，前者在桐庐县西三十五里。

《乾隆桐庐县志》云：

> 七里滩，在县西四十五里。《图滩》云：七里滩距严前四十余里，又下数里乃至台（按："台"字前后皆有空，原文如此，疑有阙文）。《志》：七里滩与严陵濑相接。《甘州记》：桐庐县有七里濑，下数里至严陵濑，两山夹峙，水驶如箭。谚云：有风七里，无风七十里。盖舟行艰于牵挽，惟视风以为迟速耳。[②]

观此可知，七里濑与严陵濑判然有别。《光绪严州府志》"七里滩"条似对县志文字有所删节。

---

① 那么，有没有一种可能：严滩今属桐庐，昔（比如明代王阳明时）属富阳呢？回答是：没有这种可能，因为自古严滩（严子陵钓台）就为桐庐所辖，详下正文。

② 《乾隆桐庐县志》卷二，《中国地方志集成》浙江县府志辑第十九册，上海：上海书店出版社，2000年影印本，第31页。

七里滩，在县西四十五里，又下数里乃至钓台。两山夹峙，水驶如箭。谚云：有风七里，无风七十里。盖舟行艰于牵挽，惟视风以为迟速耳。[①]

但与县志不同的是，其下又有"严陵濑"条：

严陵濑，在县西三十五里，钓台下。按子陵本传云：耕于富春山，后人名其钓处为严陵濑。[②]

子陵本传，即范晔（398—445）《后汉书》所载之严光传。

严光，字子陵，一名遵，会稽余姚人。少有高名，与光武同游学。及光武即位，乃变名姓，隐身不见。帝思其贤，乃令以物色访之。后齐国上言：'有一男子，披羊裘，钓泽中。'帝疑其光，乃备安车玄纁，遣使聘之。三反而后至。舍于北军，给床褥，太官朝夕进膳。……除为谏议大夫，不屈，乃耕于富春山，后人名其钓处为严陵濑焉。建武十七年，复特征，不至。年八十，终于家。帝伤惜之，诏下郡县赐钱百万、谷千斛。（卷八三）

---

① 《光绪严州府志》卷三，《中国地方志集成》浙江县府志辑第八册，上海：上海书店出版社，2000 年影印本，第 57 页。
② 同上。

据此，严陵濑之名，在南北朝时即已有之。郦道元（约466—527）《水经注》云：

> 紫溪东南流迳桐庐县东为桐溪，孙权借溪之名以为县目，割富春之地立桐庐县。自县至于潜，凡十有六濑，第二是严陵濑[①]，濑带山，山下有一石室，汉光武帝时严子陵之所居也。故山及濑，皆即人姓名之。（卷四〇）

按：滩，本义为河道中水浅流急多沙石处。濑，意为沙石上流过的急水。二字之义有相通处，故七里滩而有七里濑。同理可推，既然有严陵濑，则有严陵滩（严滩）。

《水经注》称，桐庐自县至于潜，凡十有六濑，濑多则水急，不得不借风力，故桐江上下多帆影，《光绪严州府志》云："桐庐县，桐君拱左，斗山居右，襟大江而趋吴会，带两浙而赴钱塘，濑水清深，帆樯上下，东南之要津也。"[②]

唐人亦有将严陵濑称为严子濑的："月中严子濑，花际楚王

---

① 今人陈桥驿为此段中"严陵濑"做注云："严陵濑，当为今七里泷，系沿江一著名峡谷，峡谷从梅城以下约五公里开始，全长约二十四公里，两岸为建德系火山岩山地，严子陵钓台即在北岸钓台村附近，两岸高山耸峙，北岸如化坪山、天堂坪等，都在海拔三百米以上，南岸的大块山，超过海拔五百米，钓台上下河段长约七华里，故称七里。峡谷中水平而深，舟人有'有风七里，无风七十里'之谚。目前此峡谷已建坝发电，即富春江水电站。"（北魏）郦道元著，陈桥驿校证：《水经注校证》，北京：中华书局，2007年，第964页。似亦昧于严陵濑与七里濑（七里泷）之分。
② 《光绪严州府志》卷三，《中国地方志集成》浙江县府志辑第八册，上海：上海书店出版社，2000年影印本，第39页。

城"（唐钱起：《送虞说擢第东游》），"挂帆严子濑，酹酒敬亭祠"（唐钱起：《送杨皞擢第游江南》）。

另一方面，如同七里濑而有七里滩（七里泷）之称，严陵濑似乎也同时伴随了严滩之名，自唐至近代，严滩一名屡见于文人题咏。

> 实期归钓严滩，终栖郑谷。（唐黄滔：《祭外舅》）
>
> 严滩一点舟中月，万里烟波也梦君。（唐岑参：《送李明府赴睦州便拜觐太夫人》）
>
> 严滩一丝名，渭水一竿势。（明袁宏道：《拟古乐府·钓竿行》）
>
> 我欲乘风归去也，严滩重理钓鱼竿。（民国郁达夫：《无题》之三）

无论如何，严滩与钓台总是连在一起的。严滩之在钓台附近，绝无可疑。

嘉靖六年九月二十二日，阳明登钓台，有诗《复过钓台》，同游者四人：钱德洪、王畿、杨思臣（建德尹）、沈元材（桐庐尹）。[①]

---

① 参见《复过钓台》诗跋："书此，付桐庐尹沈元材刻置石壁，聊以纪行岁月耳。嘉靖丁亥九月廿二日书，时从行进士钱德洪、王汝中、建德尹杨思臣及元材，凡四人。"（《王阳明全集》卷二〇，第794页）这里没有提到任何跟富阳有关的人，比如富阳尹之类官员，这从一个方面也证明，严滩与富阳远不相及。

阳明就是在钓台（亦即严滩）[①]与钱德洪、王畿分手的，因为，第二天，阳明就到了衢州的西安。盖《年谱》云，丙申（二十三日），至衢。戊戌（二十五日），过常山。十月，至南昌。[②]

所以，钱德洪《讣告同门》中的说法是不准确的："冬初，追送于严滩请益，夫子又为究极之说。"[③]

而陈来先生为绪山"冬初"一语所误，以为严滩问答事在十月初。在引了《讣告同门》这段话后，陈先生乃做如下解释：

> 这是说，丁亥十月初钱德洪与王畿在严滩与阳明告别，在严滩他们再次讨论了四句教的问题。[④]

---

① 关于严滩就在钓台一带，还可以从王阳明赴任途中给王正宪的一封信得到证明："即日舟已过严滩。足疮尚未愈，然亦渐轻减矣。家中事凡百，与魏廷豹相计议而行。……我至前途，更有书报也。九月廿三日，严州舟次，父守 付正宪收。……"（参见计文渊编《王阳明法书集》所收"即日舟已过严滩"书，杭州：西泠印社，1996 年。按，此信为《王文成公全书》所收，参见卷二六续编一《寄正宪男手墨二卷》之一，唯"九月廿三日"以下三十一字为原编者略去，今人所编《王阳明全集》一遵《王文成公全书》之旧，参见上海古籍出版社 1992 年版，第 990 页。近年所出《王阳明全集（新编本）》亦未增补，参见浙江古籍出版社 2010 年版，第三册，第 1038 页。此书言阳明九月二十三日舟已过严滩，则二十二日其舟尚在严滩可知，又，据前揭《复过钓台》诗跋，二十二日阳明与钱德洪、王畿等人游钓台，则严滩指钓台一带水域，明矣。日本学者永富青地注意到王阳明手迹与《王文成公全书》所收者的差异，参见所著：《〈王文成公年谱〉订补》，《版本目录学研究》第四辑，北京：北京大学出版社，2013 年，第 456 页。但他据此推定"'严滩问答'的时间应该在九月二十二日以前"却未必是，因为它完全可能发生在九月二十二日，所以只能说严滩问答至迟不会晚于九月二十三日。）

② 《王阳明全集》卷三五，第 1307－1308 页。

③ 《王阳明全集》卷三八，第 1445 页。

④ 《有无之境》，第 230 页。

事实上，如上所揭，王阳明与钱德洪、王畿之别就在九月二十二日，次日，阳明到衢州，钱、王已不在侧，观《年谱》所云"西安（按：衢州府治）雨中，诸生出候，因寄德洪、汝中，并示书院诸生"（第1307页）便知。

从交通路线上看，从杭城至江西，必先过富阳，然后才是桐庐、衢州，不可能出现"钱王二人送阳明至钓台在九月下旬，后在富阳一带分别"[①] 那样的情况。

总之，严滩就是严陵濑，就在今桐庐县西富春江严子陵钓台一带。

二、《次谦之韵》作年考

《王文成公全书》卷二〇"外集二"所载《居越诗三十四首（正德辛巳年归越后作）》，其中收有《次谦之韵》一首，诗云：

> 珍重江船冒暑行，一宵心话更分明。须从根本求生死，莫向支流辨浊清。久奈世儒横臆说，竟搜物理外人情。良知底用安排得？此物由来自混成。[②]

如题所示，《次谦之韵》是对邹守益的和诗，查得守益原诗为：

---

① 《有无之境》，第229页。

② 《王阳明全集》卷二〇，"外集二"，上海：上海古籍出版社，1992年，第785页。

短棹三年冲盛暑，迷途万里睹重明。谶符沙井西山定，派接濂溪赣水清。傅野初关霖雨梦，东人谁慰绣裳情？瞻依多少丹邱兴，惭愧经时炼未成。[1]

可以看到，两诗均用平水韵中的下平"八庚"韵，韵脚"明、清、情、成"全同。

阳明文集的编者将《次谦之韵》置于嘉靖二年癸未（1523）浮峰诸作（即《再游浮峰次韵》《夜宿浮峰次谦之韵》《再游延寿寺次旧韵》）之前，很容易让读者以为，它们是同一时期的作品。事实上，就有论者将《赠阳明先生》与《次谦之韵》均系于嘉靖二年。[2] 然而，邹守益的《赠阳明先生》与王阳明的《次谦之韵》并非作于嘉靖二年浮峰分别之际，而是写于次年——嘉靖三年甲申（1524）——守益再度来越之时。兹辨正如下。

嘉靖二年癸未（1523），王阳明送别邹守益于浮峰，事详《传习录》。

先生送别于浮峰。是夕，与希渊诸友移舟，宿延寿寺，秉烛夜坐。先生慨怅不已，曰："江涛烟柳，故人倏在百里外矣！"一友问曰："先生何念谦之之深也？"先生曰："曾

---

① 《赠阳明先生》，《邹守益集》卷二六，南京：凤凰出版社，2007 年，第1302 页。
② 如张卫红，参见所著：《邹东廓年谱》，北京：北京大学出版社，2013 年，第51 页。

子所谓'以能问于不能，以多问于寡；有若无，实若虚，犯而不校'①，若谦之者，良近之矣！"②

　　盖是年春，守益来越问学，停留时间甚长。③ 其间，守益随侍阳明左右。④ 阳明对其印象颇佳，别后怀之不已，《传习录》所记这一条即其证。这条材料，历来受到邹守益传记作者

---

① 语出《论语·泰伯》："曾子曰：'以能问于不能，以多问于寡；有若无，实若虚，犯而不校。昔者吾友尝从事于斯矣。'"曾子此处所云"吾友"，马融以为，即颜渊。（《论语集注》卷四，《四书章句集注》，第104页）

② 《王阳明全集》卷三，第117页。

③ 一说月余，见宋仪望所作东廓《行状》："明年癸未，复谒王公于越中，参订月余。"（《邹守益集》卷二七，第1368页）；一说数日，见《传习录》："癸未春，邹谦之来越问学，居数日。"（《王阳明全集》卷三，第117页）

④ 《年谱》"嘉靖二年二月"条："邹守益、薛侃、黄宗明、马明衡、王艮等侍，因言谤议日炽。"（《王阳明全集》卷三五，第1287页）如守益之孙德涵（字汝海，号聚所，隆庆五年进士）为守益所作《传》云：临行，王公送之浮峰。至夕，秉烛而坐，慨怅不已，曰："江涛烟柳，故人倏在千里之外矣。"门人问曰："夫子何念之深也？"公曰："所称若无若虚，彼近之矣。"（《邹守益集》卷二七，第1362页）德涵为守益所作《行略》则相对简单："阳明公称其'若无若虚'，盖比之颜氏矣。"（《邹守益集》卷二七，第1366页）守益门人宋仪望（字望之，号阳山，晚号华阳，嘉靖二十六年进士，著有《华阳馆文集》，《明史》卷二二七有传）为守益所撰《行状》作："既别，王公怅望不已。门人问曰：'夫子何念谦之之深也？'公曰：'曾子所谓以能问于不能云云，若谦之者，可谓近之矣。'"（《邹守益集》卷二七，第1368页）罗洪先为守益写的《墓志铭》云："癸未，如越，既别，（阳明公）怅望不已，门人问之，公曰：'曾子羡友，所谓以能问不能，彼几之矣。'"（《邹守益集》卷二七，第1375页）耿定向所撰《东廓邹先生传》引用相对完整："既别，王公怅望不已。门人问曰：'夫子何念谦之之深也？'王公曰：'曾子云：以能问于不能，以多问于寡，有若无，实若虚，犯而不校，谦之近之矣。'"（《邹守益集》卷二七，第1383页）《明史》本传更取阳明评语来作守益的盖棺定论："守益天资纯粹。守仁尝曰：'有若无，实若虚，犯而不校，谦之近之矣。'"（《邹守益集》卷二七，第1360页）

的重视，竞相采用，唯详略有所不同。①

阳明送别守益之地浮峰，原名牛峰。阳明有诗《游牛峰寺四首》，题下小字注云："牛峰，今改名浮峰。"②

改名浮峰，据史志，系阳明所为。牛峰，俗称牛头山，唐天宝时改为临江山，至阳明，又改为浮峰。

> 临江山，在（萧山）县东南二十里，旧牛头山，（唐）天宝（742—756）中改此名，谚云："牛头苕萝，一日三过"，谓舟行信宿犹经旧处也。山南有石室。③

---

① 如守益之孙德涵（字汝海，号聚所，隆庆五年进士）为守益所作《传》云：临行，王公送之浮峰。至夕，秉烛而坐，慨怅不已，曰："江涛烟柳，故人倏在千里之外矣。"门人问曰："夫子何念之深也？"公曰："所称若无若虚，彼近之矣。"（《邹守益集》卷二七，第 1362 页）德涵为守益所作《行略》则相对简单："阳明公称其'若无若虚'，盖比之颜氏矣。"（《邹守益集》卷二七，第 1366 页）守益门人宋仪望（字望之，号阳山，晚号华阳，嘉靖二十六年进士，著有《华阳馆文集》，《明史》卷二二七有传）为守益所撰《行状》作："既别，王公怅望不已。门人问曰：'夫子何念谦之深也？'公曰：'曾子所谓以能问于不能云云，若谦之者，可谓近之矣。'"（《邹守益集》卷二七，第 1368 页）罗洪先为守益写的《墓志铭》云："癸未，如越，既别，（阳明公）怅望不已，门人问之，公曰：'曾子羡友，所谓以能问不能，彼几之矣。'"（《邹守益集》卷二七，第 1375 页）耿定向所撰《东廓邹先生传》引用相对完整："既别，王公怅望不已。门人问曰：'夫子何念谦之之深也？'王公曰：'曾子云：以能问于不能，以多问于寡，有若无，实若虚，犯而不校，谦之近之矣。'"（《邹守益集》卷二七，第 1383 页）《明史》本传更取阳明评语来作为守益的盖棺定论："守益天资纯粹。守仁尝曰：'有若无，实若虚，犯而不校，谦之近之矣。'"（《邹守益集》卷二七，第 1360 页）

② 《王阳明全集》卷一九，第 663 页。

③ （宋）沈作宾修，施宿等纂：《嘉泰会稽志二十卷》卷九，第 31 页。《宋元方志丛刊》第七册，北京：中华书局，1990 年，第 6871 页。

牛头山，在（绍兴）府城西六十五里，小江（引者按：
以其与钱塘江比为小，故名。以其在绍兴之西，又称西小
江）萦其西。唐天宝间改名临江山。山产石，可作假山，
其小碎者取为盆山，尤宜草木，皆葱蓓耐久，与昆山所出
相埒。东坡先生所谓"盆山不见日，草木自苍然"是也。
（引者按："山产石"至"是也"这段文字抄自《嘉泰会稽
志》卷七"延福院"条）《县志》云："石疏理，入水则浮，
名浮石。近者，王新建（引者按：即王阳明，正德十六年
十月二日，阳明被封新建伯）① 改山名为浮峰，以此。或
云，以其临江瞰海，山势若浮云。"峰南有石如台，曰石
台。江之西为萧山县界。（以下小字，疑为后世递修时所
加——引者注）明王守仁诗："翠壁看无厌，山池坐益清。
深林落轻叶，不道是秋声。"又，"怪石有千窟，老松多半
枝。清风洒岩洞，是我再来时。"（引者按：此二诗为阳明
《又四绝句》之一、二）②

牛头山至今仍存，在今绍兴市柯桥区杨汛桥镇蒲塘下行政
村。③ 牛峰（浮峰）旧有寺④，阳明尝过其地，有诗咏之。⑤

---

① 参见《年谱》，《王阳明全集》卷三十四，第1282页。
② 见《王阳明全集》卷一九，第664页。（明）萧良干、张元忭等纂修：《万
历绍兴府志五十卷》卷四，《四库全书存目丛书》史部第200册，济南：齐
鲁书社，1996年，第401—402页。
③ 有关牛头山及其周边的风景名胜，佚名：《杨汛桥 杨柳西江畔 汛汐几多回》
（http://www.sohu.com/a/55249393_353939）介绍甚详，可参。
④ 牛头山旧有二寺，一曰延福院，一曰临江寺。《嘉泰会稽志》云："延福院
在（山阴）县西六十里新安乡牛头山之麓。"（卷七，第36页）《宋元方志
丛刊》第七册，第6835页）《万历绍兴府志》始据旧县志而著录临江寺（一

弘治十六年（1503）春、秋，王阳明曾两访浮峰，宿于寺中，留诗八首，除了前揭《游牛峰寺四首》，另有《又四绝句》。①正德十年前后，阳明又有诗《寄浮峰诗社》。②据《嘉庆

名牛峰寺），以两寺俱在牛头山，同年建，又同有宋陆轸及石室遗疏，遂疑两寺为一寺。（卷二一一，第 721 页）《嘉庆山阴县志》云："临江寺在牛头山下平原临溪，延福院在牛头山之浮峰下，盖古今移建之不同矣。"（《嘉庆山阴县志》卷二四，成文出版社 1983 年据清嘉庆八年徐元梅等修、朱文翰等辑，民国二十五年绍兴县修志委员会校刊铅印本影印，第 956 页）

⑤ 《游牛峰寺四首》，《王阳明全集》卷一九，第 663 页。

① 《王阳明全集》卷一九，第 664 页。《游牛峰寺四首》《又四绝句》皆收入"归越诗三十五首"。"归越诗"，原编者题下小字注云："弘治壬戌年以刑部主事告病归越并楚游作。"（《王阳明全集》卷一九，第 663 页）查《年谱》，弘治十五年壬戌（1502），阳明三十一岁，在京师，八月，疏请告。（《王阳明全集》卷三三，第 1225 页）则"归越诗"不会早于弘治十五年八月。《游牛峰寺四首》其一云"洞门春霭蔽深松"，其二云"春风萝薜隔重重"，其三云"偶寻春寺入层峰"（以上皆见《王阳明全集》卷一九，第 663 页），其四云"石床春尽雨花深"（《王阳明全集》卷一九，第 664 页），可知其时在春间。《又四绝句》其三云"清风洒岩洞，是我再来时"，其四云"两到浮峰兴转剧，醉眠三日不知还"（以上皆见《王阳明全集》卷一九，第 664 页），可知阳明此番为再来，且盘桓了数日，斯时，已改称牛峰为浮峰。四绝句其一云"深林落轻叶，不道是秋声"，其二云"人间酷暑避不得，清风都在深山中。池边一坐即三日，忽见岩头碧树红"（以上皆见《王阳明全集》卷十九，第 664 页），可知时当秋令。综上可推，阳明于弘治十六年春、秋两至浮峰。阳明游浮峰是在弘治十六年（1503），这一点还可以从阳明嘉靖二年（1523）《再游浮峰次韵》得到证实，该诗云："廿载风尘始一回，登高心在力全衰。"（《王阳明全集》卷二〇，第 785 页）嘉靖二年距离弘治十六年正好二十年。有论者曾认为："从时间看，'一卧禅房隔岁心'（引者按：《游牛峰寺四首》之四），可能是正德七年十二月进入此地；'深林落轻叶，不道是深秋'（引者按：《又四绝句》之一）正是八九月之秋，是他离越赴滁州上任之时（引者按：正德八年癸酉，1513）。"（余德永：《王阳明与浮峰诗社》，《绍兴文理学院学报》2014 年第 4 期，第 11 页），显误。又，弘治十六年秋，王阳明游浮峰之时，徐爱似同行，后者有诗《浮峰次韵》："西云洞口锁双松，天末秋云数点峰。海内尘氛今日远，江南奇

山阴县志》，牛峰寺在山阴县西六十里。延寿寺（按：全称为延寿教寺），又名延寿院，在山阴县西八十二里，地名江塘③。两处相距不远，西小江萦其侧，可由水路上下。

浮峰（牛头山）临江，江之西即萧山县界，邹守益由此渡钱塘到杭州，北上甚便。更兼其地风景清绝，阳明素爱。送邹

气此山钟。林深草木诸贤化，郡复书堂太傅踪。欲挟天风洒然去，振衣直入紫霞重。"（徐爱：《横山遗集》卷上，《徐爱钱德洪董沄集》，南京：凤凰出版社，2007 年，第 19 页）此诗用上平"二冬"韵，似乎次的是王阳明《游牛峰寺四首》前两首（《王阳明全集》卷一九，第 663 页）的韵。后者的一、二、四、六、八句末用了同样的字：松、峰、钟、踪、重。

② 此诗收入"正德癸酉年到太仆寺作""滁州诗三十六首"，疑非是。按：其前一首为《滁阳别诸友》，查《年谱》，阳明于正德八年癸酉冬十月至滁州（《王阳明全集》卷三三，第 1236 页），正德九年甲戌四月升南京鸿胪寺卿，滁阳诸友送至乌衣，不能别，留居江浦，阳明以诗促之归（参见《王阳明全集》卷三三，第 1236 页），此即《滁阳别诸友》。则《滁阳别诸友》作于正德九年四月。"滁州诗"不应晚于此诗。然《寄浮峰诗社》云"晚凉庭院坐新秋"，可知时当新秋，与阳明在滁州的时段（正德八年冬十月至正德九年四月）不合。又，诗中云"千里故人谁命驾？百年多病有孤舟。风霜草木惊时态，砧杵关河动远愁"（《王阳明全集》卷二〇，第 733 页），似有羁旅思归之意，疑为正德十年乙亥秋在京思乡之作，据《年谱》，正德十年乙亥，阳明在京师，是年祖母岑太夫人年九十有六，阳明思乞恩归一见为诀，疏凡再上，辞甚恳切。（《王阳明全集》卷三三，第 1237－1238 页）《寄浮峰诗社》后一首《楼云楼坐雪二首》，其作于冬日无疑，诗中云"但得诸生通宵坐，不妨老子半酣吟"（《王阳明全集》卷二〇，第 734 页），合乎阳明在滁时诸生环绕讲学情景，疑其作于正德八年冬，似应置于《滁阳别诸友》前，阳明诗集编者失之不审矣。

③ 《嘉庆山阴县志》卷二四，第 956 页。今绍兴市柯桥区杨汛桥镇有江塘村（2006 年后与桃园村合并为江桃行政村，参见中国行政区划网http：//www. xzqh. org/html/show/zj/7053. html），然已无延寿寺。该镇联众村（2006 年后与马社村合并为联社行政村，参见中国行政区划网http：//www. xzqh. org/html/show/zj/7053. html）内有延寿寺，沿革不详。

守益至此，良有以也。从《夜宿浮峰次谦之韵》的诗题来看，阳明一行[①]在浮峰住了一宿，次日才与守益作别。送走守益，当晚，阳明又顺流而至延寿寺。《再游浮峰次韵》《夜宿浮峰次谦之韵》作于浮峰，《再游延寿寺次旧韵》则作于延寿寺，前后相继，姑称为"浮峰诸作"。三首诗题均有"次韵"字样，说明其为和诗。其中，《再游浮峰次韵》，用的是平水韵中的上平"十灰"韵，查阳明弘治十六年所作《游牛峰寺四首》《又四绝句》，未见有同韵者，未知阳明所次何诗，或文集所录诗题有误。《夜宿浮峰次谦之韵》和的是邹守益《同郭善夫、魏师颜宿阳明洞》。[②]《再游延寿寺次旧韵》和的是《游牛峰寺四首》前三首所用的平水韵中的上平"二冬"韵。

---

① 由邹守益《侍阳明先生及蔡希渊、王世瑞登浮峰书别》（《邹守益集》卷二六，第1309页）诗可知，阳明一行，除了他跟邹守益，还有蔡宗兖（字希渊）与王琥（字世瑞）。关于王琥，钱明考其生平及其与阳明交往甚详，见所著：《浙中王学研究》，北京：中国人民大学出版社，2009年，第85—86页。

② 阳明《夜宿浮峰次谦之韵》云："日日春山不厌寻，野情原自懒朝簪。几家茅屋山村静，夹岸桃花溪水深。石路草香随鹿去，洞门箩月听猿吟。禅堂坐久发清磬，却笑山僧亦有心。"（《王阳明全集》卷二〇，第785页）守益《同郭善夫、魏师颜宿阳明洞》云："蹑足青霄石万寻，谢墩何处更投簪？云穿草树春亭静，水点桃花洞口深。屋漏拂尘参秘诀，匡床剪烛动幽吟。千年射的（原注：山名，在阳明洞中）谁能中？莫遣桑蓬负壮心。"（《邹守益集》卷二六，第1308页）两诗皆用平水韵中的下平"十二侵"韵，韵脚"簪、深、吟、心"全同。张卫红以为阳明《夜宿浮峰次谦之韵》和的是守益《侍阳明先生及蔡希渊、王世瑞登浮峰书别》（《邹东廓年谱》，第51页），非是，盖《侍阳明先生及蔡希渊、王世瑞登浮峰书别》云："远随谢屐出东皋，直访梅岩（原注：子真常隐于此）未惮劳。杯酒百年几胜践，初晴千里见秋毫。沙光映日开平野，石势连云涌海涛。醉下长林生别思，烟汀回首越山高。"（《邹守益集》卷二六，第1309页）用的是平水韵中的下平"四豪"韵，与《夜宿浮峰次谦之韵》明显不合。

那么，浮峰之别具体又在何时呢？检浮峰诸作，《再游浮峰次韵》云"偶怀胜事乘春到，况有良朋自远来"①，《夜宿浮峰次谦之韵》云"日日春山不厌寻""夹岸桃花溪水深"②，可知其在春间无疑。又，据《明世宗实录》，邹守益于嘉靖二年五月十五抵京官复原职。③ 因此，邹守益离开越城的时间最晚不会超过五月，这是因为，守益与阳明在浮峰分手后，沿水路进京，途中至少需要十天半月。故浮峰之别，时当春末，最有可能是四月下旬。四月下旬，无论天气如何炎热，也不会称之为"冒暑行"，更不用说"冲盛暑"。总之，描写暑天情景的《赠阳明先生》与《次谦之韵》两诗，不可能写于嘉靖二年春末的浮峰分别之际。④

再来看邹守益嘉靖三年行事。是年四月，守益以言下狱⑤。五月，有旨降广德州判官。守益随后赴任，途中迂道越城，拜

---

① 《王阳明全集》卷二〇，第785页。
② 同上。
③ 参见《明世宗实录》卷二七"嘉靖二年癸未五月甲申"条："复除翰林院编修邹守益原职"（台北："中研院"历史语言研究所校印本，第759页）本月庚午朔（初一），可知甲申为十五日。
④ 在笔者之前，已有学者注意到，《次谦之韵》所云"珍重江船冒暑行"，与嘉靖二年"送别于浮峰"的季节不合，疑其非作于此时，但没有进一步考证具体作于何时。（参见任文利：《治道的历史之维——明代政治世界中的儒家》，北京：中央编译出版社，2014年，第94页注①）
⑤ 《明世宗实录》卷三八"嘉靖三年四月辛酉"条："编修邹守益言：'皇上欲隆本生之恩，……，今日入继大统，独不能容群臣尽忠于陛下者乎？'（引者按：此疏即《大礼疏》，邹守益文集有收，参见《邹守益集》卷一，第13—16页），疏入，上怒，以为出位渎慢，诏锦衣卫逮下镇抚司考讯。"（第981—982页）是月乙未朔（初一）（《明世宗实录》卷三八，第949

见阳明。其入越、离越时间不详。笔者认为，其事必在七月之后，盖守益《祭王改斋文》曰：

> （王思）虽请以南归兮，宁伏阙以即戮。奚虎豹之唁唁兮，竟骈首以就狱。时予舣舟于潞河（引者按：潞河在通州）兮，亟遣讯于桁阳。辱手书以驰报兮，曰心安而无伤。味词旨之闲雅兮，玩笔势之飞扬，羡进德之日新兮，虽颠沛而弗爽。放吾缆以徐行兮，将迟子于阙里（引者按：阙里即曲阜孔府）。登宫墙以四望兮，耿幽怀而莫语。忽凶闻之日至兮，予悼首而不信，征兆朕于梦寐兮，尚对案而交咏。及姑苏而得实兮，肠一夕而九回。[①]

则守益接获王思（改斋）讣讯尚未到姑苏[②]。查《明史》王思传：

> （嘉靖三年七月）（思）偕廷臣伏左顺门哭谏。（嘉靖）帝大怒，系之诏狱，杖三十。逾旬，再杖之。思与同官王相，给事中张原、毛玉、裴绍宗，御史张曰韬、胡琼，郎中杨淮、胡琏，员外郎申良、张濯，主事安玺、仵瑜、臧

页），可推辛酉为二十七日，即：邹守益于嘉靖三年四月二十七下狱。张卫红《邹东廓年谱》引吕楠《狱里双况集》诗云："四月十七公系狱，五月一日我同群。"（第58页），其中"十七"当为"廿七"之误。

① 《邹守益集》卷二〇，第945页。
② 从北京至浙江，经姑苏驿，在吴县。

应奎、余祯、殷承叙，司务李可登，凡十有七人，皆病创先后卒。[1]

又，邹守益撰《改斋王君墓志铭》云："嘉靖甲申秋七月二十五，改斋王君以谏卒于位。"[2]

可知，王思卒日（七月二十五），邹守益尚未抵姑苏，则其到越城当更晚，约在七月下旬，其离开越城，当在八月初。

易言之，王阳明《次谦之韵》一诗当作于嘉靖三年八月间，是时，因议礼而被谪的邹守益，在越城得到阳明面授机宜后，前往广德赴任。

厘定这首诗的写作年代，对于我们了解"大礼议"时期王阳明的思想动态至为重要。

三、阳明家族新证

王阳明在"守"字辈排行第一，弟妹众多。其中，"三弟""四弟""八弟""九弟""十弟"分别指守礼、守智、守恭、守俭、守文，"七妹"就是日后嫁于徐爱者，凡此，论者皆无异议。1999年以来，受王诗棠提出的"十二字"排行说影响，很多论者将"六弟"认作"守温"，又认为徐爱之妻名"守让"。

---

[1] 《明史》卷一九二。
[2] 《邹守益集》卷二一，第 973 页。

然而，细按其说，难以成立。

1. "六弟"是守温吗？

"六弟"在阳明书信中出现过多次。

正德七年壬申（1512）《上大人书 一（正德七年）》：

> 寓都下男王守仁百拜，上父亲大人膝下：杭州差人至，……守城妻无可寄托，张妹夫只得自行送回。大娘子早晚无人，须搬渠来男处将就同住。六弟闻已启程，至今尚未见到。闻余姚居址亦已分析，各人管理，不至荒废，此亦了当一事。今年造册，田业之下瘠者，亲戚之寄托者，惟例从刊省，拒绝之为佳。时事如此，为子孙计者，但当遗之以安，田业鲜少，为累终寡耳。赵八田，近因农民例开，必愿上纳，阻之不可。昨日已告通状，想亦只在仓场之列，不久当南还矣。……闰五月十一日，守仁百拜书。[①]

正德十三年戊寅（1518）《与诸弟书》：

> 乡人自绍兴来，每得大人书，知祖母康健，伯叔母在余姚皆纳福，弟辈亦平安，儿曹学业有进，种种皆有可喜。且闻弟辈皆添起楼屋，亦已毕工。三弟所构，尤极宏壮，……族中诸叔父及诸弟不能尽书，皆可一一道此意。

[①] 《王阳明全集》，卷三二，第1208－1209页。

四月廿二日，寓赣州长兄守仁书寄三弟、四弟、六弟、八弟收看。外葛布二匹，果子银四钱，奉上伯叔母二位老孺人。骨箸四把，弟辈分用。……①

正德十六年辛巳（1521）《寄余姚诸弟》②：

此间家事尚未停当，专俟弟辈来此分处，……长兄伯安字白，三弟、四弟、六弟、八弟同看。伯叔母两位老孺人同禀此意。③

《与诸弟书》中的"六弟"，钱明据王诗棠《王阳明世系及遗存在绍兴》的考证认为，是指守温，"王荣之幼子"。④《上大人书 一（正德七年）》以及《寄余姚诸弟》当中的"六弟"，钱明同样认为，"当指守温"，并推测"守温应属阳明伯父王荣之子"。⑤

按：王诗棠在 1999 年提出，"守"字辈当有"十二字"排

---

① 《王阳明全集（新编本）》卷四四，杭州：浙江古籍出版社，2010 年，第 1798—1799 页。
② 此据束景南考，详所著：《王阳明佚文辑考编年（增订本）》，上海：上海古籍出版社，2015 年，下册，第 782—783 页。
③ 《王阳明全集（新编本）》，第 1810 页。
④ 钱明：《阳明学的形成与发展》，南京：江苏古籍出版社，2002 年，第 294 页。
⑤ 钱明：《王阳明史迹论考》，《国学研究》第十一卷，北京大学出版社，2003 年，第 61 页；钱明：《王阳明及其学派论考》，北京：人民出版社，2009 年，第 67—68 页。

行，即：仁、义、礼、智、信、温、良、恭、俭、让、文、章。①

此说为很多论者接受，不只钱明，束景南亦然。在考论《王阳明全集》未收佚文《寄余姚诸弟手札（此间家事）》时，束景南即采其说。② 王程强在释读《上大人书 一》（"杭州差人至"）时，关于"六弟"，注曰："即王守温"。③

然而，钱明、束景南等人根据王诗棠"十二字"排行说将"六弟"定为"守温"，却没有意识到，这跟王诗棠的如下说法是相矛盾的："守温、守良二位很可能是属于早年亡殁或未婚亡故者。"④

---

① 参见王诗棠《王阳明世系及遗存在绍兴》，收入钱明主编：《阳明学新探》，杭州：中国美术学院出版社，2002 年，第 212－240 页，尤其第 214－218 页。本书是 1999 年 3 月 29 日－4 月 3 日 "纪念王阳明逝世 470 周年国际学术讨论会"的论文集。王诗棠此文是由钱明整理而成，参见文末说明（第 240 页）。钱明对王诗棠的访谈《王阳明第十六世孙王诗棠先生访谈录——兼论绍兴阳明世家及遗存》载台湾 "中研院"中国文哲研究所编：《中国文哲研究通讯》第十卷第一期（2000 年 3 月）。钱明在《阳明学的形成与发展》（南京：江苏古籍出版社，2002 年 9 月）一书已援引王诗棠的观点（第 10 页）。
② 束氏云："此书中所言三弟、四弟、六弟、八弟为王守礼、王守智、<u>王守温</u>、王守恭，均系王阳明从弟；所言王正心、王正思、王正恕、王正愈、王正惠，均为王阳明诸从弟之子（见王诗棠《王阳明世系及遗存在绍兴》，载《阳明学新探》，中国美术学院出版社）。"（束景南：《王阳明佚文辑考编年（增订版）》，下册，上海古籍出版社，2015 年，第 782 页。下划线为引者后加）按：束景南于 2012 年出版了《阳明佚文辑考编年》（上海古籍出版社），是为 2015 年增订版的前身。
③ 参见王阳明著、王程强释读：《王阳明家训家书全集》，北京：台海出版社，2017 年，第 22 页。
④ 王诗棠：《王阳明世系及遗存在绍兴》，第 216 页。

既然"六弟"从正德七年到正德十六年频频出现在阳明家书之中，就不可能是早年亡殁或未婚亡故者。所以，很显然，"六弟"不可能是王诗棠想象的"早年亡殁或未婚亡故"的那个守温。

　　其实，"六弟"乃是守信，如果我们仔细分析以上三封书信，就不难得出这个结论。三封信都谈到余姚事体，因此，"六弟"肯定是余姚人士。而阳明在余姚的从弟，已知名字的有五人，即：守义、守礼、守智、守信、守恭，其中，守义与守智出自伯父王荣，守礼、守信、守恭出自叔父王衮。三弟、四弟、八弟分别指守礼、守智、守恭，此为论者共识。守义排行第二，只能是"二弟"，自不可能是"六弟"。剩下来，没有提到的是守信。而守信没有理由不被提到，因为，守信一房跟阳明关系密切，事实上，正德十年乙亥（1515），王华因阳明兄弟四人（守仁、守俭、守文、守章）俱未举子，遂择守信子正宪（时年八岁）立为阳明从子。[①] 那么，有没有可能，守信正德十六年（1521）已经谢世了呢？如果正德十六年守信已谢世，那么，"六弟"当然不是守信。

　　按：守信字伯孚，号西林。据倪宗正（1471－1537，字本端，号小野，余姚人）《送王伯孚序》一文可知，守信在王华正德二年（1507）从南京吏部尚书任上致仕后授分水关巡宰。[②]

---

① 《年谱一》，《王阳明全集》卷三三，第1237页。
② "昔苏子瞻谓王懿敏公位不满德，天将复兴王氏。今吾邑冢宰王公，以状元入翰林，先帝在东宫暨御极，侍经帷十余年，论思陈善，启沃功多，天下

其年应不少于二十，由此上推，其出生不得晚于成化二十三年（1487）。①倪宗正又有《赠王西林寿序》一文。②能称寿者，其年不应少于五十。易言之，守信之寿至少在五十以上，亦即：至嘉靖十六年（1537），其人依然健在。③

既然正德十六年（1521）前后，守信健在，王阳明写给余姚诸弟的家书中就没有道理不提守信。

钱明曾经注意到，如果六弟是指守温的话，那么，阳明给余姚诸弟的信中不包括与他关系甚近的守信，这事多少有点奇怪。遗憾的是，他把这个疑问轻轻地放过了。④

望以为相，而未老谢事，揆之于德，位亦未满，故其子阳明，以文学行谊名于时，方被柄用，而从子伯孚辈，颖秀特拔，奋庸相继，于此，又有以见天之道，而子瞻之言益信。兹授分水关巡宰，冢宰公所遗明矣。"（倪宗正：《倪小野先生全集》卷一，清康熙四十九年倪继宗清晖楼刻本）

① 这个年龄设定也符合六弟的身份。因为他不能小于七妹。而七妹，作为徐爱之妻，正常情况下，不会年长于徐爱，而徐爱生于成化二十三年丁未（1487）。也就是说，六弟不会晚于1487年生。

② 其文略云："西林承海日公及阳明之庇，门开阀阅，泽世文章，薄宦以取荣，善理以取羡，无忧无恙，连理并茂，花萼相辉，　兰列秀，而西林悠然其间，了无惭德。无乖戾之事形于其身也，无嫌隙之声出乎其户也，则其乐亦异夫彼之所乐云。"（《倪小野先生全集》卷二）

③ 这个时间也与作序者倪宗正之卒相合，倪氏卒于1537年。

④ 钱明说："奇怪的是，阳明在正德十三年至嘉靖元年写的与余姚诸弟书中，从未提及过二弟守义和五弟守信，可能二人当时并不住在余姚。守信第五子正宪后被王华立为阳明继子，按理说阳明是不会冷落守信的。阳明写与余姚诸弟书时，守信估计已随正宪移居越城，故而阳明在信中不提守信是很正常的。"（钱明：《王阳明及其学派论考》，第67页注③）这个解释于理不合，因为，很难想象，守信会抛下一大家子（正宪只是他第五子）跟随已经过继给人的儿子移居越城。从常理来说，孩子过继给了人，为了让孩子能迅速适应新的家庭，亲生父母会尽量避免跟孩子多接触。

归根结底，这都是因为"十二字"排行说造成的思维定式，以为守信既然排行第五，应该是五弟。其实，如果转换一下思路，守信为何不可是六弟？毕竟，在家族中排行第几并不等于其在兄弟中排行第几。阳明所说的"七妹"，从这个角度，也就很容易理解，它不是指其在姊妹中排第七，而是指在整个同辈中排第七。如此，守信在兄弟中行五，但在整个同辈中行六，也就是说，在他上面一定还有一个姐姐，王阳明要唤她作"五妹"的。

下面，我们来分析"七妹"为"守让"说存在的问题。

2."七妹"名"守让"吗？

王诗棠关于"七妹"名"守让"的说法，遇到的最大问题是：按"十二字"排行，"让"处第十，这如何跟"七妹"的"七"协调？

依王诗棠，"让"是"夹在九弟'俭'与十弟'文'中间的"①，也就是说，"守让"要比"守俭"小。然而，这明显与实不符，因为嫁于徐爱的那位"七妹"怎么可能比"九弟"守

① 王诗棠说："'让'既是十二字座标之一，何以不排入世祖排位？难道亦属早年亡殁者？不是，凡属早年亡殁者，其兄弟间原有排行称呼始终不变，上述温、良二位就是其例。既无兄弟座次之排位，莫非夹在九弟'俭'与十弟'文'中间的'让'非兄弟之辈人？正是。我认为，'让'字决非空席虚座，而是既有其人也有其名的守字辈人。然名曰'守让'，但却不能跻身于兄弟辈排行当中，想必这位若隐若现的神秘人物乃是一位绰约纤细的闺秀身影。……这位名门闺秀，就是海日公五位子女中的独生淑媛、掌上明珠、爱如儿男、取名'守让'的千金爱女；……"（《王阳明世系及遗存在绍兴》，第217页）

俭小呢？除非"七妹"的"七"与"九弟"的"九"是各自按照一种排序计算的。

钱明意识到，若按序排列，"七妹"应该是"守良"，但他很快排除了这一选项。我们来看钱明叙述的理由。

> 阳明曾称嫁于徐爱的妹妹为"七妹"①。若按序排列，"七妹"恰好是"守良"，因此未载入薛侃序列的老七应是七妹守良。而若据阳明《守俭弟归曰仁歌楚声为别予亦和之》赋中所谓"妹之来兮，弟与偕行"②句推测，九弟守俭与七妹守良的年龄不会相差很大，因当时守文、守章尚年幼，故自然应由守俭偕行前去阳明和徐爱。接下来的问题就只剩老十"守让"了。③

为什么说"接下来的问题只剩老十'守让'了"？因为"九弟守俭与七妹守良的年龄不会相差很大"，所以，"七妹"就不可能是守良吗？钱明这里的逻辑不是很清楚。在后面，钱明又提出了对于"七妹"何以是排行第十的"守让"的两种解释。

> 问题是，如果按照十二字序列排位，十弟应是守让，守文则应是十一弟。阳明为何跳过守让而直接称引守文为

---

① 《王阳明家训家书全集》，第1209页。
② 同上书，第662页。
③ 钱明：《王阳明史迹论考》，第61—62页；《王阳明及其学派论考》，第68页。

十弟呢？这里我们不妨作以下两种推测：一是若女子均不在兄弟排位之列，而所谓"七妹"只是意指姊妹中的排行老七，那么守良就应是"七弟"；故守良亦与六弟守温一样，属于阳明早逝的弟弟。二是假定阳明之妹叫守让，虽有名字，但却不在兄弟排位序列，故九弟守俭之后跳过守让而直称守文为十弟，与十二字排列并不矛盾。再看阳明的《守文弟归省携其手歌以别之》诗，若据其结尾所谓"九兄及印弟，诵此共勉之"[1]句推断，"九兄"当指守俭，而"印弟"疑"印弟"之误，"印弟"即"我弟"，当指守章[2]；故此诗可视为阳明对三位胞弟的示教。既然守俭是守文的"九兄"，那么守让系明妹子的可能性无疑最大。[3]

这里有两个要点：第一，"七妹"只是意指姊妹中的排行老七；第二，九弟守俭之后跳过守让而直称守文为十弟，是因为，原本排在第十的守让是女性，不在兄弟排位序列。

如此说来，王阳明之所以称呼嫁给徐爱的胞妹为"七妹"，是因为她在家族同辈姊妹中排行第七，换言之，在她前面至少

---

[1] 《全集》，第 737 页。

[2] 按："印弟"并非"印弟"之误，守章字伯印，所以被阳明称为"印弟""印官"。又因为守章在阳明同胞兄弟四人之中排行第四，所以，有时也称"四官"。王程强在注释《又与克彰太叔》的"印弟"（《全集》卷二六，第988 页）时已正确地指出："即王守章，疑为字'伯印'。下面也称呼'四官'、'印官'。"（《王阳明家训家书全集》，第 43 页）

[3] 钱明：《王阳明史迹论考》，第 62 页；《王阳明及其学派论考》，第 69－70 页。

有六个同宗的姐姐。同时，这个嫁给徐爱的胞妹，在同宗兄弟的排行第十。这些推论，让人很自然地会产生一个疑问："为何阳明的'七妹'守让的名字会在十二字排列中，而其他同祖姊妹（由'七妹'推知）却'名'不见序列"？

对于这个问题，钱明诉诸王诗棠的回答。

> 王华为闺女取名"让"，实乃事出有因。一则因其情系独女，爱过众儿，故特同进辈号，共行座标。这样，既不违背古来兄弟伯仲，女不跻入，世祖排位，男丁单一的传统，又可弥补座标空缺，使爱女舔犊，一举两得，何乐不为。倘不以闺秀补缺"让"位，则遗留在家史、族谱、辈分座标上，不是缺"让"，就是少"章"，可谓尴尬至极。二则因其独女受宠，难免骄纵，取名带"让"，寓意"让枣推梨，友爱兄弟"；"夷齐让国，首阳采薇"。尤以名曰"守让"，以"让"和合于"守"，使"让"能"守"，以使永尚谦让之风，盛行和睦之邦。[①]

这个说法看似有据，实则经不起分析。所谓"倘不以闺秀补缺'让'位，则遗留在家史、族谱、辈分座标上，不是缺'让'，就是少'章'，可谓尴尬至极"，完全是想象之词。

试问：当王华生女之时，如何可能未卜先知后面还会生下

---

① 《王阳明世系及遗存在绍兴》，第218页。

二子（守文、守章）？不以"守让"名女，则继此女之后所生之子名"让"，有何不妥？为何给子取名"守文"，就一定要保证再生一子以名"守章"，从而凑成"文章"二字？生几个子女，生儿还是生女，这些都不是人力可以安排，纵使王华有心要凑成"温良恭俭让""文章"诸字，如何能指望上天就一定能遂人愿？另一方面，如果非要凑成"十二字"排行，也没有规定一定要在王华这一房实现，事实上，十二字排行中的第一句"仁义礼智信"，除了"仁"，其余四个字都不是出自王华一脉，同样，"恭"出自王充，"俭"出自王华。也就是说，即便预先想好了要用"温良恭俭让文章"来给"仁义礼智信"以下的"守"字辈命名，也用不着王华的女儿来凑数，总不可能王华在族中宣布："'守让'这个名字以后就归我女儿了，你们谁也别跟我抢。"所谓"王华独女"，这一点也不是这个女孩一生下来就知道的。毕竟，王华有几房太太，谁知道后面生儿生女？

或许，有人会说，可能名字不是一出生就取的，是要长到好几岁之后。就算如此，也无法想象，王华要等到肯定不会再有儿女出生之后才给前面的孩子取名。也就是说，无论如何，王华不可能是在盘点他所有的儿女之后才统筹取名排行。所以，以女补缺那样的事，在现实中绝不可能发生。

其实，如果不执着于"温良恭俭让"这个习语，"守"字辈的排行清清楚楚，不存在什么疑点。据现有文献，从长到幺，依次是：

守仁（伯安，长兄）、守义（二弟）、守礼（伯敬，三弟）、守智（四弟）、五妹（名不详）、守信（伯孚，六弟）、七妹（名不详，适徐爱）、守恭（八弟）、守俭（九弟）、守文（伯显，十弟）、守章（伯印、印弟、印官）。

引入"温、良、让"，不仅无助于我们了解阳明宗族实情，反而把原本明了的关系变得扑朔迷离、节外生枝。"十二字"排行说可以休矣。

3. "七妹"与徐爱姻缘的若干细节

从"十二字"排行推定"六弟"为"守温""七妹"为"守让"，上文已指出此说不能成立的理由。关于阳明的"七妹"，就是日后成为徐爱妻子的那位，她跟徐爱的缔姻，有一些情况尚不明朗，在本文的第三部分，我们再做些讨论。

一个基本问题：徐爱究竟是何时成为王门快婿的？钱明一直用比较含糊的"弘治十六七年"这样的表述。① 束景南则断为弘治十六年（1503）。束氏称，是年冬，王华奉命祭江淮诸神，便道归省余姚、绍兴，以浙江提学副使赵宽（1457－1505，字栗夫，号半江，吴江人）之荐，王华择徐爱为婿。②

笔者认为，束说可从，但需要补充的是，在王华作为家长

① 参见钱明：《徐爱钱德洪 董沄集》，"编校说明"，南京：凤凰出版社，2007年，第2页；钱明：《浙中王学研究》，北京：中国人民大学出版社，2009年，第137、139页。
② 束景南：《王阳明年谱长编》，上海古籍出版社，2017年，第292页。

正式确认婚事之前，弘治十六年秋，以刑部主事告病归越的王阳明，已经跟徐爱接触，在一定程度上，带有为妹择婿先行"考察"之意。具体考证如下。

弘治十五年壬戌（1502）秋，三十二岁的阳明内告回原籍养病。八月下旬，离京归越。九月，归至绍兴。赵宽时为浙江提学副使，提学行台即在绍兴。赵宽与王华是同年进士，之后又同在京师任职，时有走动，侍父在京的阳明亦因此得识赵宽。因有这层关系，阳明归越后与赵宽往来甚密，赵宽《半江赵先生文集》犹存数首唱和之作。[①] 在此期间，阳明表达了为妹择婿之意，赵宽遂以徐爱为荐，徐爱时为绍兴府学诸生。阳明与徐爱的接洽，在弘治十六年已成事实。无论如何，弘治十六年九月，阳明自杭归越，经萧山，再游浮峰寺等处，徐爱已同游，何以知此？有徐爱和阳明浮峰诗为证。

徐诗云：

> 西云洞口锁双松，天末秋云数点峰。海内尘氛今日远，
> 江南奇气此山钟。林深草木诸贤化，郡复书堂太傅踪[②]。

---

① 如《登山遇括苍李员外载酒同游因寄伯安秋官》（卷六）、《再寄伯安》（卷六）、《和王伯安二首》（卷六）、《王伯安秋官约稽山登高及其以病不果》（卷八）、《西江月（稽山望雨有怀王伯安）》（卷八）等。阳明与赵宽的交往，束景南考之甚详，参见所著：《王阳明佚文辑考编年（增订版）》，上册，第446—448页。

② "书堂太傅踪"云云，系指延福院（浮峰寺）附近有宋陆轸（山阴人，陆游高祖，赠太傅）书堂遗迹，参见（宋）沈作宾修，施宿等纂：《嘉泰会稽志》："延福院在（山阴）县西六十里新安乡牛头山之麓。……景德初，赠

欲挟天风洒然去，振衣直入紫霞重。①

徐诗用上平二冬韵，次的是王阳明《游牛峰寺四首》前两首②之韵，后者一、二、四、六、八句末用了同样的字：松、峰、钟、踪、重。③

《游牛峰寺四首》之一云"洞门春霭蔽深松"，之二云"春风萝薜隔重重"④，可知其时在春间。而徐诗有句"天末秋云数点峰"，则时当秋令。

阳明于弘治十六年春、秋两度游历浮峰。⑤浮峰本名牛头山，浮峰寺原名牛峰寺，是阳明将其改为今名。阳明春游诗用的是牛峰寺原名，秋游诗则已改用浮峰之名。⑥这可以解释为什

太傅陆公轸与卿士数人肄业于此。……书堂在寺之西北隅，今寺僧犹能识其处。"（卷七，页三六，见《宋元方志丛刊》，北京：中华书局，1990年，第七册，第6835页）

① 《浮峰次韵》，《横山遗集》上，《徐爱 钱德洪 董沄 集》，第19页。

② 其一：洞门春霭蔽深松，飞磴缠空转石峰。猛虎踞崖如出柙，断螭蟠顶讶悬钟。金城绛阙应无处，翠壁丹书尚有踪。天下名区皆一到，此山殊不厌来重。其二：萦纡鸟道入云松，下数湖南百二峰。岩犬吠人时出树，山僧迎客自鸣钟。凌飙陟险真扶病，异日探奇是旧踪。欲扣灵关问丹诀，春风萝薜隔重重。（《王阳明全集》卷一九，第663页）

③ 《横山遗集》中，《浮峰次韵》上面一首是《延寿寺次韵》："千峰翠霭敛斜晖，客到云间僧亦归。望极海天空气色，坐生林露薄裳衣。了知万境皆非我，听说三生尚有机。明月清风深夜在，禅堂窅窅不关扉。"（《徐爱 钱德洪 董沄 集》，第19页）延寿寺在浮峰，此诗与《浮峰次韵》当是同时之作。诗用上平五微韵。应当次的也是阳明诗韵。

④ 以上皆见《王阳明全集》卷一九，第663页。

⑤ 关于阳明弘治十六年游浮峰的情况，详见前揭。

⑥ 阳明秋游诗《又四绝句》之四："两到浮峰兴转剧，醉眠三日不知还。"（《王阳明全集》卷一九，第664页）

么秋游同行者徐爱次的是阳明春游诗《游牛峰寺四首》之韵，却题作《浮峰次韵》。

徐爱生于成化二十三年丁未（1487）[①]，弘治十六年（1503）虚岁十七。阳明之妹（"七妹"）跟他应该年纪相仿，按照古人嫁娶的正常情况，女方一般不会小于十五（及笄之年）。所以，弘治十六年，谈婚论嫁之时，阳明之妹（"七妹"）应在十五到十七岁之间，也就是说，阳明之妹（"七妹"）约生于弘治元年戊申（1488）前后。

按说，阳明之妹年纪并不大，尚不急于出嫁。阳明之所以考虑为妹择婿，据笔者考证，是因为当时已经有人开始上门提亲。近年发现的《王文成公全书》未收佚文《与友人书》[②]，向我们披露了这个鲜为人知的细节。

信中说：

> 所喻徐宅姻事，足感寿卿先生之不鄙，但姚江去越城不二百里耳，祖母之心犹以为远，况麻溪又在五六百里之外耶？心非不愿，势不相能，如何，如何？见徐公幸以此言为复。吾两家父祖相契且数十年，何假婚姻始为亲厚，

---

① 参见萧鸣凤撰《明故奉议大夫南京工部都水清吏司郎中徐君墓铭》："丙子（按：正德十一年，1516）秋，考绩，便道归省。明年（按：正德十二年丁丑，1517）五月十七日，以疾卒于山阴寓馆，距成化丁未（按：二十三年，1487）春□（按：阙字，疑为"秋"字）三十有一。娶王氏，封宜人，有妇德，无子。"（《横山遗集》附录，《徐爱 钱德洪 董沄 集》，第93页）

② 此文载（清）陈焯辑：《湘管斋寓赏编》卷二，后收入黄宾虹、邓实编：《美术丛书》四集八辑，上海：神州国光社，1928年，第106－107页。2010年出版的《王阳明全集（新编本）》收录了此文。

因缘之不至，固非人力所能为也。……侄守仁顿首。[1]

束景南《王阳明佚文辑考编年》收录了此信，而易名为《答某人书》，认为此说姻事应即是徐爱之叔父，并考证阳明此书作于正德五年（1510），理由是徐爱娶阳明妹的时间约在正德六年。[2]

我们已经知道，徐爱娶阳明妹的时间不在正德六年，所以，束景南对这封信时间的考证是错误的，这一点自不必多言。关于徐爱娶阳明妹的时间，束景南在 2017 年出版的《王阳明年谱长编》中已放弃旧说，转而主张弘治十六年说，如上所揭，此不再赘。我们注意到，束景南对钱德洪附会出来的王华择婿选徐爱而舍其叔的说法作了正确的驳斥，理由是：弘治十六年，徐爱之叔徐佩年纪已经四十七八，不可能向年方及笄的阳明之妹提亲。[3] 但对"徐宅姻事"是徐爱叔父之说，却未见反正。在此，我们实有必要予以澄清。

从信中"麻溪"一语可知，此"徐宅"乃是德清之徐，而非余姚之徐。麻溪在明代属湖州府德清县。又，从"吾两家父祖相契且数十年"云云可知，王、徐两家为世交。符合这两个条件的"徐宅"，乃是据说王华曾经做过"西席"的麻溪徐家。民间传说，成化十二年（1476），王华携子守仁来到麻溪的徐九

---

① 《王阳明全集（新编本）》卷四五，第 1837 页。
② 束景南：《王阳明佚文辑考编年（增订版）》，上册，第 325 页。
③ 束景南：《王阳明年谱长编》，第 331—332 页。

思、徐九龄兄弟家坐馆，教徐家的儿辈徐元桢、徐元礼、徐元吉、徐元瑞，直到成化十七年辛丑（1481）春王华赴京赶考中状元。至今，麻溪（今嘉兴桐乡市大麻镇湘洋[①]村徐家场自然村）还有古迹"阳明先生读书处"。[②]

考诸史籍，徐九思，浙江湖州府德清县人，成化二年丙戌（1466）进士，成化二十年（1484），任右通政。[③]《（万历）湖州府志》卷六"选举"：甲科　国朝举人　成化年（元年）乙酉（1465）徐九思　德清。成化年　（七年）辛卯（1471）徐九龄

九思弟　德清。九字辈还有徐九万。九字辈下面是元字辈，徐元桢、徐元吉、徐元瑞等人亦有名，比如，徐元桢做过学宪[④]，徐元吉恩贡生出身[⑤]，做过主簿[⑥]。

---

① 据郁震宏说，"洋"当作"漾"，湘漾历来属于德清县十四都，1931年（民国二十年）设大麻、湘漾、海卸三个乡。湘漾乡，1950年划归崇德县，属洲泉区，1956年并入大麻乡。湘漾徐家是古代德清"徐胡谈蔡"四大家族之一，徐九龄、徐九思进士出身，徐九万举人。徐九龄官至礼部主事，徐九思乡试《诗经》第一，号"经魁"，德清县旧有"经魁"牌坊。徐九思官至南京右通政。徐九万妻是名人于谦孙女。徐九思晚年与洪钟、丁养浩等人结"归田乐会"，以诗会友。丁养浩为徐九龄妻弟，著有《西轩效唐集》（收入《四库存目丛书》）。徐九思有《一斋文集》。参见郁震宏：湘漾村：桐乡西部历史文化第一村，搜狐网，https://www.sohu.com/a/315915522-713186.
② 参见陈永治：《王阳明读书处缘何在麻溪?》，《嘉兴日报》2018年6月4日。
③ （明）雷礼纂辑，（明）徐鉴校梓：《国朝列卿记》卷八三，明万历徐鉴刻本。
④ 参见（明）余日德：《赠徐元桢学宪》，《余德甫先生集》卷一一，万历刻本。
⑤ "高鹏，字云程，号沧溟，生于弘治壬戌正月八日，卒于嘉靖丙辰七月二十四日，……侧室王，出一女，适恩贡生徐元吉。"（明张四维撰：《赠中宪大夫山东按察司副使沧溟高公墓志铭》，《条麓堂集》卷二六，明万历二十三年张泰微刻本）
⑥ 《（万历）湖州府志》卷七，"贡荫"：德清学　徐元吉　任主簿。

如果王华的确到过麻溪徐家任教，那么，具体又是哪一年呢？这个问题涉及王华的早年生涯，这方面情况，现有传记资料（陆深撰《海日先生行状》以及杨一清据陆状而作的《海日先生墓志铭》）交代不多，需要充实。因此，我们花一点时间来探究一下。

如上所揭，民间传说王华成化十二年（1476）至徐府。笔者认为，此说不确，因为成化十年甲午（1474）到成化十二年丙申（1476），王华受聘于浙江布政使宁良[①]，在后者老家湖南祁阳（今衡阳）为宁良之子宁竑讲学，其始末悉见王华自述。[②]

> 方伯祁阳宁公良以书币聘予为其子竑讲学，乃自浙抵祁阳，居于梅庄书屋。明年己未（引者按："己"为"乙"字之误，乙未，成化十一年，1475），谢公[③]状元及第，宁

---

① 宁良，字元善，祁阳县金兰桥（今衡阳祁东金桥镇）人，明正统十年（1445）进士，历任广东按察使，浙江右、左布政使。

② 关于宁良聘王华为塾师事，陆深《海日先生行状》称："方伯祁阳宁公良择师于张公。张曰：'但求举业高等，则如某某者皆可。必欲学行兼优，惟王某耳。'时先生甫逾弱冠，宁亲至馆舍讲宾主礼，请为其子师。"（参见《王阳明全集》卷三八，第1393—1394页）其说不足为凭，束景南已识之，但束景南对王华自记亦加怀疑，认为"是其中状元以后所造附会虚构故事"（参见所著《王阳明年谱长编》第一册，第17页），则似乎疑古过勇。无论如何，王华的这个自述为我们了解其祁阳塾师的起讫时间提供了一手资料，可以信用。

③ 谢迁（1450—1531），字于乔，号木斋，余姚人。成化十年（1474）乡试第一，成化十一年（1475）状元。

公以书来贺曰："先生与谢君齐名于时[①]，谢君及第，此亦汇进之兆也。"华阅书谓竑曰："尊公此言慰予客中落寞之怀耳，岂真谓予能然？"置书于箧中，初亦不念动也。是夜予就寝，忽梦归吾邑，如童稚时，逐众迎春东郭门外。众舁白色土牛一，覆以赭盖，旌纛幡节，鼓吹前导。方伯昌黎杜公[②]，肩舆随于后，自东门入，至予家乃止。既寤，未解所梦。质明，是为端阳前一日。竑侍予晨铺，因语之梦。竑俯不应久之，屈指轮回者再作而曰："是状元之兆也。家君之贺非诬矣。"余曰："何？"竑曰："牛，一元大武也。春，岁之首而试之期也。状元亦谓春元也。金色白，其神为辛。牛之神，丑也。中之岁，其以辛丑乎？"余曰："鼓吹前导者何？"曰："是所谓伞盖仪从送归第者也。"余曰："奚为而杜公随之？"曰："以伞盖从者，实京兆尹。是岁也，京兆尹其杜公乎？"余闻而笑曰："嘻！有是哉？子

---

① 王华与谢迁齐名于时，主要根据是浙江提学张时敏于成化十年乡试首以王华与谢迁荐。王华《瑞梦堂记》："成化甲午（按：成化十年，1474），岁当大比。于时，松江张公时敏，为吾浙提学，首以华与谢公于乔荐于主司。其年，谢公发解第一，华见黜，归读书龙泉山中。"（载《乾隆祁阳县志》卷之七"艺文上"，乾隆三十年刻本）陆深《海日先生行状》云："提学松江张公时敏考校姚士，以先生与木斋谢公为首，并称之曰'二子皆当状元及第，福德不可量也'。"（《王阳明先生全集》卷三八，第 1393 页）

② 杜谦（1419—1494），字益之，昌黎人。景泰五年（1454）进士，成化十一年（乙未，1475）为浙江省右布政使，成化十三年（丁酉，1477）转左布政使。成化十六年（庚子，1480）召为顺天府尹。成化十八年（壬寅，1482）升工部左侍郎。生平详丘浚撰《明故工部左侍郎致仕杜公墓志铭》（《琼台诗文会稿》卷二三）。

之言殆隍中之鹿也。"竑遂请为记。余曰："征而为之,其既晚乎?"竑乃私识于《礼》经之卷末,以复余曰："愿先生无忘今日之言。"余曰："诺。"岁丁酉(按:成化十三年,1477),余复黜于主司,奔走江湖,梦之舛妄,不复记忆。庚子(按:成化十六年,1480),乃领荐乡闱。明年辛丑(按:成化十七年,1481),试春官,得隽入奉,临轩之对,果叨进士第一。传胪毕,承制送予归长安私第者,果杜公也。①

由上可知,成化十年(甲午,1474)起②,王华在祁阳讲学三载,成化十二年归越,以应次年乡试,结果落选,遂"奔走江湖",为衣食计,任教麻溪徐府。在徐府,王华同样任教三年,即:成化十三年至成化十六年,成化十六年乡试中举,成化十七年春,入京会试,状元及第。若以成化十三年(1477)算起,王、徐之交,至弘治十六年(1503)前后,正与信中所说"数十年"相合。

总之,弘治十六年前后,王家有女初长成,麻溪徐家便托

① 陈鎏(1506—1575),字子兼,号雨泉,别号金芝山人,吴县人。嘉靖十七年(1538)进士,累官四川右布政使。隆庆六年(1572)辑刻《皇明历科状元录》,起洪武四年(1371),终隆庆五年(1571)。(明)陈鎏:《皇明历科状元录》,同上书。"成化十七年辛丑状元王华",此文节选自王华《瑞梦堂记》。郭皓政、甘宏伟编著:《明代状元史料汇编》上,武汉:武汉大学出版社,2015年,第588页。
② 束景南将王华赴祁阳任教一事系于成化十一年(乙未,1475)(参见所著《王阳明年谱长编》第一册,第13页),不确。

人提亲，阳明以路远为由婉拒。阳明所言似非托词，其后，余姚人徐爱之受青睐，地近应是一个重要考虑。王家爱女心重，舍不得骨肉远离，找了路近的余姚人还不够，女儿成婚之后，还想法让女婿常住山阴；女婿殁后，更是腾出自家空房，将女儿连同公婆一起接到身边，朝夕庇护。[①]

---

① 这方面情况，钱明考之甚详，参见《王阳明及其学派论考》，第71页。

第八章

蕺山"前四句"的文本问题

——基于耿宁工作的进一步讨论

　　众所周知，蕺山对阳明之学的态度，有所谓"三变"：始疑—中信—终辨。① 但具体如何划分这三个时期，尤其是中晚

---

① 原刊《清华大学学报》2019 年第 1 期，收入本书时做了修订。"三变"说肇始于蕺山之子刘汋："（崇祯十六年癸未十一月，蕺山）著《证学杂解》及《良知说》。先生（引者按：蕺山）痛晚近学术不明，用功悠谬，作《证学杂解》二十五则，末章以觉世之责自任。又著《良知说》一篇。（文俱见《全集》中。按：先生于阳明之学凡三变：始疑之，中信之，终而辨难不遗余力。始疑之，谓其近禅也。中信之，信其为圣学也。终而辨难不遗余力，谓其言良知，以《孟子》合《大学》，专在念起念灭用工夫，而于知止一关全未勘入，失之粗且浅也。夫惟有所疑，然后有所信，夫惟信之笃，故其辨之切。而世之竟以玄渺称阳明者，乌足以知阳明也与!)"见刘汋：《蕺山刘子年谱》，吴光主编，吴光点校，钟彩钧审校：《刘宗周全集》（第九册），杭州：浙江古籍出版社，2012 年，第 143 页。黄宗羲继承了这个说法："先生以谓新建之流弊，亦新建择焉而不精，语焉而不详有以启之也。其驳《天泉证道记》曰：……其驳'良知'说曰：……盖先生于新建之学凡三变：始而疑，中而信，终而辨难不遗余力，而新建之旨复显。"见黄宗羲：《子刘子行状》，吴光主编，吴光点校，钟彩钧审校：《刘宗周全集》（第九册），杭州：浙江古籍出版社，2012 年，第 41 页。可以看到，黄宗羲在刘汋之说的基础上最后加了一句"而新建之旨复显"，似乎有意弭平蕺山与阳明之学之间的差异。一般谈到"三变"说，主要依据梨洲，或至多将刘汋与梨洲并提，殊不知刘说在黄说前。盖刘《序》称："汋不孝，罹先君子之变八年矣。"参见刘汋：《蕺山刘子年谱》，《刘宗周全集》（第九册），第 49 页。考蕺山亡于顺治二年（乙酉，1645），则序《谱》之时为顺治十年（癸巳，1653）。而梨洲撰《子刘子行状》，时在康熙六年（丁未，1667）。此据黄炳垕：《黄梨洲先生年谱》，见沈善洪主编，吴光执行主编：《黄宗羲全集》

期，学者意见并不统一①，似乎还有进一步研究的余地。

蕺山对阳明的不满，"四句教"②是一个重点。③就其对"四句教"的批评来说，蕺山六十二岁（崇祯十二年，己卯，1639）提出的"新四句"可谓全面而彻底。

> 蒙因为龙溪易一字，曰："心是有善无恶之心，则意亦是有善无恶之意，知亦是有善无恶之知，物亦是有善无恶之物。"不知先生（引者按：阳明）首肯否？④

（第十二册），杭州：浙江古籍出版社，2005年，第41页。

① 比如，陈畅根据他对蕺山慎独思想的考察，提出：蕺山思想从中年期向晚年期过渡的时间是在五十五岁至五十七岁期间（崇祯五年冬十月至崇祯七年夏日）。蕺山五十岁《皇明道统录》成，是其"中而信"阶段的标志性事件。而崇祯九年（丙子，蕺山五十九岁）则被认为是蕺山晚年思想成熟的一个节点。参见陈畅：《刘宗周中晚年思想转变及其哲学意义——兼论刘宗周思想发展之分期》，《人文论丛》（2009年卷），第309—329页。而高海波则认为，"中信"阶段大约可以延续到壬午（崇祯十五年，1642），而"终而辨难不遗余力"当始于癸未（崇祯十六年，1643），并直至蕺山去世。参见高海波：《慎独与诚意——刘宗周哲学思想研究》，北京：生活·读书·新知三联书店，2016年，第441页。

② 阳明晚年有所谓"四句教法"，见载于多种文献，根据陈来先生的研究，这些文献的史料价值并不相同，从高到低，依次为：《阳明先生年谱》《传习录》《天泉证道记》。参见陈来：《〈天泉证道记〉之史料价值》，《中国近世思想史研究》，北京：生活·读书·新知三联书店，2010年，第667—681页。《年谱》所载"四句教"为："无善无恶是心之体，有善有恶是意之动，知善知恶是良知，为善去恶是格物。"见吴光、钱明、董平、姚延福编校：《王阳明全集》（卷三五），上海：上海古籍出版社，1992年，第1307页。

③ 关于蕺山对阳明的批评，比较系统的讨论，除了前揭高海波书，另可参杨祖汉：《从刘蕺山对王阳明的批评看蕺山学的特色》，收入钟彩钧主编：《刘蕺山学术思想论集》，"中研院"文哲所筹备处，1998年，第35—66页。

④ 刘宗周：《阳明传信录》，见吴光主编，吴光点校，钟彩钧审校：《刘宗周全集》（第七册），杭州：浙江古籍出版社，2012年，第82页。

所谓"为龙溪易一字",是就《传习录》所载龙溪"四无"说而发,盖龙溪以为:"若说心体是无善无恶,意亦是无善无恶的意,知亦是无善无恶的知,物是无善无恶的物。"[①]

对照阳明"四句教"原文可知,蕺山的"新四句"对"心、意、知、物"这四个关键字的界说与阳明无一合辙。然而,蕺山并不是一开始就达到这样的认识,事实上,在他五十九岁(崇祯九年,丙子,1636)对"四句教"提出修正时,其说有很大不同。

> 有善有恶者心之动,好善恶恶者意之静,知善知恶者是良知,为善去恶者是物则。[②]

笔者将此称为蕺山的"前四句",以区别于崇祯十二年的"新四句"。[③] 从形式上看,蕺山"前四句"与阳明"四句教"有较多重合,尤其第三句"知善知恶是良知",更是一字不改。

---

① 参见吴光、钱明、董平、姚延福编校:《王阳明全集》(卷三),第 117 页。蕺山《阳明传信录》所引,字句略异:"若说心体是无善无恶,意亦是无善无恶,知亦是无善无恶,物亦是无善无恶矣。"参见《刘宗周全集》(第七册),第 80 页。而比较接近《王阳明年谱》所记:"心体既是无善无恶,意亦是无善无恶,知亦是无善无恶,物亦是无善无恶。"参见吴光、钱明、董平、姚延福编校:《王阳明全集》(卷三五),第 1306 页。

② 刘宗周:《学言上》,见吴光主编,吴光点校,钟彩钧审校:《刘宗周全集》(第三册),杭州:浙江古籍出版社,2012 年,第 352 页。

③ "新四句""前四句"这些说法都是笔者所拟。也有论者只把"前四句"称为蕺山的"四句",如黄敏浩,参见所著:《刘宗周"四句"的诠释》,《中国文哲研究通讯》(第八卷第三期),1998 年 9 月,第 105—116 页。

对此，有论者认为，蕺山此时尚承认阳明的"知善知恶是良知"说。① 也有论者认为，虽然两者字面相同，但含义却相去甚远。②

那么，蕺山的"知善知恶是良知"跟阳明的"知善知恶是良知"到底有何异同？蕺山"前四句"与阳明"四句教"之间究竟是什么关系？这是值得探究的问题。晚近瑞士学者耿宁（Iso Kern）对第四句文本差异的发现，为我们探究这些问题提供了一个契机。本文拟在耿宁工作的基础上继续前进。

---

① 比如高海波认为"知善知恶是良知"，蕺山尚可以承认阳明这一说法。参见高海波所著：《慎独与诚意——刘宗周哲学思想研究》，北京：生活·读书·新知三联书店，2016 年，第 473 页。在另一处，他的语气没有这么肯定："'知善知恶是良知'，仅从字面上看，似乎刘宗周尚可承认阳明这一说法。"参见高海波所著：《刘宗周对阳明四句教的批评》，《中国哲学史》2014 年第 3 期，第 68 页。

② 黄敏浩根据他对第四句"为善去恶者是物则"的考察，推定：宗周的"知善知恶"与阳明——至少是他理解下的阳明——的"知善知恶"并不同。前者没有预设有善有恶，而后者则是。依宗周，良知知善知恶，并不是觉知这个是善，那个是恶，从而为善去恶。他曾批评"四句教"中的良知知善知恶，只是"知在善恶之外，第取分别见"；而相连第二句有善有恶之意，是"因有善有恶而后知善知恶，是知为意奴"；又相连第一句无善无恶之心，是"本无善恶而又知善知恶，是知为心祟"；又认为《大学》"致知"的原意只是"知先""知本""知止"，如今更言良知，以良知之知知止、知先、知本，"岂不架床叠屋之甚乎"？（以上引文均见宗周：〈良知说〉——原注）。参见黄敏浩所著：《刘宗周'四句'的诠释》，《中国文哲研究通讯》第八卷第三期，第 109 页。按：黄氏的主要问题在于完全不考虑蕺山言论的时间性，径以崇祯十六年（癸未，1643，蕺山六十六岁）的《良知说》来解释崇祯九年（丙子，1636，蕺山五十九岁）的"四句"。详下正文所论。

一、"知善知恶者是良知"与"知好知恶者是良知"

耿宁指出，按照《明儒学案》，第四句不是"为善去恶是物则"，而是"有善无恶是物则"。① 在耿宁之前，几乎没有人注意到这个问题。②

耿宁详细阐述了自己的取舍理由，主要有三条，涉及两则

---

① 《明儒学案》本作："有善有恶者心之动，好善恶恶者意之静，知善知恶者是良知，有善无恶者是物则。"见黄宗羲撰，沈芝盈点校：《明儒学案》（卷六二"蕺山学案"），北京：中华书局，1985 年，第 1519 页。耿宁最早是在2010 年发表的一篇会议论文中提出这个观点的，该文称"刘宗周与黄宗羲对王阳明'四句教'的诠释。刘宗周针对王阳明'致良知说'所提出的'诚意说'是否体现了一种哲学的进步？"后收作《人生第一等事》一书的附论，参见耿宁：《人生第一等事：王阳明及其后学论"致良知"》，北京：商务印书馆，2014 年，第 1082－1130 页。顺便说，姚名达《刘宗周年谱》在"崇祯九年"条下辑录了是年蕺山语录数条，其中就包括"前四句"："有善有恶者心之动，好善恶恶者意之静，知善知恶者是良知，有善有恶者是物则。"见吴光主编，吴光点校，钟彩钧审校：《刘宗周全集》（第九册），第 378 页。按：姚氏自注："据《全书》卷一〇及《明儒学案》卷六二。"见吴光主编，吴光点校，钟彩钧审校：《刘宗周全集》（第九册），第 379 页。则其第四句"有善有恶者是物则"显然为传抄之误，本作"有善无恶者是物则"。

② 论者在谈论蕺山"前四句"时，或取《刘宗周全集》本，如黄敏浩、高海波；或取《明儒学案》本，如唐君毅，参见 W. M. Theodore De Bary, *Liu Tsung-chou's Doctrine of Moral Mind and Practice and His Critique of Wang Yang-ming*；W. M. Theodore De Bary, *The Unfolding of Neo-Confucianism*, Columbia University Press, 1975；吴光：《从阳明心学到力行实学》，见吴光编：《阳明学综论》，北京：中国人民大学出版社，2009年。皆未注意到另一个版本的存在，遑论比较其优劣。

材料。① 耿宁还表示："但对他的文本方面的差异还值得做进一步说明，只是这里无法提供这样的说明。"② 遗憾的是，迄今为止，中文学界对此尚未做出应有的反应或呼应。③ 以下，我们就来检视耿宁的论证。

耿宁认为，"有善无恶者是物则"这个说法④可以获得刘宗周同年另一条语录的支持。⑤

《大学》之言心也，曰"忿懥、恐惧、好乐、忧患"而已。此四者，心之体也。其言意也，则曰"好好色，恶恶臭"。好恶者，此心最初之机，即四者之所自来，所谓意也。（一本无四字。）故意蕴于心，非心之所发也。又就意

---

① 耿宁：《人生第一等事：王阳明及其后学论"致良知"》，北京：商务印书馆，2014 年，第 1086—1087 页。

② 耿宁：《人生第一等事：王阳明及其后学论"致良知"》，北京：商务印书馆，2014 年，第 1087 页。

③ 关于耿宁此书，中文书评，笔者寓目者，唯林月惠一篇而已。参见林月惠：《耿宁对阳明后学的诠释与评价》，《广西大学学报》2015 年第 3 期，第 7—23 页。该文主要聚焦于阳明后学的"致良知"问题，没有涉及蕺山"四句"的讨论。

④ 蕺山"前四句"，据黄宗羲加在"语录"部分的小字注，这条材料属"丙子京邸"之言。黄宗羲为语录加了小字注，以标明时间，"正谛当时，切忌又起炉灶"以下，至"体天地万物为一本，更无本心可觅"，凡 17 条，注云："以上丙子京邸"，参见黄宗羲撰，沈芝盈点校：《明儒学案》（卷六二），北京：中华书局，1985 年，第 1520 页。"有善有恶"四句为第 12 条。

⑤ 耿宁：《人生第一等事：王阳明及其后学论"致良知"》，北京：商务印书馆，2014 年，第 1087 页。按：在中译本当中，《学言》的年代 1636 被错误地写成了 1639。耿宁认为，"《大学》之言心"这段话表明，刘宗周尚处于"相信王阳明学说"的阶段。参见耿宁：《人生第一等事：王阳明及其后学论"致良知"》，第 1088 页。

中指出最初之机，则仅有知好知恶之知而已，此即意之不可欺者也。故知藏于意，非意之所起也。又就知中指出最初之机，则仅有体物不遗之物而已，此所谓独也。故（一作"哉"。）物即是知，非知之所照也。《大学》之教，一层切一层，真是水穷山尽学问，原不以诚意为主，以致良知为用神者。[1]

耿宁把"又就知中指出最初之机，则仅有体物不遗之物而已，此所谓独也。故物即是知，非知之所照也"这段话意译为：

如果我们在"知"中指出最初的驱动，那么这无非就是毫无遗留地被彻底经验到的"物"【体物不遗之物】。这就是（在《大学》第六章的同一语境中）所谓的"独立【独】"。因此之故，"物"与（对"物"的）"知"是一回事，而不是"知"所表象（反思、反映）的东西。[2]

随后，他评论说：

刘宗周将"物"理解为根本的实在，真正的认识【体

---

① 刘宗周：《学言上》，见吴光主编，吴光点校，钟彩钧审校：《刘宗周全集》（第三册，"语类"一二），第351页。下画线为引者后加。

② 耿宁：《人生第一等事：王阳明及其后学论"致良知"》，北京：商务印书馆，2014年，第1085页。着重号为引者后加。

认】与它是完全的一体，易言之，这是本体论的"真"，是"秩序原则【天理】"和心的"实体"（独立的实在、"独体"）。①

而对"有善无恶者是物则"这句话，耿宁把它意译为"有善而无恶的东西是'物'的法则"②。"物则"一词，有时他直接写作"实在的法则"。③

基于如上理解，耿宁认为，"体物不遗"的"物"、"所谓独""即是知"的"物"与"有善无恶"的"物则"之"物"含义相同，都是表示"根本的实在"。

耿宁的这种理解，虽然在经典解释上不无可议④，但在理

① 耿宁：《人生第一等事：王阳明及其后学论"致良知"》，北京：商务印书馆，2014 年，第 1085—1086 页。

② 耿宁：《人生第一等事：王阳明及其后学论"致良知"》，北京：商务印书馆，2014 年，第 1086 页。

③ 比如，他说："在这四句教的第四句中，刘宗周将'实在的法则'定义为'有善无恶的东西'。"见耿宁：《人生第一等事：王阳明及其后学论"致良知"》，北京：商务印书馆，2014 年，第 1088 页。

④ 比如，按照朱熹，"体物不遗"的意思是说"（鬼神）为物之体，而物所不能遗也"。见朱熹：《中庸章句》，《四书章句集注》，北京：中华书局，1983 年，第 25 页。而不是耿宁从字面上理解的"毫无遗留地被彻底经验到的'物'"。至于耿宁顺着刘宗周的说法，把"物"理解为《大学》第六章（诚意章）所说的"慎独"之"独"，在经典诠释上也是别具一格的，像朱熹，就把《大学》与《中庸》上的"慎独"之"独"都解释为"人所不知而己所独知之地也"。参见朱熹：《大学章句》，《四书章句集注》，第 7 页；《中庸章句》，《四书章句集注》，第 18 页。而郑玄亦把《中庸》"君子慎其独"解释为"慎独者，慎其闲居之所为"，参见孔颖达：《礼记正义》，北京：中华书局，1980 年，第 397 页。关于"慎独"之"独"的诠释史，可参见梁涛编：《出土文献与君子慎独——慎独问题讨论集》，桂林：漓江出版社，

论上可自成一说。尽管如此，却也不能令人完全释疑。一个很自然的疑问是：即便我们接受他对"物"的解释，也不能因此就得出"为善去恶是物则"之说在刘宗周那里不成立的结论。说到底，承认"物"是指"根本的实在"以及"物则"是指"实在的法则"，在逻辑上不能推出"有善无恶者是物则"是刘宗周的观点，也不能推出刘宗周一定不会接受"为善去恶是物则"之说。要证成这些，还需要提供更强的证据。在一定程度上，耿宁的后两条理由弥补了这个缺憾，其第二条理由是说刘宗周曾明确提出过"有善无恶"之说，其第三条理由是说刘宗周明确反对"为善去恶"之说。这两点我们留待后文讨论，现在，我们要对耿宁使用的这个文献做进一步的辨析。

我们首先要指出的是，耿宁书中引的这段话，《明儒学案·蕺山学案》的"语录"部分也采入了，但两个文本存在差异。《明儒学案》本作：

> 《大学》之言心也，曰忿懥、恐惧、好乐、忧患而已。此四者，心之体也。其言意也，则曰好好色，恶恶臭。好恶者，此心最初之机，即四者之所自来，故意蕴于心，非心之所发也。又就意中指出最初之机，则仅有知善知恶之

2012年。另外，关于"物则"，如前正文所述，刘宗周是把它理解为"条理"，而不是耿宁这里说的"实在的法则"，至少，刘宗周从来就没有在"实在"这个意义上使用"物"一词。不能不说，在这些地方耿宁带进了他自己的哲学前见（prejudice）。

知而已，此即意之不可欺者也。故知藏于意，非意之所起也。<u>又就知中指出最初之机，则仅有体物不遗之物而已，此所谓独也。故物即是知，非知之所照也。</u>《大学》之教，一层切一层，真是水穷山尽，学问原不以诚意为主，以致良知为用神者。[①]

将这个版本与上引《刘宗周全集》本对照，其间差异微小到几乎让人难以察觉：《明儒学案》本作"知善知恶之知"，《刘宗周全集》本作"知好知恶之知"，仅一字之差。

对于这个差异，耿宁浑然不觉。他在文中对所引原文给出如下意译：

> 如果我们在"意"中指出最初的驱动，那么，这无非就是知道善、知道恶的"知"而已，并且它不会被"意"所欺骗【欺】（一个出现在《大学》第六章同一语境中的概念）。因此之故，"知"是隐藏在"意"中的，而不是"意"所发动的【起】。[②]

从这个意译可以推知，耿宁引用的是《明儒学案》本：

---

① 刘宗周：《学言上》，见吴光主编，吴光点校，钟彩钧审校：《刘宗周全集》（第三册，"语类"一二），第 351 页。下画线为引者后加。
② 耿宁：《人生第一等事：王阳明及其后学论"致良知"》，北京：商务印书馆，2014 年，第 1085 页。着重号为引者后加。

又就意中指出最初之机，则仅有知善知恶之知而已，此即意之不可欺者也。故知藏于意，非意之所起也。①

可是，由于耿宁在引用时这样写道："刘宗周在前引 1636 年的'学言'中写道……"② 因此，中译者在还原原文时找到《学言》当中的那段话："又就意中指出最初之机，则仅有知好知恶之知而已，此即意之不可欺者也。故知藏于意，非意之所起也"。③

耿宁固然是这个错误的源头④，但中译者恐怕也难辞其咎。如果中译者做得更仔细些，也许就能发现乃至纠正这个错误。然而，中译者并没有注意到耿宁实际引用的是《明儒学案》，大概他想当然地以为《刘宗周全集》与《明儒学案》所载并无二致。正因于此，他在注明这段话的出处时，不惮将《刘宗周全集》与《明儒学案》的页码一并列出。⑤

---

① 黄宗羲撰，沈芝盈点校：《明儒学案》（卷六二），北京：中华书局，1985年，第 1519 页。着重号为引者后加。

② 耿宁：《人生第一等事：王阳明及其后学论"致良知"》，北京：商务印书馆，2014 年，第 1085 页。

③ 同上。着重号为引者所加。

④ 耿宁在引用刘宗周文本时，这样的疏漏容或有之，此贤者千虑一失，无须为讳。我们还可以举出另一个例子。在引《刘宗周文集》"此心最初之机，即四者之所自来，所谓意也。（一本无四字。）故意蕴于心，非心之所发也"这段话时，耿宁就没有把"所谓意也"四个字译出（当然，"一本无四字"也就更不会译出）。参见耿宁：《人生第一等事：王阳明及其后学论"致良知"》，北京：商务印书馆，2014 年，第 1084 页。脚注 1 当中的译者注。

⑤ 参见耿宁：《人生第一等事：王阳明及其后学论"致良知"》，北京：商务印书馆，2014 年，第 1085 页。脚注 2。按：中译本将《明儒学案》的页码 1519 误写成了 1517。

在我们看来，耿宁以上对"有善无恶者是物则"的论证包含了一个洞见，那就是：蕺山"前四句"与"《大学》之言心"这段话相互发明。耿宁说：

在出自 1636 年（他去世前九年）的"学言"或"语录"中，刘宗周首先阐述了他自己对"心""意""知""物"这四个概念的理解，它们是王阳明"四句教"的对象，而后他对'四句教'做了全面的改造。"①

耿宁之所以做这样的理解，我们认为，当是受了《明儒学案》的影响。正是《明儒学案》对刘宗周语录的那样一种编排让耿宁产生了这种印象。

在《明儒学案》所收蕺山语录中，蕺山"前四句"那条语录就紧接在"《大学》之言心"这条语录之后。② 而在《刘宗周全集》所收的《学言》当中，这两条语录相隔甚远：在"《大学》之言心"这一条与"有善有恶者心之动"那一条之间总共隔了五条语录。③ 那么，《明儒学案》的这种编排是否出于随机或完全是黄宗羲个人的一种理解而并非《学言》原貌呢？

---

① 耿宁：《人生第一等事：王阳明及其后学论"致良知"》，北京：商务印书馆，2014 年，第 1083 页。着重号为引者后加。
② 参见黄宗羲撰，沈芝盈点校：《明儒学案》（卷六二），北京：中华书局，1985 年，第 1519 页。
③ 参见刘宗周：《学言上》，见吴光主编，吴光点校，钟彩钧审校：《刘宗周全集》（第三册），第 351—352 页。

回过头来仔细看《学言》，我们发现，对于这五条语录，下面有小字原注"旧钞不载"[①]。而"《大学》之言心"那一条连同其上一条"身者，天下国家之统体"，亦有小字原注"二条新本无"[②]。所谓"旧钞"，当指刘宗周之子刘汋所编的刘宗周遗著的稿本（又称底本），而"新本"当指在稿本基础上誊录编订成书的文录（又称录本）。黄宗羲编定、姜希辙刊刻的《子刘子学言》二卷以及《四库全书》收录的《刘子遗书》四卷内《学言》三卷，据吴光推测，当皆出自"录本"。[③]据此而言，在刘汋当初编定的稿本上，"《大学》之言心"那一条后面接着的就是包含"有善有恶者心之动"四句的那一条。

这也就是说，《明儒学案》关于"《大学》之言心"与蕺山"前四句"的编排顺序既非出于随机，亦非出于黄宗羲个人的理解，而就是《学言》初稿原貌。如此一来，这两条语录之间存在义理关联，可相互发明，就不是耿宁的凭空想象，而是有案可稽。进而，衡诸"《大学》之言心"关于"知"的论述，蕺山"前四句"的第三句，于理就应当写作"知好知恶者是良知"，

---

① 参见刘宗周：《学言上》，见吴光主编，吴光点校，钟彩钧审校：《刘宗周全集》（第三册），第 352 页。

② 参见刘宗周：《学言上》，见吴光主编，吴光点校，钟彩钧审校：《刘宗周全集》（第三册），第 351 页。

③ 参见《刘宗周著述考》，见吴光主编，吴光点校，钟彩钧审校：《刘宗周全集》（第十册），附录第 729 页。事实上，笔者经过翻检发现，无论是《刘子遗书》本《学言》还是《子刘子学言》，既没有收录"《大学》之言心"那条语录，也没有收录包含"有善有恶心之动"四句的这条语录。这从一个方面也证实了我们关于"新本"是指"录本"的猜测。

而不是现行《刘宗周全集》本的"知善知恶是良知"或《明儒学案》本的"知善知恶者是良知"。

那么，这种文本上的差异是否意味着义理上的不同？要回答这个问题，我们就需要研究"知好知恶"在蕺山这里究竟是什么意思。蕺山不止一次用过"知好知恶"一语，下面这段话对我们理解"知好知恶"可能有直接的帮助。

予尝谓好善恶恶是良知，舍好善恶恶，别无所谓知善知恶者，好即是知好，恶即是知恶，非谓既知了善，方去好善，既知了恶，方去恶恶。审如此，亦安见其所谓良者？乃知知之与意，只是一合相，分不得精粗动静。[1]

蕺山的意思是，对良知而言，"知善"与"好善"不应该理解为两件事，不是先去了解是不是善，了解了之后才会产生喜好之情。实际情况是：知道是善的，立刻就会产生喜好之情；知道是恶的，立刻就会产生厌恶之情。也就是说，"知善知恶"天然地就包含了"好善恶恶"。知（认知）与意（情感好恶）天

---

[1] 刘宗周：《学言下》，见吴光主编，吴光点校，钟彩钧审校：《刘宗周全集》（第三册，"语类"一二），第400页。按《明儒学案》也摘录了这段话而字句小异：余尝谓好善恶恶是良知，舍好善恶恶，无所谓知善知恶者。好即是知好，恶即是知恶，非谓既知了善，方去好善，既知了恶，方去恶恶。审如此，亦安见所谓良者？乃知知之与意，只是一合，相分不得精粗动静。参见黄宗羲：《明儒学案》（卷六二），第1533页，中华书局本《明儒学案》将"乃知知之与意，只是一合相，分不得精粗动静"误断为"乃知知之与意，只是一合，相分不得精粗动静"，明显造成破句。

生就合在一起。

由于"好"跟"恶"是多音字，"好即是知好，恶即是知恶"，孤立地看，可以有不同的读法，但是联系到上文有这样的话：

> 及考之（《大学》——引者按）〈修身〉章"好而知其恶，恶而知其美"，只此，便是良知[①]

可知，"知好""知恶"云云，当是从《大学·修身》章"好而知其恶，恶而知其美"这个典故而来，因此，"知好"的"好"字应该读作 hǎo，"知恶"的"恶"字应该读作 è。《大学·修身》章是说：带着喜好之情，就很难发现其恶；带着厌恶之情，就很难发现其美。换句话说，喜欢（好，hào）一个人就会觉得他样样都好（hǎo），讨厌（恶，wù）一个人就会觉得他样样都不好（亦即恶，è）。《大学》所说的这个现象毋宁是人之常情。

蕺山从《大学》这个说法演绎出如下命题："好（hào）即

[①] 刘宗周：《学言下》，见吴光主编，吴光点校，钟彩钧审校：《刘宗周全集》（第三册），第 400 页。标点有所改动。按：在这里，蕺山对《大学·修身》章没有引全，完整的原文如下："所谓齐其家在修其身者：人之其所亲爱而辟焉，之其所贱恶而辟焉，之其所畏敬而辟焉，之其所哀矜而辟焉，之其所敖惰而辟焉。故好而知其恶，恶而知其美者，天下鲜矣！故谚有之曰'人莫知其子之恶，莫知其苗之硕'。此谓身不修不可以齐其家。"见朱熹：《大学章句》，见《四书章句集注》，北京：中华书局，1983 年，第 8 页。

是知好（hǎo），恶（wù）即是知恶（è）"。这当然说得通。不过，按照蕺山对良知的解说（非谓既知了善，方去好善，既知了恶，方去恶恶），"知好（hǎo）即好（hào）之，知恶（è）即恶（wù）之"或者"知善即好（hào）善，知恶（è）即恶（wù）恶（è）"，而不是现在这个"好（hào）即是知好（hǎo），恶（wù）即是知恶（è）"，才是更顺理成章的推论。

至此，我们可以判定："知好知恶之知"当中的"好"应读作 hǎo，"恶"应读作 è。这样读法的"知好知恶"跟"知善知恶"，其实在意思上并无分别，因为，读作 hǎo 的"好"，跟"善"差不多是一个意思。[①]

小结一下：蕺山"前四句"的第三句"知善知恶是良知"，从文本上讲，我们有理由认为，当作"知好知恶是良知"，不过，在义理上，"知好知恶是良知"与"知善知恶是良知"并没有什么实质差异。

---

① 不能不说，"好善恶恶是良知"以及"知好知恶是良知"与"知善知恶是良知"的差异被有些论者不正确地夸大了。如高海波提出，刘宗周晚年已经不把良知看作监督、指导意念活动的道德本体，而是把良知看作"意中最初之机"，是"知好知恶之知"，所以"知藏于意，非意之所起也"。见刘宗周：《学言上》，吴光主编，吴光点校，钟彩钧审校：《刘宗周全集》（第二册），杭州：浙江古籍出版社，2007 年，第 389 页。也就是说，他将知看成作为心体主宰的道德意向（或道德情感）所表现出的理性自觉，这实际上是将道德理性（知）收摄到了道德意向（意）中。刘宗周后来公开反对"知善知恶是良知"，而主张"好善恶恶是良知"或"知好知恶是良知"，就是出于此。参见高海波：《刘宗周对阳明四句教的批评》，第 68 页。在他另一处表述中，"知好知恶之知"与"知善知恶之知"的对立意味更明显地突出来："'知善知恶是良知'，蕺山尚可以承认阳明这一说法。不过，蕺山此时已经不把良知看作监督、指导意念活动的道德本体，而是把知看作'意

二、"为善去恶是物则"与"有善无恶是物则"

耿宁依据的第二条材料是崇祯七年（甲戌，1634，蕺山五十七岁）蕺山写给秦弘祐（履思）的一封信，此即《与履思十（甲戌八月）》。耿宁认为，这封信阐述了一个与《明儒学案》版蕺山"前四句"之末句"有善无恶者是物则"等值的命题："天地间道理，只是个有善而无恶。"同时，这封信还反驳了王阳明"四句教"之末句"为善去恶是格物"："言为善便是去恶，言去恶便是为善。……以此思之，则阳明先生所谓'为善去恶是格物'亦未必然也"[①]。而这一点显然不利于《刘宗周全集》版的"为善去恶是物则"[②]。下面，我们就来认真理会耿宁的这些说法。

"物则"一语本出《诗经》："天生烝民，有物有则"（《大

中最初之机'，是'知好知恶之知'，所以'知藏于意，非意之所起也。'（《学言上》，《全集》第二册，389 页——原注）"。参见高海波：《慎独与诚意——刘宗周哲学思想研究》，第 473 页，着重号为引者后加。按：高文所引"意中最初之机"、"知好知恶之知"那些话，其实就出自《大学》之"言心"那条语录，如上所述，这条材料跟蕺山说"知善知恶者是良知"那四句是同一年。所以，说"知好知恶之知"是后起的讲法，是没有事实根据的。说"知好知恶之知"跟"知善知恶是良知"同时但意味有别，是未经辨析的结论。

① 刘宗周：《与履思十（甲戌八月）》，见吴光主编，吴光点校，钟彩钧审校：《刘宗周全集》（第五册），杭州：浙江古籍出版社，2012 年，第 284 页。

② 耿宁：《人生第一等事：王阳明及其后学论"致良知"》，北京：商务印书馆，2014 年，第 1087 页。

雅·烝民》），传统解释为："物，事。则，法。"① 与此不同，蕺山对"物则"有其特殊用法，他所理解的"物"不是万物，而是"理"或"条理"。② 从而，"物则"实际就指"条理"或"理则"。

就蕺山的"物则"主要是指"条理"这一点来看，耿宁关于"有善无恶者是物则"与"天地间道理只是个有善而无恶"等值的看法是可以成立的。同样，就"物则"是指"条理"这一点而言，说"物则"是"有善无恶者"，是比较容易理解的，而说"物则"是"为善去恶"，则是比较奇怪的。③ 从这些方面考虑，我们同意，蕺山"前四句"的最后一句作"有善无恶者是物则"比起"为善去恶是物则"显得更合理一些。

但是，我们也需要指出，单靠这条材料去论证蕺山崇祯九年（丙子，1636，蕺山五十九岁）提出其"四句"时不大可能采纳阳明"为善去恶是格物"之教，尚嫌单薄。也许，我们可以为耿宁的观点补充一条材料。

---

① 参见《十三经注疏·毛诗正义》，北京：北京大学出版社，1999 年，第 1218 页。

② 蕺山说："物之为言理也，以其为此知之真条理也，故曰致知在格物。"见刘宗周：《答叶润山民部（名廷秀。丁丑闰四月二十二日）》，吴光主编，吴光点校，钟彩钧审校：《刘宗周全集》（第五册），第 292 页。按：丁丑为崇祯十年（1637），蕺山六十岁。

③ 关于"为善去恶是物则"，高海波提供了一种解读："应是指良知或独体所具有的条理是'为善去恶'的准则。"参见高海波：《慎独与诚意——刘宗周哲学思想研究》，第 474 页。按：这种理解实际上是把原文改写成了"物（良知或独体所具有的条理）是为善去恶之则（准则）"，未为佳也。

一生因问："文成为善去恶之义如何？"余（引者按：
蕺山）曰："人性本善，其有时而恶，则气拘物蔽之病耳。
文成言致良知于事事物物之间，非直以为善去恶当
格物。"①

比起"为善去恶是格物"，蕺山宁愿相信"致良知于事事物
物之间"更能代表阳明的看法。蕺山的这种态度跟他自身对
"格物"的理解有关。蕺山所理解的"格物"根本不是什么"为
善去恶"，因为，在他看来，"物""本善而无恶"②。不过，我
们也要指出，存在着对耿宁非常不利的证据。那就是，蕺山并
不排斥"为善去恶"。耿宁似乎没有看到，就在同一封信里，蕺
山明确说："我辈人学问，只是个为善而去恶。"③

细绎蕺山文集，不难发现：基本上，蕺山对"为善去恶"
的工夫是持肯定态度的，这一点在他与陶石梁（1571－1640，
奭龄，字君奭，一字公望，号石梁）为代表的"无善无恶派"
的论学分歧④上可以看得特别清楚。

---

① 刘宗周：《证人社语录（辛未）》，吴光主编，吴光点校，钟彩钧审校：《刘
宗周全集》（第三册），第 497 页。
② 刘宗周：《答叶润山民部（名廷秀。丁丑闰四月二十二日）》，吴光主编，吴
光点校，钟彩钧审校：《刘宗周全集》（第五册），第 293 页。
③ 刘宗周：《与履思十（甲戌八月）》，吴光主编，吴光点校，钟彩钧审校：
《刘宗周全集》（第五册），第 284 页。
④ 关于刘、陶二人的学术分合，参见张天杰：《刘宗周、陶奭龄与晚明浙中王
学的分合——兼谈蕺山学派与姚江书院派之关系》，《中国哲学史》2014 年
第 4 期，第 104－109 页。

陶石梁一班人从"无善无恶心之体"的立场出发，对"为善去恶"工夫不以为然。这是王龙溪—周海门—陶石梁一脉的宗旨使然。据蕺山描述，朋友当中，有人举"为善去恶"工夫，引来陶石梁从本体上予以消解。

> 董黄庭言："为善去恶未尝不是工夫。"正恐非本体之流露①正当处。故陶先生切切以本体救之，谓："黄庭身上，本是圣人，何善可为？何恶可去？"②

然而，蕺山认同的本体与石梁所言者有天壤之别：一无善无恶，一有善无恶。③所以，蕺山对石梁的"以本体救之"之论评价甚低：

> （石梁之论）正为用工夫下一顶门针，非专谈本体也。而学者犹不能无疑于此，何也？既无善可为，则亦无所事于为善矣；既无恶可去，则亦无所事于去恶矣。既无本体，

---

① 原文衍一"与"字，据后文"'知爱知敬'，正是本体流露正当处"删。
② 刘宗周：《答履思二（辛未十一月）》，吴光主编，吴光点校，钟彩钧审校：《刘宗周全集》（第五册），第 274 页。
③ 蕺山云："论本体，决是有善无恶。"参见刘宗周：《与履思九（甲戌八月）》，吴光主编，吴光点校，钟彩钧审校：《刘宗周全集》（第五册），第 284 页。按"是"，原作"其"，据《年谱》"崇祯七年"条隶定。参见《刘宗周全集》（第九册），第 103 页。下同，不再说明。

亦无工夫，将率天下为猖狂自恣。[①]

戡山不认为石梁所谈本体是本体，另一方面，石梁又取消了工夫。所以，照戡山看来，依石梁之教而行，人最后只能落得一个"既无本体，亦无工夫"的结局。戡山与石梁论学不合，由此可见一斑。

细味戡山之说，他对于"为善去恶"工夫显然并不否定，他所关心的是，如何去落实这个"为善去恶"工夫而不至于走上斜路。最后，他找到孟子那里，以孟子所讲的"知爱知敬"作为工夫下手处。

> 故仆于此只揭"知善知恶是良知"一语解纷。就良知言本体，则本体绝无虚无；就良知言工夫，则工夫绝无枝叶，庶几去短取长之意云尔。……孟子言良知，只从知爱知敬处指示，亦是此意。知爱、知敬，正是本体流露正当处。从此为善，方是真为善；从此去恶，方是真去恶。则无善无恶之体，不必言矣。[②]

戡山说得何等明白？"知爱、知敬，正是本体流露正当处"，

---

① 刘宗周：《答履思二（辛未十一月）》，吴光主编，吴光点校，钟彩钧审校：《刘宗周全集》（第五册），第274—275页。
② 刘宗周：《答履思二（辛未十一月）》，吴光主编，吴光点校，钟彩钧审校：《刘宗周全集》（第五册），第275页。

"从此为善，方是真为善；从此去恶，方是真去恶"。蕺山何曾否定"为善去恶"工夫？他否定的，不过是"无善无恶之体"。

另一方面，蕺山对当时社会流行的"为善去恶"实践——"迁善改过"运动十分反感，尤其是那种既"纪过"又"纪功"的做法。当时，有个叫秦弘祐（履思）的士人，仿袁了凡《功过格》著《迁改格》一书，"善与恶对举，一理性情，二效伦纪，三坊流俗，四广利济"①，所谓"广利济"，即是以善恶功过相抵消。秦氏以书呈示蕺山，蕺山直斥其"害道"。

> 《迁改格》"广利济"一款宜除。此意甚害道。百善、五十善，书之，无消煞处，不如已之。纪过则无善可称，无过即是善。若双行，便有不通处。愚意，但欲以改过为善。今善恶并书，但准多少以为销折，则过终无改时；而善之所列，亦与过同归而已。有过，非过也；过而不改，

---

① 刘汋《蕺山刘子年谱》"崇祯七年"条记此事甚详，可参："时秦弘祐仿袁了凡功过册著《迁改格》一书。善与恶对举，一理性情，二效伦纪，三坊流俗，四广利济。陶先生序而行之，因以册呈先生，先生曰：'此害道之书也。'乃与弘祐书曰：来书'广利济'一格宜除，此意甚害道。百善、五十善等格，书之无消煞处，不如（引者按：此处当脱落"去之"二字）纪过则无善可称。无过即是善，若双行，便有不通处。有过，非过也。过而不改，是谓过矣。有善，非善也。有意为善，亦过也。此处头路不清，未有不入于邪者也。至于过之分数，亦属穿凿，理无大小多寡故也。平日所讲专要无善，至此又说个为善。仆以为论本体决是有善无恶，论工夫则先事后得，无善有恶可也。因有感而著《人谱》。"参见刘汋：《蕺山刘子年谱》，吴光主编，吴光点校，钟彩钧审校：《刘宗周全集》（第九册），第 103 页。

是谓过矣。有善，非善也；有意为善，亦过也。此处头路①不清，未有不入于邪者也。至于过之分数，亦属穿凿，理无大小多寡故也。今但除入刑者不载，则过端皆可涤除，似不必分多寡。但有过而不改，入于文，直须记千万过耳。平日所讲专要无善，至此又说为善，终落在功利一路。仆以为：论本体，决是有善无恶；论工夫，则先事后得，无善有恶可也。凡此皆道之所在，不可不谨。②

秦氏书将善恶对举，一方面纪过，另一方面又录善，蕺山认为不通之甚。蕺山反对善恶双行的主要考虑是：如果善恶并书，允许善恶可以相抵，就会让人作恶时也有恃无恐，因为感到反正可以通过行善来抵消。这就根本违背了改过迁善的初衷。

有感于《迁改格》之害道，蕺山遂作《人谱》。《人谱》："言过不言功，以远利也。"③ 因此，只设"纪过格"。蕺山的"纪过格"，实际上是以"去恶"为主要形式的一种工夫。这是因为，按照蕺山，"有善，非善也；有意为善，亦过也"，"论工夫，则先事后得，无善有恶可也"，即：比起有意去为善，蕺山

---

① "头路"，黄宗羲《子刘子行状》引此语，作"路头"。见吴光主编，吴光点校，钟彩钧审校：《刘宗周全集》（第九册），第43页。刘汋《蕺山刘子年谱》引此语，仍作"头路"。见吴光主编，吴光点校，钟彩钧审校：《刘宗周全集》（第九册），第103页。未知孰是，姑两存之。
② 刘宗周：《与履思十（甲戌八月）》，吴光主编，吴光点校，钟彩钧审校：《刘宗周全集》（第五册），第283页。
③ 刘宗周：《人谱·自序》，见吴光主编，吴光点校，钟彩钧审校：《刘宗周全集》（第三册），第6页。

认为，实心实意去"去恶"可能更有成效。就此而言，蕺山自身严格实践了"为善去恶"工夫，只不过，他把工夫的重心放在"去恶"上而已。

总之，从蕺山思想的义理判断，不能认为蕺山会有意回避"为善去恶是物则"这样的说法。至于"阳明先生所谓'为善去恶是格物'亦未必然也"那句话，可作如下理解：蕺山不是一概反对"为善去恶"的工夫，而仅仅是反对将"为善"与"去恶"作为工夫的两项提出，因为，蕺山基于他从"迁善改过"运动当中的乱象所得到的教训，强调学者只有"去恶"（也就是"改过"）一种工夫可言。

三、"有善有恶者心之动"与"忿懥、恐惧、好乐、忧患心之体"

如上所述，耿宁向我们正确地提示：蕺山"前四句"与"《大学》之言心"这两条语录可以相互发明。正是运用这个原则，他为《明儒学案》本"有善无恶者是物则"提供了辩护。耿宁的做法是用"《大学》之言心"条来参蕺山"前四句"，他没有尝试反过来用蕺山"前四句"来参"《大学》之言心"条。现在，就让我们试着这样做一下，看会出现什么结果。

"《大学》之言心"条，其言"心"部分，对应的是"前四句"首句"有善有恶心之动"。然而，前者没有出现"心之动"这样的说法，相反，倒是有"心之体"这样的提法。所谓"此四者，心之体也"，意思是：忿懥、恐惧、好乐、忧患这四者是

"心之体"。这个讲法让人迷惑。因为，"《大学》之言心"云云是指《大学》有关"修身在正心"那段话："所谓修身在正其心者，身有所忿懥，则不得其正；有所恐惧，则不得其正；有所好乐，则不得其正；有所忧患，则不得其正。"其中"身有"之"身"字，二程指出，当作"心"。忿懥、恐惧、好乐、忧患这四者，按照传统的解释，乃是心之用。朱熹就说："盖是四者，皆心之用，而人所不能无者。"① 可是，蕺山在这里却说"此四者，心之体也"。

"心之体"的讲法，显然对耿宁也造成了困扰，因为，要把恐惧、好乐这样的心理感受理解为"心之体"，在理学上是有很多困难的，除非这里所说的"体"不是常规的"本体"之意。最终，耿宁给读者看到的是这样一个结论："它（引者按：心之体）在此语境中既不能被理解为'心的本体'（相对于它的'功用'——耿宁原注），也不能被理解为在此意义上的'心的实体'，即：仅仅在这不同的感受或心理活动中，心才是实在的。"② 耿宁只说这里的"体"既不能解作"本体"，也不能解作"实体"，却没有告诉读者，这个"体"字到底应该怎么解。

其实，就蕺山自身的哲学观念来说，他是绝对不会把忿懥、恐惧、好乐、忧患理解为心之本体的。因为，蕺山明确说过，忿懥、恐惧、好乐、忧患这四者是"心之所发"。关于这一点，

---

① 朱熹：《大学章句》，《四书章句集注》，北京：中华书局，1986 年，第 8 页。
② 耿宁：《人生第一等事：王阳明及其后学论"致良知"》，北京：商务印书馆，2014 年，第 1083 页。

可以参考下面这则材料。

> 程子言心指已发言之说①，亦本之《大学》。《大学》言正心，以忿懥、恐惧、好乐、忧患证之，是指其所发言也。中以体言，正以用言。周子言中正，即中和之别名。中和以性情言，中正以义理言也。知心以所发言，则意以所存言益明矣。②

在蕺山哲嗣同时也是蕺山遗著搜集整理者刘汋所编的《蕺山刘子年谱》当中，这条语录也被收录而文字略异。③ 这一点

---

① 这句话在黄宗羲编的《子刘子学言》当中作"程子心指已发之说"。参见黄宗羲编，姜希辙刻：《子刘子学言》卷二，沈善洪主编，吴光执行主编：《黄宗羲全集》（第一册），杭州：浙江古籍出版社，2005 年，第 317 页。按：程子心指已发之说，是程颐与吕大临论中时提出的观点，后来被吕大临质疑而承认有所不妥："凡言心者，指已发而言。此固未当。"参见程颐：《与吕大临论中书》，《河南程氏文集》卷九，程颢、程颐著，王孝渔点校：《二程集》，北京：中华书局，1986 年，第 609 页。

② 刘宗周：《学言中》，吴光主编，吴光点校，钟彩钧审校：《刘宗周全集》（第三册），第 379 页。

③ 《蕺山刘子年谱》载："（崇祯十年，丁丑，1637）冬十一月，辨解太极之误。是时，先生有论学数十则。（见《学言》内）其辨'太极'曰……，先生又发明《大》、《中》未尽之意，论诚意曰：或问：'子以意为心之所存，好善恶恶，非以所发言乎？'曰：'意之好恶，与起念之好恶不同。意之好恶，一机而互见。念之好恶，两在而异情。以念为意，何啻千里！'又曰：'<u>《大学》言正心，以忿懥、恐惧、好乐、忧患证之，是指其所发言也。中以体言，正以用言。周子言中正，即中和之别名。中和以性情言，中正以义理言也。知心以所发言，则意以所存言益明矣。</u>'参见刘汋：《蕺山刘子年谱》，吴光主编，吴光点校，钟彩钧审校：《刘宗周全集》（第九册），附录二，第 116－117 页。下划线为引者后加。

加强了它的可信度。①

从以上材料来看，蕺山之意甚著："《大学》言'正心'，以忿懥、恐惧、好乐、忧患证之，是指其所发言也"，"中以体言，正以用言"。所以，对蕺山来说，忿懥、恐惧、好乐、忧患这四者是心之所发、心之用，而不是什么心之体，这一点决无可疑。

在蕺山那里，本体意义上的"体"只能是善，而不可能有恶，心之"发"（发见、发动）才可以说"有善有恶"②，事实上，这就是为什么蕺山"前四句"首句作"有善有恶心之动"的原因。蕺山强烈反对将已发视作心本身（也就是这里说的"心之体"）：

> 程子（叔子）云："凡言心者，皆指已发而言。"是以念为心也。③

综上所述，我们判定，"此四者（忿懥、恐惧、好乐、忧患）心之体"之说不合蕺山论学一贯宗旨。那么，如何解释此

---

① "忿懥、恐惧、好乐、忧患是指所发言"，这样的言论在蕺山那里并不鲜见，此外还有："正心之好乐、忿懥、恐惧、忧患，指其所发者言也。"参见刘宗周：《学言下》，吴光主编，吴光点校，钟彩钧审校：《刘宗周全集》（第三册），第 409 页。

② 蕺山说："意者，心之所发，发则有善有恶，阳明之说有自来矣。"见刘宗周：《学言下》，吴光主编，吴光点校，钟彩钧审校：《刘宗周全集》（第三册），"语类"一二，第 398 页。着重号为引者后加。

③ 刘宗周：《学言中》，吴光主编，吴光点校，钟彩钧审校：《刘宗周全集》（第三册），第 379 页。

说出现于"《大学》之言心"这条语录的事实呢？照笔者看来，其实很简单，就是此条语录传写有误：其中"体"字当为"动"字或"用"字之误，并且，"心"字前脱一"正"字。

当然，我们也可以设想现行"《大学》之言心"的表述无误。那么，根据"（忿懥、恐惧、好乐、忧患）四者心之体"的说法，从中概括出来的命题就是"有善有恶是心之体"，因为《大学》的"不得其正"云云暗示了这四者有善有恶。如此一来，蕺山这句"有善有恶是心之体"，与阳明"四句教"的首句"无善无恶是心之体"适成反对，似乎也符合蕺山不满阳明四句教而欲另立一说的心意。然而，说"心体"有善有恶，不但不见于先儒之说，蕺山本人也断断不能接受，因为他自始至终都坚持"有善无恶"的价值立场。从儒学的一般知识来看，"有善有恶是心之体"完全是一句妄言。所以，最后我们还是只能认为现行本"《大学》之言心"关于"心之体"的表述有误。

以上，我们运用耿宁提示的两条语录可以互相发明的原则，尝试以蕺山"前四句"来参"《大学》之言心"条，结果获得一个重要推断：后者关于"心之体"的表述应当存在传写之误。

现在让我们回到本文一开始提出的问题：蕺山"前四句"跟阳明"四句教"究竟有何异同？我们的结论是：不同的地方在于蕺山重新定义了"心"与"意"，相同的地方在于蕺山有保留地接受了阳明关于"知善知恶"和"为善去恶"的主张。蕺山"前四句"跟阳明"四句教"的关系是：前者脱胎于后者，在言语、思想上尚未彻底独立于后者。一直要到崇祯十二年编

《阳明传信录》时，他才终于找到自己的语言，到崇祯十六年写《良知说》时才真正从理论上对阳明之说做出彻底的清算。

结　语

耿宁的贡献在于，他第一个发现蕺山"前四句"的文本差异问题：第四句"为善去恶者是物则"，《明儒学案》本作"有善无恶者是物则"。不过，耿宁没有注意到，黄宗羲在编《子刘子学言》两卷时，并没有收入蕺山"前四句"跟"《大学》之言心"条，只是在为《蕺山学案》选辑蕺山语录时，这两条才被补充进去。因此，不排除这种可能：《蕺山学案》中的蕺山"前四句"之所以呈现现在这种与《刘子全书》本《学言》不同的面貌，是黄宗羲做了编辑的结果。[①] 耿宁相信《明儒学案》本更接近原本，细考其说，理据并不充分。本文接受耿宁提出的蕺山"前四句"与"《大学》之言心"条可以相互发明的原则，推定第三句"知善知恶是良知"似当作"知好知恶是良知"，但在义理上这两个表述可以互换。本文还通过运用那个原则发现了"《大学》之言心"可能存在一个传写错误。

---

① 黄宗羲编、姜希辙刻《子刘子学言》二卷，时在康熙五年（1666）。参见吴光：《本册点校说明》，沈善洪主编，吴光执行主编：《黄宗羲全集》（第一册），杭州：浙江古籍出版社，2005年，第3页。而《明儒学案》成于康熙十五年。参见黄炳垕：《黄梨洲先生年谱》，沈善洪主编，吴光执行主编：《黄宗羲全集》（第十二册），杭州：浙江古籍出版社，2005年，第46页。

第九章

递相祖述复先谁

——李退溪所捍卫的朱子义利说

作为坚定的朱子学者，朝鲜大儒李退溪（名滉，字景浩，1501—1570）平生对朱子学说的疏通与卫护不遗余力，义利说就是其中一例。退溪对朱子义利说的疏通与卫护，缘于他跟门人黄仲举（名俊良，号锦溪，1517—1563）就前代学者朴英（字子泽，号松堂，1471—1540）对朱子《白鹿洞书院揭示》所做的《白鹿洞规解》的讨论，具载于两封通信，即：《答黄仲举论白鹿洞规集解》《重答黄仲举》①。

学界研究朱子以及退溪义利观的成果甚多，在此不烦详举，但向来论者都没有发现，退溪与锦溪据以讨论的文本，实际上是朴英从朱子再传弟子叶采（字仲圭，号平岩，生年不详，壮

---

① * 原刊《湖南大学学报》2017年第4期。据《年谱》，退溪答黄仲举论《白鹿洞规集解》，事在嘉靖三十八年（己未，1559），退溪时五十九岁。"（嘉靖三十八年，己未。原注：先生五十九岁）七月。《答黄仲举书》，论《白鹿洞规集解》。（原注：《集解》，朴松堂英所著。有差误处，先生为之辨释。）"（《退溪先生年谱》卷之一，《退溪集》，韩国文集丛刊本）《重答黄仲举》云"前承别纸所论《鹿洞规解》之说，多病因循，久未报，为愧也"（《退溪集》卷一九），疑《答黄仲举论白鹿洞规集解》书，退溪草成后并未寄出，经再思，复有《重答》之书，其事当在同一年中，盖《年谱》次年以下，皆无《重答》之记。

年在1240－1260年）《近思录集解》当中抄录的一段话，这段被韩国学者普遍视为"朱子曰"的文字，系叶采综合朱子本人的相关叙述以及朱子门人陈淳（字安卿，称北溪先生，1153－1217）《北溪字义》"义利"条等材料而成。

本文拟对李退溪所捍卫的朱子义利说加以考辨，揭示朱子学从北溪到退溪、从中国到韩国这样一个递相祖述的过程。文章分三部分：第一部分，对朴英所用《白鹿洞规解》的书名做一澄清，纠正前人认为"洞规"之名源自明代丘濬的错误看法；第二部分，指出锦溪与退溪讨论的《白鹿洞规解》所引"朱子曰"那段话是朴英抄自叶采《近思录集解》；第三部分，分析"朱子曰"这段文字是叶采综合了朱子对《论语》《孟子》有关义利章节的诠释以及陈淳《北溪字义》"义利"条而成。

一、揭示·学规·洞规

由于锦溪与退溪据以讨论的文本出自松堂的《白鹿洞规解》，因此，在正式讨论这个文本之前，我们先对《白鹿洞规》做一个简单考察。

《白鹿洞规》，即朱子《白鹿洞书院揭示》。《揭示》在韩国朝鲜时代和日本江户时代都产生了重要影响，两国都出现了很多注解。关于《揭示》在日本的流传及影响，日本九州大学的柴田笃教授发表了论文《〈白鹿洞书院揭示〉与江户儒学》[①]，中国学者张品端、朱人求等也写有相关论文。[②] 在此，笔者想澄清一个问题。

柴田教授在文中曾提到，山崎闇斋（名嘉，字俊义，1618—1682）给《白鹿洞书院揭示》做过注，此即《白鹿洞学规集注》。闇斋称《揭示》为《学规》，柴田教授推测：

> 是由于明代丘琼山（引者按：丘濬，字仲深，号琼山，1421—1495）《大学衍义补》（卷七二）等书中也将其称为《学规》，但也可能是因为不仅李退溪在《圣学十图》中称"白鹿洞规"，其他书籍中也有称"学规"的情况。[1](P7)

然而，《揭示》是否能称为《学规》，山崎绚斋的弟子浅见绚斋（名安正，1652—1711）对此进行了批判。绚斋在《白鹿洞书院揭示讲义》中说：

> 入校为学者惟以此为模楷，而教者惟以此为模楷，是

---

① 原载《中村璋八博士古稀纪念东洋学论集》（东京：汲古书院，1996年），后由杜娟译成中文，刊登在《湖南大学学报》2005年第2期。下引皆出自中译，不再注明。

② 张品端：《〈白鹿洞书院揭示〉在日本的流传及其影响》（《集美大学学报》2007年第3期）；朱人求：《近代日本对朱子学的受容与超越——以〈白鹿洞书院揭示〉和〈教育敕语〉为中心》（载朱人求、乐爱国主编：《百年东亚朱子学》，北京：商务印书馆，2016年）。

故，不谓之学规，而为揭示。……然朱子以来，丘琼山、李退溪何以谓之学规乎？吾难解矣。[1](P8)

《揭示》之被称为《学规》，柴田教授所举的例子，主要是丘琼山与李退溪，虽然文中也说"其他书籍中也有称'学规'的情况"，却语焉不详。而浅见䌹斋同样也是点了丘琼山与李退溪两个人的名字。这些情况无疑会让人产生如下印象，即：把《揭示》称为《学规》，在中国是明代才开始的，其代表为丘濬，在朝鲜则以李退溪为代表。然而，笔者要说，这是有问题的。

首先，把《揭示》称为《学规》，这样的讲法并不准确。因为，丘濬《大学衍义补》卷七二固然有"朱熹《白鹿学规》"云云，但李退溪以及他之前的朴英，用的都是《洞规》一词。"洞规"也许可以理解为"白鹿洞书院学规"的简称。但无论如何，"学规"与"洞规"不可混为一谈。

其次，也是更重要的，将《揭示》称为《洞规》的做法，在时间上比丘濬将《揭示》称为《学规》要早得多。兹举两例。

其一，《宋史·刘爚传》：

（爚）迁国子司业，言于丞相史弥远，请以熹所著《论语》《中庸》《大学》《孟子》之说以备劝讲，正君定国，慰天下学士大夫之心。奏言："宋兴，《六经》微旨，孔、孟遗言，发明于千载之后，以事父则孝，以事君则忠，而世之所谓道学也。庆元以来，权佞当国，恶人议己，指道为伪，屏其人、禁其书，学者无所依乡，义利不明，趋向污下，人欲横流，廉耻日丧。乞罢伪学之诏，息邪说，正人心，宗社之福。"又请以熹《白鹿洞规》颁示太学，取熹《四书集注》刊行之。[2](P12171)

刘爚（1131—1216），字晦伯，建阳人，与弟韬仲受学于朱熹、吕祖谦（《宋史》本传，第12170页）。刘氏请以《白鹿洞规》颁示太学，后事如何，本传未载，不得而知。然据明人王圻《续文献通考》，宋理宗于淳祐元年（1241）驾临太学，亲书《白鹿洞规》赐之。

> 谒孔子，遂临太学，御崇化堂，命祭酒曹觱讲《礼记·大学篇》，监学官各进一秩，诸生推恩锡帛有差。以绍定三年所制伏羲、尧、舜、禹、汤、文、武、周、孔、颜、曾、思、孟《道统十三赞》就示国子监，宣示诸生，复亲书朱熹《白鹿洞规》赐焉。[3]

此条材料前半截当出自《宋史》：

> （淳祐元年，春正月，戊申）幸太学，谒孔子，遂御崇化堂，命祭酒曹觱讲《礼记·大学篇》，监学官各进一秩，诸生推恩锡帛有差。制《道统十三赞》，就赐国子监宣示诸生。[2](P822)

后半截有关亲书《白鹿洞规》的部分则未知所出。从道学在理宗朝得到全面翻身的情况来看①，理宗亲书《白鹿洞规》颁示太学一事，完全在情理之中。换言之，在理宗朝，朱子的《白鹿洞书院揭示》就似乎被简称为《白鹿洞规》。无论如何，在《宋史》成书的元代，《白鹿洞规》已成为《白鹿洞书院揭示》的别名。

其二，明人方孝孺（字希直，号逊志，人称正学先生，1357－1402）著有《白鹿洞规赞》。文章开头说：

> 浦阳王君复之，取子朱子白鹿洞训学者之规，揭诸讲学之斋。余美其知所向也，述朱子之意为赞，以系之。辞曰：维天降衷，……[4]

方孝孺死于建文四年（1402），丘濬于成化二十三年（1487）将《大学衍义补》上奏朝廷，《白鹿洞规赞》的写作时

---

① 道学在理宗朝得到全面翻身，从理宗本纪本年条的记载可见一斑："淳祐元年春正月庚寅朔，诏举文武才。庚子，雷。甲辰，诏：'朕惟孔子之道，自孟轲后不得其传，至我朝周惇颐、张载、程颢、程颐，真见实践，深探圣域，千载绝学，始有指归。中兴以来，又得朱熹精思明辨，表里浑融，使《大学》《论语》《孟子》《中庸》之书，本末洞彻，孔子之道，益以大明于世。朕每观五臣论著，启沃良多，今视学有日，其令学官列诸从祀，以示崇奖之意。'寻以王安石谓'天命不足畏，祖宗不足法，人言不足恤'，为万世罪人，岂宜从祀孔子庙庭，黜之。丙午，封周惇颐为汝南伯，张载郿伯，程颢河南伯，程颐伊阳伯。"（《宋史》卷四二，《本纪》四二，"理宗"二，第3册，第821－822页）

间至少要比丘濬的《大学衍义补》早半个多世纪。从《白鹿洞规赞》"取子朱子白鹿洞训学者之规"这句话来看，大概这就是《洞规》得名的由来。

因此，有理由认为，当朝鲜儒者朴英在明朝正德十三年（戊寅，1516）著《白鹿洞规解》时[①]，将朱子的《白鹿洞书院揭示》名之为"洞规"，并非他个人的别出心裁，而是沿用了中国学者长期以来约定俗成的做法。

二、以叶为朱

《白鹿洞书院揭示》在讲"处事之要"时引了董仲舒的名言："正其义，不谋其利；明其道，不计其功。"（《文集》卷七十四）[5](P3587)朴英（松堂）《规解》云：

> 朱子曰：义者，当然之理；利者，义之和也。然君子惟欲正其义而已，未尝预谋其利。有谋利之心，则是有所为而为之，非正其义矣。道者，自然之路；功者，行道之

---

① 此据《白鹿洞规解跋》："且今圣上念四方为学之士，拈出朱文公之规，揭于儒林。若有志者，其可不心得乎？正德戊寅春，灯下，翁书。"（《松堂先生文集》卷一）以及佚名《白鹿洞规解跋》："方今圣上学尊孔孟，治崇三代，第念学者不可一蹴而造圣人之域，故以子朱子《白鹿洞规》揭示四方。此实登高自卑、彻上彻下之枢纽也。而今君之补解尤有力焉，岂不深嘉其意乎？他日边鄙之民知孝悌忠信之方，出为尊君亲上之士，而扬名于上国者，继继有之，非此解期之，伊谁也？戊寅六月十八日，书于鱼川之传舍。"（《松堂先生文集》卷三）

效也。然君子惟欲明其道而已，未尝计度其功。有计功之心，则是有私意介乎其间，非明其道矣。[6]

黄仲举（锦溪）正是对这一条产生了疑问，而退溪在回信中就此跟他做了长篇大论。可以看到，无论是松堂，还是锦溪，抑或退溪，都把"义者，当然之理；利者，义之和也"云云当作了朱子语加以讨论。而实际上，这并非朱子原话，而是朱子的再传弟子叶采为《近思录》所收董仲舒语做的注。

《近思录》卷二"为学"第四十条：

> 董仲舒谓："正其义，不谋其利。明其道，不计其功。"孙思邈曰："胆欲大而心小，智欲圆而行欲方。"可以法矣。今人皆反之者也。[5](P182)

此条采自《二程遗书》卷九"二先生语九"：

> 董仲舒谓"正其义不谋其利，明其道不计其功"；孙思邈曰："胆欲大而心小，智欲圆而行欲方。"可以法矣。今人皆反之者也。[7](P108)

除此而外，《遗书》卷二五"伊川先生语十一"亦引了董仲舒的话：

董仲舒曰："正其谊不谋其利，明其道不计其功"，此董子所以度越诸子。[7](P324)

这一条被《近思录》收为卷一四第七条。《外书》卷八也引到董仲舒语：

问："管仲设使当时有必死之理，管仲还肯死否？"曰："董仲舒道得好，惟仁人正其义不谋其利，明其道不计其功。"[7](P398)

叶采在为《近思录》卷二第四十条做注时，有如下解说。

仲舒，详见十四卷。义者，当然之理；利者，义之和也。然君子惟欲正其义而已，未尝豫谋其利。有谋利之心，则是有所为而为之，非正其义矣。道者，自然之路；功者，行道之效也。然君子惟欲明其道而已，未尝计度其功。有计功之心，则是有私意介乎其间，非明其道矣。[8](P19)

可以看到，叶采原注并没有"朱子曰"三字，朴英在做《白鹿洞规解》时，抄录叶采集解这段话，想当然地冠上了"朱子曰"的名义。^①而黄俊良（仲举，锦溪）与李滉（退溪）在读《规解》时对此也没有进行考辨就接受了。对此，后世研究者多未留意，如前揭柴田教授的文章，就把"义者，当然之理；利者，义之和""然君子惟欲正其义而已，未尝豫谋其利。有谋利之心，则是有所为而为之"当作朱子的话来加以引述。^{[1](P40)}

平心而论，朴英将《近思录集解》这段话系于朱子名下，情有可原。这是因为，叶采声称，他在做《近思录集解》时"悉本朱子旧注"：

> 采年在志学，受读是书，字求其训，句探其旨，研思积久，因成《集解》。其诸纲要，悉本朱子旧注，参以升堂纪闻及诸儒辩论，择其精纯，刊除繁复，以次编入。有阙略者，乃出臆说，朝删暮辑，逾三十年，义稍明备，以授家庭训习。……淳祐戊申长至日，建安叶采谨序。^{[5](P289)}

由上可知，叶采除了本诸朱子旧注，同时也参考了"升堂纪闻及诸儒辩论"。一般情况下，如果是朱子之说，叶采在注中会标明"朱子曰"。如果是引自其他来源，也会标示。不做任何

---

① 根据黄孝献《白鹿洞规解识》，朴英为《洞规》做解，非自作，皆古人言。"朱文公《白鹿洞规》，古无解，今有解。解非自作，皆古人言。句拈引训，着有力耳。欲知此规，须先知此解。解中有极无味处，尤可着眼。然知无味者鲜矣，得无味中味者亦鲜矣。得此味而了此解，则解亦可无也。曰规曰解，前后一揆。学者不可以其近而忽焉。"（《松堂先生文集》卷三）

标示的，则是他个人的解说。

《近思录》在十三世纪末（中国元朝）就随着《朱子全书》传入朝鲜半岛。作为《近思录》最早的注本，叶采的《集解》理所当然地受到韩国学者重视。据统计，韩国所藏中国汉籍，与《近思录》相关的著作，叶采的集解本就有63部之多。① 正因此，朝鲜时期，韩国学者研读《近思录》多以叶采本为底本，有关《近思录》的著述，其卷目都依叶采。朴英与李退溪也不例外，他们所读的《近思录》都是叶采的集解本。

朴英将《近思录集解》的相关文字抄入他所做的《白鹿洞规解》，如果他不熟悉集解，是不可能这样做的。此外，李退溪与人多次讨论过《近思录》，后人辑成《近思录问目》一册，包括：《答黄仲举问目》《答禹景善问目》《答郑子中论"冲漠无朕，万象森然已具"》。②

黄俊良（仲举）的《锦溪集》有《上退溪先生问目·近思录》（《锦溪先生文集》卷七"外集·书"）。从锦溪、退溪有关《近思录》的问答来看，他们所依的本子当为叶采集解本。

十四卷四张："林希谓扬雄为禄隐，云云，便须要做他

---

① ［韩］金寅初主编：《韩国所藏中国汉籍总目》，第四册"子部下"，首尔：学古房，2005年。

② 详见周欣、［韩］孙兴彻：《15—19世纪韩国〈近思录〉研究著述提要》（《武陵学刊》2011年第6期）。韩国现代学者宋熹准编了《〈近思录〉注解丛编》（韩国大田光城市：学民文化社，1999年），收录韩国历代《近思录》注本甚备。

是，怎生做得是？"后人见子云著书，谓做得是处。雄失身事莽，著书不是，岂可谓做得是处乎？是，指圣贤事业否？一云：是，指做禄隐之志。二说如何？

"是"即"是非"之"是"。谓：后人见雄著书，便须要以雄为是，如何得为是耶？做，非谓雄做是也，谓后人以雄为是耳。

十张："明道先生曰：'茂叔窗前草不除去'。"注云："子厚观驴鸣，亦谓如此。"亦为生意充满，声大且远，有会于心否？与庭草一般，有何意思？非谓与庭草一般，亦只谓与自家意思一般。彼物自然函生，自然能鸣以通意。便是与自家一般处。[9]

其中，锦溪所说的"雄失身事莽"语即出自叶采集解本。

禄隐谓浮沉下位，依禄而隐，即禄仕之意也。雄失身事莽，以是禄隐，何辞而可？[8](P4)

"有会于心"语亦见叶本。

天地生意流行发育，惟仁者生生之意充满胸中，故观之有会于其心者。[8](P11)

锦溪与退溪有关《近思录》的讨论，主要还是就《近思录》

本身所蕴含的义理进行，并不涉及叶采集解的得失。这反映出，他们对于叶采集解基本采取一种信而不疑的态度。① 在他们之前的松堂（朴英），也同样如此。大概是由于这个原因，他们都没有考辨叶采集解的这段话究竟是朱子本人原话，还是叶采根据自己的理解对朱子观点的概括。②

三、由叶溯朱

叶采《近思录集解》的这段文本跟义利问题相关的主要是这几句：

> 义者，当然之理；利者，义之和也。然君子惟欲正其义而已，未尝豫谋其利。有谋利之心，则是有所为而为之，

---

① 黄俊良曾称叶注"明白易见"："此亦有秀才十余来书院读《小学》《近思录》，或有笃行精思者，亦不易也，未知究竟否耳。比来，尤觉此书义理之精密，真为学圣之阶梯。亦恨自治之疏，孤诸贤愿学之勤也。但《续近思录》在《性理群书》中，蔡节斋所抄，而熊勿轩所注也。蔡之录，似涉于略，固可恨也。熊之解多舛，见理甚浅，必见于藻鉴中矣。伏惟先生沉潜有年，洞见精微，大小脉络，必已领会，幸加钻研，改下注脚，如叶圭斋之明白易见，则开牖后生，岂非一大节乎？"见上退溪先生书（天中佳节），《锦溪先生文集》卷七"外集·书"，韩国文集丛刊本，韩国古典综合 DB（http：//db．itkc．or．kr）。

② 韩国学者在传播与接收《近思录》的过程中，对叶采集解的不足也有所认识，出现了一些质疑、订正叶书的著作，如金长生（沙溪）、郑晔（守梦）的《近思录释疑》。详前揭周欣文。日本学者对《近思录集解》同样采取了批判性接受的态度，参见程水龙：《中国理学经典〈近思录〉在日本的传播和本土化》（《河南社会科学》2014 年第 5 期）。

非正其义矣。[8](P19)

让黄仲举产生困惑的，是"利者，义之和"一语。他认为，这跟《洞规》正文所引董仲舒的"正其义不谋其利"的意思正相反对。

"正其义不谋其利"，以义对利说。而又引"利者，义之和也"，于"不谋"之意如何？（答黄仲举论白鹿洞规集解）[9]

退溪在答书中解释，朱子引"利者义之和"与董仲舒原话"正其义不谋其利"并不抵牾。

自利之本而言之，"利者，义之和"，非有不善。如《易》言利不利，《书》言利用之类是也。自人之为利而言之，在君子则为心有所为之害，在众人则为私己贪欲之坑堑，天下之恶皆生于此。利之为言，随处不同如此。董子此言，本以君子心术精微处言之，未说到众人陷溺处，故朱子引孔子义和之说以明之。夫以"利为义之和"，则利不在义之外，正义而利在其中矣。乃复言"不谋其利"，则又似利在义外，为二物，有欲其为此不为彼之意。此来喻所以疑其抵牾。而其实非抵牾也。盖利虽在于义之和，毕竟与义相对，为消长胜负者。非利之故然，人心使之然也。

故君子之心虽本欲正义，而临事或不能一于义，而少有意向于利，则是乃有所为而为之，其心已与义背驰。而所谓利者，非复自然'义和之利'矣。所以朱子以"义之和"释"利"字之义，旋以"有所为"三字说破谋利之害。然后知：此说利字，初非不好，缘被谋之之心，便成不好了。然则，引"义之和"与"不谋"之意，有何碍乎？况此处，若非先生如此研精停当，细意说出，则人将粗着眼看，以此利字为贪欲之利。谋字为营求之谋，其于仁人心法毫牦之辨，相去远矣。则董子此说，安得与"先难后获"同其微旨乎？虽然，于此，又须知：自有所为之心而堕于众人之坑堑，亦不多争分数始得。若曰：吾但为有所为之利，不与众人同恶，则已为小人之归矣。（答黄仲举论白鹿洞规集解 ［原注：松堂朴公有《集解》，近始刊行]）[8]

退溪以上所说，分析起来，有这样几个要点：首先，利字有不同用法，"利者，义之和"的"利"与"谋利""贪欲之利"的"利"不是一个意思。其次，就利的本义来说，它不是什么坏东西，但人一旦有心谋利，就会有害了。再次，既然"利为义之和"，则正义而利在其中；但人往往有意向于利，从而其心与义相背。

按退溪的理解，朱子是从两方面阐发其义利之说的：一方面，以"利者义之和"解释"利"字之义；另一方面，又通过指出有所为而为则不能无害来说破"谋利之害"。

可以看到，退溪力图疏通《白鹿洞规解》所引的这段"朱子曰"，为其中的观点提供辩护。退溪似乎认定，《白鹿洞规解》所引的这段话就是朱子本人用来解说董仲舒那句名言的，否则他不会说："董子此言，本以君子心术精微处言之，未说到众人陷溺处，故朱子引孔子义和之说以明之"。退溪似乎也不了解这段话是朴英从《近思录集解》当中抄来的，而以为它是后者辑自朱子原文。此点，观下可知。

> 朱子谓此与孟子"何必曰利""行法俟命"同义。《规解》不载此语，松堂之意盖不可晓。（答黄仲举论白鹿洞规集解［原注：松堂朴公有《集解》，近始刊行]）[8]

如果退溪知道松堂是直接采用了叶采的集解，而集解原文如此，他就不会奇怪为何《规解》没有收录更多朱子论义利的话语了。退溪说"松堂之意盖不可晓"，是对松堂的一种委婉批评。事实上，退溪认为，松堂的学问不无可议之处。在给锦溪的信的末尾，退溪有如下表示：

> 斯人（引者按：指松堂朴英）也，自挺于流俗之中，乃能投戈讲学，横槊思道。虽中遭折辱，不自沮废，至取前贤教人之法注释以晓世，亦可谓毅然大丈夫矣。惜其所见犹未免疏脱，《集解》（引者按：指《白鹿洞规解》）虽甚发明，而仔细考之，有数条不合者。"后说"虽好意思，而

究极论之，又有如前所云者，使人不能无遗恨于此也。（答黄仲举论白鹿洞规集解［原注：松堂朴公有《集解》，近始刊行]）[8]

"朱子谓此与孟子'何必曰利'、'行法俟命'同义"云云，退溪说得比较简略，他的意思是指，朱子在解说《孟子》"何必曰利"（语出《梁惠王上》首章"孟子见梁惠王"）时曾联系到《易》的"利者，义之和"，而在解说《孟子》"行法俟命"（语出《尽心下》第三十三章"尧舜性者也"）时曾援引董仲舒的"正其义不谋其利"。为方便读者，兹将朱子原文录之如下。

曰：子谓仁义未尝不利，则是所谓仁义者，乃所以为求利之资乎？曰：不然也。仁义，天理之自然也，居仁由义，循天理而不得不然者也。然仁义得于此，则君臣父子之间，以至于天下之事，自无一物不得其所者，而初非有求利之心也。《易》所谓"利者义之和"，正谓此尔。（《孟子或问》卷一"孟子见梁惠王"章）[5](P920)（着重号为引者后加，下同，不再一一说明）

（君子行法，以俟命而已矣）法者，天理之当然者也。君子行之，而吉凶祸福有所不计，盖虽未至于自然，而已非有所为而为矣。此反之之事，董子所谓"正其义不谋其利，明其道不计其功"，正此意也。（《孟子集注》卷一四"尽心章句下"）[10](P373)

现在，我们回过头来研究《白鹿洞规解》抄自叶采《近思录集解》这段话当中的义利说。从文义上看，它可以分成三节，以下我们就逐一来看，哪些是朱子原话，哪些是对朱子观点的概括，朱子本人对这些观点是怎样表述的，是在什么情况下提出这些观点的，这些观点是否受到什么人的影响等。

1. 义者，当然之理

这个说法其实并非朱子在讨论义利问题时对义的一般解释。朱子遵循传统上对义的解释，即：义者，宜也。[①]

> 义者，事之宜也。（《论语集注》卷一"学而第一·信近于义章"）[10](P152)
>
> 义者，天理之所宜。（《论语集注》卷二"里仁第四·君子喻于义章"）[10](P73)
>
> 义者，心之制、事之宜也。（《孟子集注》卷一《梁惠王章句上·孟子见梁惠王章》）[10](P201)

"义者，当然之理"的讲法可能是从朱子如下一条语录概括

---

① 《中庸》："仁者人也，亲亲为大；义者宜也，尊贤为大。"（第二十章）《诗·大雅·荡》："不义从式。"毛亨传：义，宜也。（《毛诗正义》卷一八，十三经注疏本，北京：北京大学出版社，1999 年，第 1158 页）《尚书·康诰》："用其义刑义杀。"孔安国传：义，宜也。（《尚书正义》卷一四"康诰第十一"，十三经注疏本，北京：北京大学出版社，1999 年，第 365 页）《论语·公冶长》："其使民也义。"皇疏：义，宜也。（《论语义疏》卷三"公冶长第五"，北京：中华书局，2013 年，第 112 页）段玉裁《说文解字注》："义之本训谓礼容各得其宜。"（十二篇下，嘉庆经韵楼刊本）

出来的。

> "义者，心之制，事之宜。"所谓事之宜，方是指那事
> 物当然之理，未说到处置合宜处也。[11](P1220)

这里出现了"事物当然之理"的讲法，但细味朱子之意，
"事之宜"并不就是"事物当然之理"，而是指对事物的处置，
让其当然之理达到合宜的地步，换言之，仍然没有离开"合宜"
这个重点。因此，如果要对这个意思做出概括，准确的说法应
该是"理之宜"，而不是"当然之理"。

把"义"解释为"当然之理"而不是"理之宜"或"天理
之所宜"，也可能是受了陈淳对"义"的解释的影响。陈淳说：

> 自文义而言，义者，天理之所宜。……天理所宜者，
> 即是当然而然，无所为而然也。[12](P153)

陈淳在对朱子"义者，天理之所宜"的说法做进一步解释
时，使用了"当然而然"这个词。也许叶采据此就认为"义"
就是"当然之理"。其实，陈淳那样说，主要是强调"义"与
"当然而然"的关系（关于这一点，后面我们还要详细讨论），
并不意味着，"义"就是"当然之理"。因为，无论是朱子还是
北溪，谈到"义"时，都没有甩开作为其本训的"宜"。

总之，"义者，当然之理"是叶采对朱子有关"义"的思想

所做的一种不太准确的概括，与朱子本人的用法形似而实异。在这个地方，叶氏有失于辨析。

2. 利者，义之和也

这个讲法原出《易·乾·文言》：

> 元者善之长也，亨者嘉之会也，利者义之和也，贞者事之干也。君子体仁足以长人，嘉会足以合礼，利物足以和义，贞固足以干事。君子行此四德者，故曰"乾，元、亨、利、贞"。[13](P12)

按照孔颖达等人的解释，"利者义之和者"，"言天能利益庶物，使物各得其宜而和同也"，"利物足以和义"，"言君子利益万物，使物各得其宜，足以和合于义，法天之'利'也"。[13](P13)

朱子在解释《孟子·梁惠王上》"孟子见梁惠王"章"未有仁而遗其亲者也，未有义而后其君者也"时，认为这是说"仁义未尝不利"，随后又因问者对此提出质疑而引证《易传》的"利者义之和"。

《集注》云：

> 未有仁而遗其亲者也，未有义而后其君者也。此言仁义未尝不利，以明上文亦有仁义而已之意也。遗，犹弃也。后，不急也。言仁者必爱其亲，义者必急其君。故人君躬

行仁义而无求利之心，则其下化之，自亲戴于己也。（《孟子集注》卷一《梁惠王章句上》）[10](P201-202)

这种解释是继承了伊川之说。《集注》引伊川语云："惟仁义，则不求利而未尝不利也。"[10](P202)。《孟子精义》又载伊川语云："未有仁而遗其亲，未有义而后其君，便是利。仁义未尝不利。"（《孟子精义》卷第一）[5](P649) 除了伊川，其门下如杨氏、尹氏，同样将"未有仁而遗其亲者也，未有义而后其君者也"理解为是说"利之大"或"利之博"。

杨曰："君子以义为利，不以利为利，使民不后其君亲，则国治矣，利孰大焉？故曰'亦有仁义而已，何必曰利？'"尹曰："梁惠王以利国为言，而孟子对以仁义者，苟以利为事，则'不夺不餍'矣。知仁而不遗其亲，知义而不后其君，则为利也博矣。孟子所以拔本塞源而救其弊，此圣贤之心也。彼以利而不知仁义，其害岂有既乎？"（《孟子精义》卷一）[5](P650)

在理论上，既然"仁义未尝不利"，那么，求利者通过行仁义即能达到自己的目的。如此一来，仁义似乎就成了求利的手段。这当然不是孟子倡导义的初衷。朱子关于"仁义未尝不利"的解释不能不面对这样的质疑。为了消除这种疑问，朱子诉诸"利者义之和"。

曰：子谓仁义未尝不利，则是所谓仁义者，乃所以为求利之资乎？曰：不然也。仁义，天理之自然也，居仁由义，循天理而不得不然者也。然仁义得于此，则君臣父子之间，以至于天下之事，自无一物不得其所者，而初非有求利之心也。《易》所谓"利者义之和"，正谓此尔。[5](P920)

朱子解释，所谓"仁义未尝不利"，是指居仁由义，而后无一物不得其所，这就是《易》所说的"利者义之和"。这种"利"是自然而然的结果，而不是一开始就怀着求利之心。按照朱子的这种理解，孟子劝谏梁惠王时，并不只是描述求利之害，同时也要向其展示"仁义之利"。这样的劝谏方式才是有效的、高明的。朱子的这种倾向，在评论范纯仁奏议与范祖禹孟子讲义时就有所流露。

范纯仁（1027—1101，字尧夫，谥忠宣，范仲淹次子）于熙宁二年（1069）曾向当时的皇帝神宗上奏议《论求治不可太急》，其中说道：

陛下聪明仁孝，修己笃恭，自有尧舜之资，可以垂衣而治，不须急务于近效，乃杂五霸之为，岂唯徒劳睿思，实恐以小妨大。伏望陛下清心简事，尊德委贤，以知人安民为大方，以富国强兵为末务，覆之如天，容之如地，四海被不言之化，生民跻仁寿之域，与三王并美，唐虞比隆，使后世歌颂无穷，在陛下留神而已。[14]

尧夫希望皇帝"以富国强兵为末务"，对此，程子、张子都颇不以为然。

> 伊川先生论范尧夫对上之词，言"陛下富国强兵后待做甚？"以为非是。"此言安足谕人主？如《周礼》，岂不是富国之术存焉？"横渠先生曰："尧夫抑上富强之说，正犹为汉武帝言神仙之学长年不足惜，言岂可入，圣贤之晓人，不如此之拙。如梁惠王问何以利国，则说利，不可言之理，极言之，以至不夺不餍。"（《孟子精义》卷一）[5](P650)

程子与张子主要是对尧夫的劝谏方式不满。依伊川之见，儒家并不反对国富，只是不同意用仁义之外的手段来致富。横渠将尧夫的言论与"孟子见梁惠王"章的说辞进行比较，认为尧夫应该像孟子劝谏梁惠王那样因势利导地向皇帝上奏。梁惠王问何以利国，孟子就跟他说利，直说到不夺不餍，让王自己认识到言利之害。梁惠王所谓的利，其实也就是富国强兵之类。（此据朱子解，参见《孟子集注》卷一）[10](P210)神宗皇帝想富国强兵，尧夫就应该顺着他的想法往下推，而不是一上来就给予否定。朱子在《孟子精义》"孟子见梁惠王"章收录了程、张之说，表明他完全同意伊川与横渠在这个问题上的看法。他自己对范祖禹孟子讲义的评点更直接地显示了其立场。

范祖禹（字淳夫，1041－1098）等人曾经在经筵给皇帝讲《孟子》。朱子在讨论"孟子见梁惠王"章时，也议及范氏讲义。

虽肯定其说"明白条畅"，但为范氏不了解"利者义之和"感到
遗憾。

> 范氏之言，明白条畅，虽杂引经传之文，而无迁就牵
> 合之病，其体与《大学》传文相似，所以告君者当如此矣。
> 然其所谓利物之利，即所谓义之和耳。盖未有不仁不义而
> 能利物者，亦未有能利于物而不享其利者也。杨、尹之言，
> 则知此矣。(《孟子或问》卷一)[5](P921)

> 范氏只为说不到圣贤地位上，盖"利者，义之和
> 也"。[11](P1221)

朱子对范祖禹的这个批评，之前学者已经论及[①]，但论者
似乎只见于《或问》及《语类》"孟子见梁惠王"章所云"范氏
之言"为范祖禹（淳夫）《孟子解》，却未留意：《孟子精义》
"孟子见梁惠王"章所涉"范氏之说"为范纯仁（尧夫）上神宗
奏议《论求治不可太急》，与《或问》和《语类》不相一致。

《语类》所收"范氏只为说不到圣贤地位上，盖'义者，利
之和也'"条原注："谟。《集义》。"[11](P1221)

按：谟即周谟（字舜弼，1141－1202，南康军建阳县人)，
朱子知南康军时（1179－1181）及门，朱子守临漳时（1190－

---

① 如粟品孝：《朱熹对范祖禹学术的吸取》(《成都大学学报》1999年第4期)；
吴国武：《〈五臣解孟子〉与宋代孟子学》(《国学学刊》2014年第3期)。

1191）又往求卒业。① 《集义》即《孟子集义》，初名《精义》，后改为《集义》。乾道八年（壬辰，1172），朱子取二程、张子及范祖禹、吕希哲、吕大临、谢良佐、游酢、杨时、侯仲良、尹焞、周孚先等十一家之说，荟萃条疏，名之曰《论孟精义》，而自为之序，时朱子年四十三。② 本条注云"《集义》"，表明其来源为《孟子精义》。然今本《精义》所云范氏之言为范纯仁奏章。查今本《孟子精义》，其底本为清嘉庆间吕氏宝诰堂刊《朱子遗书二刻》本。③ 可知，今本《孟子精义》并非壬辰本，其遗漏范祖禹之说，不能不说是一个遗憾。④

如前所述，《易传》所说的"利"，本来是指天或君子使万物各得其宜。而"孟子见梁惠王"章所谈到的"利"，是"利吾国""利吾家""利吾身""上下交征利"的"利"，是为特定对象的利益服务的。朱子将孟子说的"未有仁而遗其亲者也，未有义而后其君者也"理解为"仁义未尝不利"，又与"利者义之和"相联系，这是他个人在经典诠释上的发挥。尽管如此，即

---

① 陈荣捷：《朱子门人》"周谟"条（上海：华东师范大学出版社，2007 年，第 94－95 页）。

② 《论孟精义·自序》："［……］间尝搜集条疏（引者按：二程发明孟子之说），以附本章之次，既又取夫学之有同于先生者，与其有得于先生者，若横渠张公，若范氏、二吕氏、谢氏、游氏、杨氏、侯氏、尹氏，凡九家之说，以附益之，名曰《论孟精义》，以备观省，……乾道壬辰月正元日，新安朱熹谨书。"（《朱子全书》第七册，第 11－13 页）

③ 《论孟精义·校点说明》，《朱子全书》第七册，第 3 页。

④ 关于通行本《孟子精义》不是足本或完本的问题，已有论文根据其他材料发现，如林乐昌的《张载佚书〈孟子说〉辑考》（《中国哲学史》2003 年第 4 期）、许家星的《朱子四书学形成新考》（《中国哲学史》2013 年第 1 期）。

便朱子也不能不承认，孟子的讲法与《易传》的讲法各有侧重，尤有进者，比起"利者义之和"那样的讲法，孟子的讲法"亦有仁义而已矣，何必曰利"更具现实针对性，同时也不太会生出歧义。

> 曰：然则，孟子何不以是（引者按：指"利者义之和"）为言也？曰：仁义固无不利矣，然以是为言，则人之为仁义也，不免有求利之心焉，一有求利之心，则利不可得而其害至矣，此孟子所以拔本塞源而救其弊也。且夫"利者义之和"，固圣人之言矣，然或不明其意而妄为之说，顾有以为义无利则不和，故必以利济义，然后合于人情者。虽其未闻大道，又有陷溺其心，而失圣言之本旨，然亦可见利之难言矣。（《孟子或问》卷一）[5](P920)

朱子一则曰，以"利者义之和"为言，"则人之为仁义也，不免有求利之心焉"；再则曰，"利者义之和""固圣人之言"，"然或不明其意而妄为之说，顾有以为义无利则不和，故必以利济义，然后合于人情者"。这无异于暗示，"利者义之和"这个说法存在这样那样的问题，不适合作为普遍性的教导。就此而言，朱子虽然也重视《易传》的"利者义之和"，注意到"利"有积极的一面，但终究还是同意，对于"利"，不宜多从正面加以肯定，而应如孟子和董仲舒那样扬义抑利。

在有关"利"的释义问题上，朱子无法回避不同经典的差异乃至对立，具体说来，如何弥合来自《易传》的"利者义之和"与具有明显抑利倾向的其他相对多数儒家经典之间的裂缝，就成了摆在朱子面前的一个诠释难题。这个难题到了朱子门人陈淳这里，通过消化朱子义利说的精义，同时吸收其他思想资源，最后将义利之辨化约为有所为与无所为之分，才算得到一个相对合理的解决。叶采集解有关义利文本的第三节正是对这一思想成果的表达。

3. 然君子惟欲正其义而已，未尝豫谋其利。有谋利之心，则是有所为而为之，非正其义矣

本节要点在于，它将"谋利之心"与"有所为而为"相联系。朱子本人并没有直接说过"有谋利之心，则是有所为而为之"，但他在解释《孟子》"行法俟命"一说时曾提到：行法（行天理之当然）俟命（不计吉凶祸福），虽未臻于自然之境，但已经不是"有所为而为"。他还说，董仲舒说的"正其义不谋其利，明其道不计其功"跟这个"行法俟命"是一个意思。换言之，"正其义不谋其利"就是不"有所为而为"。

> 法者，天理之当然者也。君子行之，而吉凶祸福有所不计，盖虽未至于自然，而已非有所为而为矣。此反之之事，董子所谓"正其义不谋其利，明其道不计其功"，正此意也。（《孟子集注》卷一四）[10](P373)

既然"正其义不谋其利"就是不有所为而为，那么，很容

易得出这样的推论：谋利就是有所为而为。就此而言，叶采的表述"有谋利之心，则是有所为而为"，实是朱子义利说的应有之义。

如果说，以有所为无所为区分义利，在朱子那里还属于引而未发，那么，在南轩那里则已言之凿凿了。南轩于义利之辨剖析甚严，其论曰：

> 学者潜心孔、孟，必得其门而入，愚以为莫先于义利之辨。盖圣学无所为而然也。无所为而然者，命之所以不已，性之所以不偏，而教之所以无穷也。凡有所为而然者，皆人欲之私，而非天理之所存，此义利之分也。自未省察者言之，终日之间鲜不为利矣，非特名位货殖而后为利也。斯须之顷，意之所向，一涉于有所为，虽有浅深之不同，而其徇己自私则一而已。如孟子所谓内交要誉、恶其声之类是也。是心日滋，则善端遏塞，欲迩圣贤之门墙以求自得，岂非却行以望及前人乎？使谈高说妙，不过渺茫臆度，譬犹无根之木，无本之水，其何益乎？学者当立志以为先，持敬以为本，而精察于动静之间，毫厘之差，审其为霄壤之判，则有以用吾力矣。学然后知不足乎，时未觉吾利欲之多也，灼然有见于义利之辨，将日救过不暇，由是而不舍，则趣益深，理益明，而不可以已也。孔子曰："古之学者为己，今之学者为人。"为人者无适而非利，为己者无适而非义。曰利，虽在己之事，亦为人也；曰义，则施诸人

者，亦莫非为己也。嗟乎！义利之辨大矣，岂特学者治己之所当先，施之天下国家一也。王者所以建立邦本，垂裕无疆，以义故也；而伯者所以陷溺人心，贻毒后世，以利故也。孟子当战国横流之时，发挥天理，遏止人欲，深切著明，拨乱反正之大纲也。其微辞奥义，备载七篇之书。如某者，虽曰服膺，而学力未充，何足以窥究万一。试以所见与诸君共讲之，愿无忽深思焉。（《孟子讲义序》，《新刊南轩先生文集》卷一四）[15](P971—972)

此为明嘉靖元年（1522）刘氏翠岩堂慎思斋《新刊南轩先生文集》本（简称刘本），而宋刻本《南轩文集》① 卷一四所收《孟子讲义序》，文字不无差异，于义各有优长，一并录之如下。

学者潜心孔、孟，必得其门而入，愚以为莫先于义利之辩。盖圣学无所为而然也。无所为而然者，命之所以不已，性之所以不偏，而教之所以无穷也。自非卓然先审夫义利霄壤之判，审（慎）思力行，不舍昼夜，其能真有得乎？盖自未省察者言之，终日之间鲜不为利矣，非特名位货殖之慕而后为利也。此其流之甚著者也。凡处君臣、父子、夫妇以至朋友、乡党之间，起居话言之际，意之所向，

---

① 残本，现藏台北故宫博物院，1981 年收入该院"善本丛书"影印出版，卷首有蒋复璁《影印宋刊本南轩文集序》，末附昌彼得《宋椠南轩先生文集跋》。

一涉于徇己自私，是皆利也。其事虽善，而内交要誉、恶其声之念或萌于中，是亦利而已矣。方胸次营营，胶扰不暇，善端遏塞，人伪日滋，而欲迤圣贤之门墙以求自得，岂非却行以望及前人乎？纵使谈高说妙，不过渺茫臆度，譬犹无根之木，无本之水，其何益乎？诸君果有意乎，则请朝夕起居，事事而察之，觉吾有利之之意，则愿深思所以消弭之方。学然后知不足。平时未觉吾利欲之多也，慨然有志于义利之辩，将自求（救）过不暇矣。由是而体认，则良心发见，岂不可识乎？涵濡之久，其趣将益深，而所进不可量矣。孔子曰："古之学者为己，今之学者为人。"为人者无适而非利，为己者无适而非义。曰利，虽在己之事，亦为人也；曰义，则施诸人者，皆为己也。为己者，无所为而然者也。嗟夫！义利之说大矣，岂特学者之所当务，为国家者而不明乎是，则足以召乱衅而启祸源。王者之所以建立邦本，垂裕无疆，以义故也；而伯者所以陷溺人心，流毒后世，以利故也。孟子生于变乱之世，发挥天理，遏止人欲，深切著明，拨乱反正之大纲也。其微辞奥义，备载七篇之书。如某者，虽曰服膺，而学力未充，何足以窥究万一。试以所见与诸君共讲之，愿深思焉。（《孟子讲义序》（宋本），《新刊南轩先生文集》卷一四）[15](P973—974)

南轩义利之辨的文字比较细碎，大旨则无外乎：有所为而然皆是利，无所为而然方是义。这个意思后来被清人黄式三（1789—1862）简括为："无所为而为谓之义，有所为而为谓之利。"[16](P11)陈淳对"义""利"字义的解释，将朱子与南轩的有关说法融为一体，已经明确在"义"与"有所为而然""利"与"无所为而然"之间建立了对应关系。陈淳说：

> 自文义而言，义者，天理之所宜；利者，人情之所欲。欲是所欲得者，就其中推广之，才是天理所宜底，即不是人情所欲；才是人情所欲底，即不合于天理之所宜。天理所宜者，即是当然而然，无所为而然也。人情所欲者，只是不当然而然，有所为而然也。……有所为而为，如有所慕而为善，有所畏而不为恶，皆是利。[12](P53—54)

由上文，我们可以将其内在逻辑列之如下：

> 义——天理之所宜——当然而然——无所为而然；
> 利——人情之所欲——不当然而然——有所为而然（如：有所慕而为善，有所畏而不为恶）。

其中，"义者，天理之所宜；利者，人情之所欲"，语出朱子《论语集注》卷二"君子喻于义小人喻于利"章[10](P73)。义是无所为而然，利是有所为而然，如上所述，这个思想隐约于朱子而显明于南轩。将叶采集解本节与陈淳字义此条做一比较，不难发现其共通之处。考虑到叶采从学陈淳的经历[①]，叶采在撰写《近思录》卷二所收董仲舒语"正其义不谋其利，明其道不计其功"集解时，其有取于陈淳，是完全可以想象的。

以上，我们逐节分析了叶采集解文本的来龙去脉，揭示了其与朱子本人思想、话语的关联。总体上看，叶采集解的这段文本，虽非朱子原文，但在朱子学说中都有迹可循。流传于朝鲜半岛的朱子义利说，实际是经过了陈淳、叶采等几代朱子门人后学共同打磨的一个作品。

杜诗云"递相祖述复先谁"（《戏为六绝句》六），朱子学从中国到韩国、从北溪到退溪，正是经历了这样一个递相祖述的过程，朱子思想因而得以发扬光大，同时，其隐含的多种可能性也得以释放，最终超越了个人知识（personal knowledge）和地方性知识（local knowledge），而成为东亚近世的一种普遍价值。

---

① 《闽中理学渊源考》卷二五："叶采字仲圭，初从蔡节斋受易学，又尝从李果斋、陈安卿游，安卿以其好高妙、少循序，屡折而痛砭之。自是，屏敛锋芒，骎趋著实。构渔隐精舍，问学日进。淳祐元年，登进士第，授邵武尉。历景献府教授，迁秘书监，论郡守贪刻，迁枢密检讨，知邵武军，作郡乘，筑祠郡泮以祀朱子，复置田若干顷祀朱子于光泽，以果斋配。累官翰林侍讲，乞归。所著《近思录》尝以进呈，理宗称善。又著解集《西铭》性理等书（《闽书·道南源委》）。"（四库全书本）

［参考文献］

［1］［日本］柴田笃. 《白鹿洞书院揭示》与江户儒学［J］. 湖南大学学报（社会科学版），2005（2）：6—10.

［2］［元］脱脱，等. 宋史［M］. 北京：中华书局，1977年.

［3］［明］王圻. 续文献通考［M］. 万历三十一年序刻本.

［4］［明］方孝孺. 逊志斋集［M］. 四部丛刊初编1553册，上海：影印上海涵芬楼藏明刊本.

［5］［宋］朱熹. 朱子全书［M］. 上海：古籍出版社；合肥：安徽教育出版社，2002年.

［6］［韩国］朴英. 松堂先生文集［M］. 韩国文集丛刊本.

［7］［宋］程颢，程颐. 二程集［M］. 北京：中华书局，1981.

［8］［宋］叶采. 近思录集解［M］. 元刻明修本.

［9］［韩国］李滉. 退溪先生文集［M］. 韩国文集丛刊本.

［10］［宋］朱熹. 四书章句集注［M］. 北京：中华书局，1983.

［11］［宋］朱熹. 朱子语类［M］. 北京：中华书局，1986.

［12］［宋］陈淳. 北溪字义［M］. 北京：中华书局，1983.

［13］周易正义［M］. 十三经注疏本. 北京：北京大学出版社，1999.

［14］［宋］范纯仁. 范忠宣奏议［M］. 四库全书本.

［15］［宋］张栻. 张栻集［M］. 北京：中华书局，2015.

［16］［清］黄式三. 论语后案［M］. 道光聚珍版.

第十章
李退溪的王阳明批判
—— 从心灵哲学看

一、序论

李退溪（1501—1571）对王阳明（1472—1529）的批判，是朝鲜阳明学史上的重要事件。以《传习录论辩》为中心，李退溪给初到朝鲜的阳明学当头一击。[①] 不少现代学者认为，李退溪对王阳明的批判未尽公允，很多出于误解。[②] 有人甚至提出，跟朱子相比，李退溪的哲学立场可能反而更接近阳明。[③] 果真如此吗？

借鉴西方心灵哲学（philosophy of psychology, philosophy of mind）有关行为主义的讨论，笔者对李退溪的王阳明批判重

---

① 原刊《退溪学报》第 146 辑（2019 年 12 月）。刘明钟：《朝鲜朝的阳明学及其发展》，第 4—8 页。

② 参见李丙焘《韩国儒学史略》；蔡仁厚《李退溪"辩知行合一"之疏导》，第 163—188 页；李明辉《李退溪与王阳明》，《四端与七情：关于道德情感的比较哲学探讨》，第 257—262 页；林月惠：《郑霞谷对王阳明"知行合一"说的理解》，《朝鲜朝前期性理学者对王阳明的批判》。

③ 如李明辉就这样认为，参见前揭文。

新做了解读。行为主义（behaviorism）有多重含义①，本文所说的主要是哲学行为主义（philosophical behaviorism）或逻辑行为主义（logical behaviorism）。这种理论认为，心灵状态（mental state or condition）就是行为倾向（behavioral disposition）。行为倾向不是由心灵状态引起（give rise to）或生成（generate）的，它就是心灵状态本身。任何具有某种行为倾向的人就具有相应的心灵状态，反之亦然②。从行为主义的视角看，王阳明基于存在着"扮戏子"这样的事实而对相信孝行必然伴随孝心这样的行为主义观点提出了质疑，李退溪则相信一定的心灵状态必然伴随相应的行为倾向，驳斥了王阳明对行为主义的质疑。

二、本论

《传习录论辩》（以下简称《论辩》，不再说明），写于退溪晚年（1566），共四条，分别针对徐爱所录《传习录》③的第一条、第三条、第四条、第五条，内容涉及"亲民"与"新民"

---

① 参见 Graham，G. Behaviorism；Block，N. Readings in philosophy of psychology，pp. 11-66. 高新民：《现代西方心灵哲学》，第38—127页。

② ［美］小西奥多·希克，刘易斯·沃恩：《做哲学：88 个思想实验中的哲学导论》，第93页。

③ 退溪所寓目并加摘录的《传习录》文本，其底本为薛侃（1486—1546）正德十三年（1518）刻于江西赣州的《传习录》初刻本，这个本子后来成为通行本《传习录》的上卷。关于《传习录》的成书过程，参见［日］永富青地：《王守仁著作的文献学的研究》，第21—34页。

之辩、"心即理"说、"知行合一"说。虽然没有来得及对阳明五十岁之后的定论"致良知说"展开批判，但退溪所论，已抓住阳明之学的一些关节，尤其是篇幅最长的第四条论辩，说理之详，批驳之严，不可小觑。

鉴于现有论著对论辩已做过逐条逐段分疏，本文采用另一种解读策略，即：跳出逐条分析的模式，直接拎出阳明的一个观点，通篇考察退溪对它的回应。这种做法实际上是对退溪论辩的一种重构。笔者认为，唯有通过这种重构，才有可能超越以往研究，不再受制于"心即理""知行合一"等理学固有话语，去开发古典文本当中新的理论蕴含。

《论辩》第三条摘阳明语云："若只些仪节求得是当，便谓至善，即如今扮戏子，扮得许多温清奉养的仪节是当，亦可谓之至善矣。"[1] 对照《传习录》原文可知，退溪的摘抄堪称完整，仅减两字。原文为："若只是那些仪节求得是当，便谓至善，即如今扮戏子，扮得许多温清奉养的仪节是当，亦可谓之至善矣。"[2] 对阳明这段话，退溪在本条所作的回应非常简略，几乎一笔带过。

　　辩曰：不本诸心而但外讲仪节者，诚无异于扮戏子。[3]

---

① 李滉：《退溪先生文集》卷四一《传习录论辩》，第 416 页。
② 王守仁：《王阳明全集》卷一《传习录上》，第 3 页。
③ 李滉：《退溪先生文集》卷四一，《传习录论辩》，第 417 页。着重号为引者后加，下同，不再一一说明。

可以看到，退溪一上来就对阳明的"扮戏子"说做了肯定。但接下来，退溪就把重点放在说明"扮戏子"说对朱子学完全不构成问题。

> 独不闻民彝物则莫非天衷真至之理乎？亦不闻朱子所谓"主敬以立其本、穷理以致其知"乎？心主于敬，而究事物真至之理。心喻于理义，目中无全牛，内外融彻，精粗一致。由是而诚意正心修身，推之家国，达之天下，沛乎不可御。若是者，亦可谓扮戏子乎？阳明徒患外物之为心累，不知民彝物则真至之理即吾心本具之理。讲学穷理，正所以明本心之体，达本心之用。顾乃欲事事物物一切扫除，皆揽入本心衮说了。此与释氏之见何异？而时出言稍攻释氏，以自明其学之不出于释氏，是不亦自欺以诬人乎？[①]

在为朱子学与"扮戏子"撇清关系之后，退溪还转守为攻，认为阳明由于过分担心外物累心而不惜将事物一切扫除，这就跟以心为说的佛学没有什么区别了。虽然退溪在这里对阳明表达了不以为然之意，但对阳明将"不本诸心而但外讲仪节"界定为"扮戏子"的说法本身并未加以否定。

如果按照以往论者逐条分析的研究方法，可能就很自然地以为，这大概就是退溪对阳明"扮戏子"说的基本意见。其实

---

① 李滉：《退溪先生文集》卷四一，《传习录论辩》，第417页。

不然。如果不拘泥于所谓第三条是驳斥"心即理说"而第四条是驳斥"知行合一说"的观念①，不难发现，《论辩》第四条当中如下一段话对"扮戏子"之说正好构成一种反驳。

> 且圣贤之学本诸心而贯事物，故好善则不但心好之，必遂其善于行事。如好好色，而求必得之也，恶恶则不但心恶之，必去其恶于行事。如恶恶臭，而务决去之也。阳明之见，专在本心，怕有一毫外涉于事物，故只就本心上认知行为一，而衮合说去。若如其说，专事本心而不涉事物，则心苟好好色，虽不娶废伦，亦可谓好好色乎？心苟恶恶臭，虽不洁蒙身，亦可谓恶恶臭乎？②

笔者的这种解读，乍听起来，也许让人难以接受。以下，笔者将通过具体分析做出说明。

（一）"仪节是当"与"扮戏子"

阳明的"扮戏子"说是以一个假想例子对他所概括的对手论点进行批驳，这种方式很像现代西方分析哲学家经常采用的思想实验（thought experiments）。对手论点被他概括为：只要温清奉养的仪节求得是当（只是那些仪节求得是当），便谓至

---

① 宣炳三：《朝鲜时代阳明学辩斥史的序幕：以退溪辩斥为主》。
② 李滉：《退溪先生文集》卷四一，《传习录论辩》，第418页。

善。必须说，这个刻画已偏离对手原意，在后者那里，"仪节求得是当"只是至善的一个必要条件，而非阳明所说的这种充分条件。[1] 阳明之所以把对手论点理解为充分条件命题，可能跟他自己对"至善"的理解方式有关，它是采取了充分条件句形式，所谓"至善只是此心纯乎天理之极"。实际上，如果"仪节求得是当"只是至善的一个必要条件，它与"要此心纯乎天理之极"的内向工夫之间并无非此即彼的冲突。当然，阳明出于突出在心上做功夫的内向进路的考虑，他对所有非内向工夫的倡导都会保持一种警惕。在这样的心态之下，他难以客观地看待对手的观点。无论如何，阳明认为他现在面对的是一种只追求"仪节是当"的外向工夫进路的竞争。

在说服对手时，阳明没有简单地重申自己关于"至善只是此心纯乎天理之极"的说法，而是巧妙地设了一个"扮戏子"的比方，意使听者能从这个例子的明显荒谬之处反省自家观点之非。事实上，阳明的这种劝说策略成功了，至少，一旁听讲同时也是记录人的徐爱就表示自己从这番谈话中得到省悟。[2]

---

[1] 对方原话是："且如事亲，如何而为温清之节，如何而为奉养之宜，须求个是当，方是至善。"（王守仁：《王阳明全集》卷一《传习录上》，第3页）从"须""方是"这些用词来看，对方意思显然是把"求个是当"视作"至善"的必要条件，这跟王阳明用的"只是""便谓"等语，意味自是两样。

[2] 徐爱没有交代提问者郑朝朔在听了阳明这番教导后反应如何，但在这条语录的结尾写了他自己的感受："爱于是日又有省。"（王守仁：《王阳明全集》卷一《传习录上》，第3页）退溪对徐爱的这个反应很不以为然，在《论辩》第三条中还特别提及："彼其徒之始者不觉其堕坑落堑于邪说，乃曰'言下有省'，亦可哀哉！徐爱，字曰仁，阳明门人，实纪是言者。此条末有曰'是日，爱言下有省'。"

要评估阳明"扮戏子"论证的理论效力，就不能不考察"仪节是当"和"扮戏子"两个意象的具体所指。

首先来看"仪节是当"。所谓"仪节"，是"温清之节、奉养之宜"的省称。其中，"温清"（有时亦作"温清定省"），典出《曲礼》："凡为人子之礼，冬温而夏清，昏定而晨省。"① 事亲行孝，要考虑"如何而为温清之节""如何而为奉养之宜"，这个说法出自二程，朱子在《大学或问》中曾加引用："（程子）又曰：'如欲为孝，则当知所以为孝之道，如何而为奉养之宜，如何而为温清之节，莫不穷究然后能之，非独守夫孝之一字而可得也。'"② 在程朱思想的脉络里，穷究温清之节奉养之宜，属于格物致知工夫。提问者引程朱之说，虽未言明，但阳明当然知晓其出处，因此，阳明对提问者的批驳，在理论上实际是向程朱的格物之说发起挑战。

根据以上对"仪节"一词的疏通，可知，一个人在侍奉父母时，如果做到了"仪节是当"，也就意味着他正确地履行了《曲礼》所说的"为人子之礼"。在一般情况下，这就被视为在"行孝"。因为孔子正是以事亲"无违（于礼）"来解释"孝"的。③

---

① 郑玄注，孔颖达主持编撰：《礼记正义》，第 24 页。
② 朱熹：《大学或问下》，《朱子全书》第六册，第 525 页。
③ 《论语·为政》载：孟懿子问孝。子曰"无违"。樊迟御，子告之曰："孟孙问孝于我，我对曰：无违。"樊迟曰："何谓也?"子曰："生，事之以礼；死，葬之以礼，祭之以礼。"按：当"无违"一词第一次出现时，很容易被人理解为"从亲之命"。孔子似乎担心被这样误解，不惜"夫子自道"，专门做一澄清："无违"是生事死葬祭，皆出于礼。

尽管如此，我们不能肯定王阳明是否同意这种解释，因此，对于"仪节是当"的其他可能的理解，也不能不加考虑。可以想象，存在这样一种理解，那就是认为，"仪节是当"说到底仍不过是仪式或程序无误，并不代表它已经完美无缺地实践了"礼"。必须说，这种理解在儒家关于"礼"的讨论中并不鲜见，它毋宁是自孔子以来就一直存在的对"礼"的"虚文"化走向的一种焦虑。在孔子的思考中，一个行为仅仅做到仪式上不出错却看不到内心真情的流露，是完全可能的，同时也是他深以为忧的。"礼"，就其辞源而言，毫无疑问，是跟特定的器物与仪式联系在一起的，这就是为什么孔子同时代的人把"礼"称之为"笾豆之事"（《论语·泰伯》）[1] 或"俎豆之事"（《论语·卫灵公》）[2]。但孔子严肃地指出，切不可把"礼"与礼器的陈列摆放混为一谈。[3] 为了避免"礼"流于形式（某种职业化的熟练流程），孔子强调行事过程中的"敬"[4]，而在行孝过程中，"敬"重要到只有它才能使人免于被当作动物饲养的羞辱。[5]

　　孔子所讲的"敬"，当然是一种心灵状态。不过，孔子似乎

[1]　笾豆，皇《疏》云：礼器也。竹曰笾，木曰豆，豆盛俎醢，笾盛果实，并容四升，柄尺二寸，下有跗也。（皇侃：《论语义疏》卷四，第189页）
[2]　俎豆，皇《疏》云：礼器也。（皇侃：《论语义疏》卷一五，第391页）
[3]　"子曰：'礼云礼云，玉帛云乎哉？乐云乐云，钟鼓云乎哉？'"（《论语·阳货》）
[4]　"子曰：'居上不宽，为礼不敬，临丧不哀，吾何以观之哉？'"（《论语·八佾》）"樊迟问仁。子曰：'居处恭，执事敬，与人忠，虽之夷狄，不可弃也。'"（《论语·子路》）"事君，敬其事而后其食。"（《论语·卫灵公》）
[5]　"子游问孝。子曰：'今之孝者，是谓能养。至于犬马，皆能有养，不敬，何以别乎？'"（《论语·为政》）

相信，一个人的内心必然会在他的外部有所表现。比如，一个人如果对父母心存怨恨，他在侍奉父母时就做不到和颜悦色。孔子把它作为一个问题专门提出："子夏问孝。子曰：'色难。有事，弟子服其劳；有酒食，先生馔，曾是以为孝乎?'"（《论语·为政》）这里所说的"色难"，系指事亲之际难得的是和颜悦色。① 孔子门人曾参则在"色"之外还把"容貌"与"辞气"也包括进去。②

　　然而，一个"仪节"论者（即：那些相信只要"仪节是当"就可以称之为"孝"的论者）可能会做出这样的辩解：像孔子所说的那种情况（诸如"为礼不敬""临丧不哀"），即便在"仪节"上也无法通过，因为，正确的仪节当然包括在所有这些细节上都无可挑剔，比如，在治丧时，得体的哀容，就是仪节的一个部分。事实上，古人在容貌、颜色、辞气方面都不乏具体

---

① 色难，朱熹解为：谓事亲之际，惟色为难也。（《论语集注》卷一，参见朱熹：《四书章句集注》，第 56 页）《诗·邶风正义》引郑注云："有和颜悦色，是谓难也。"（转引自程树德：《论语集释》卷三，第 90 页）按：皇《疏》认为："色，谓父母颜色也。言为孝之道，必须承奉父母颜色，此事为难，故曰'色难'。"（皇侃：《论语义疏》卷一，第 29－30 页），于义为短，故不取。

② "曾子言曰：'鸟之将死，其鸣也哀。人之将死，其言也善。君子所贵乎道者三：动容貌，斯远暴慢矣；正颜色，斯近信矣；出辞气，斯远鄙倍矣。笾豆之事，则有司存。'"（《论语·泰伯》）容貌，朱子云：举一身而言。（《论语集注》卷四，《四书章句集注》，第 103 页）颜色，刘氏《正义》云：《说文》以为在眉目之间，色谓凡见于面也。辞气，辞谓言语，气谓鼻息出入，若"声容静，气容肃"是也。（转引自程树德：《论语集释》卷一五，第 521 页）所以，颜色包括容貌、面色、言语、声气等。

的规定（也就是各种专门的"礼"），求之《礼记》，斑斑可考。①

对"仪节"论者真正构成挑战的，也许是这样一种观点：一个人在包括仪容在内的各方面外在表现上都无可挑剔，都合于礼，也并不能保证他是一个真正的孝子，因为，无法排除伪装的可能。王阳明提出的"扮戏子"说正是这样一种观点。

从理论基础来看，"伪装"说或"扮戏子"说，建立在一种内外分离论上。所谓内外分离论，它相对的是孔子这些古典儒家所持的内外融贯论，即：一个人在心里是怎么想的，他在行动上就会怎么做。据此，通过一个人所做的事便可以推知其心意。比如，《礼记》作者曾这样写道："孝子之有深爱者，必有和气；有和气者，必有愉色；有愉色者，必有婉容。"（《礼记·祭义》）这是说，内心的情感（深爱）一定会形之于色（和气、愉色、婉容）。反过来，这种理论相信，从仪容、面色、声气可以判断一个人内心对另一个人的情感程度。中国古代的察人之术，正是建立在这种理论之上。孔子本人对这种察人之术深信不疑。他乐观地认为，在经验老到者的观察之下，一个人几乎

---

① 正如刘宝楠《论语正义》所言：卿大夫容貌颜色辞气之礼，《曲礼》、《玉藻》及《贾子容经》言之详矣。邢《疏》云："人之相接，先见容貌，次观颜色，次交言语，故三者相次而言也。"按：《礼记·冠义》云："礼义之始，在于正容体，齐颜色，顺辞令。容体正，颜色齐，辞令顺，而后礼义备。"《表记》云："是故君子貌足畏也，色足惮也，言足信也。"（转引自程树德：《论语集释》卷一五，第521页）

不可能掩饰或隐藏其真实的内心。① 这种信念也许跟孔子自身的体验有关。据说，他"食于有丧者之侧，未尝饱也"（《论语·述而》），"于是日哭，则不歌"（《论语·述而》），"见齐衰者，虽狎，必变"（《论语·乡党》）。正是因为孔子是这样一个人，所以他对服丧期间还讲究逸乐者感到不可理喻。②

与孔子这些怀有内外融贯论的古典儒家不同，明代新儒家王阳明对人性的黑暗似乎有更多认识，他指出，容貌、颜色、辞气这些外貌特征未必能真实反映一个人的内心状况，因为它完全有可能是假装（也就是"扮戏子"）。

现在的问题是，阳明所说的"扮戏子"到底是实指（也就是说，指戏台上扮演孝子的演员）还是一种比喻（也就是说，比喻现实生活中伪装成孝子的伪君子），并不是那么清楚，因为阳明只说"扮戏子""扮得许多温清奉养的仪节是当"。虽然这两种情况在实质上都一样，都是演员，但两者还是有些差异：后者是一种欺骗，而前者则不是。前者是所谓"假戏真做"（不是真父子，但是演得让人感觉就像真父子），后者是所谓"真戏

① "子曰：'视其所以，观其所由，察其所安，人焉廋哉？人焉廋哉？'"（《论语·为政》）孟子同样相信人无可掩藏（廋），他比孔子还进一步，声称，靠观察一个人的眼瞳就能看透他的灵魂："存乎人者，莫良乎眸子。眸子不能掩其恶。胸中正，则眸子了焉；胸中不正，则眸子眊焉。听其言也，观其眸子，人焉廋哉？"（《孟子·离娄上》）
② 孔子这种心理在与宰我辩论三年之丧时暴露无遗："子曰：'食夫稻，衣夫锦，于女安乎？'曰：'安。''女安，则为之！夫君子之居丧，食旨不甘，闻乐不乐，居处不安，故不为也。今女安，则为之！'宰我出，子曰：'予之不仁也！'"（《论语·阳货》）

假做"（是真父子，但虚情假意）。人们去戏院，就是为了欣赏表演，当一个优秀的演员以自己出色的演技征服了观众，观众会说：他（她）的表演实在是太好了，他（她）完美地诠释了这个角色。对于一个在剧中扮演戏子的演员，观众不会说，他还不够好，因为他毕竟不是真的是那个人的孝子。那样说，显然是荒唐的。从这一点考虑，王阳明所说的"扮戏子"应该是一种比喻，是指现实生活中那些伪装成孝子的伪君子。

那么，在现实生活中伪装成孝子的伪君子，具体又是怎么回事？它似乎是指：这个人做了常人眼里一个孝子该做的一切，但这些都不过是"表面文章"，他的内心跟一个真正的孝子完全不同。如果王阳明所说的"扮戏子"就是这个意思，那么，从心灵哲学看，这就是一种典型的反行为主义（anti-behaviorism）观点。

（二）行为主义与反行为主义

在哲学史上，哲学行为主义的出现，是为了解决笛卡尔身心二元论带来的他心（other mind）问题。笛卡尔式的心灵存在与否，让人无法判断，因为它们是非物质的，而非物质的东西是无法观察的。而按照哲学行为主义，这个问题不难解决，因为，心灵状态不是别的，它就是行为倾向，而行为是可以观察的，于是，心灵也就是可以观察的了。这种观念可以表示为以下两个命题：

1. 如果某人处于某种心灵状态，那他必然拥有特定的行为倾向。也就是说，行为倾向是心灵状态的必要条件。

2. 如果某人具有特定的行为倾向，那他一定处于某种心灵状态。也就是说，行为倾向是心灵状态的充分条件。[①]

对照以上关于行为主义的描述，有理由推测，持内外融贯论立场的孔子等古典儒家会把行为主义者引为知己，而持内外分离论立场的王阳明将对行为主义投反对票。事实上，在西方有关行为主义的争论中，有一个跟"扮戏子"说非常相似的"完美伪装者"（perfect actor）论证。

所谓"完美伪装者"，其中一个版本是这样：有人生来就感觉不到疼痛，现在假定这样一个人非常善于学习，他学会了在适当情形下表现出适当地感觉到疼痛的行为。他是一个如此优秀的演员，以至于他的行为与那些能感觉到疼痛的人的行为并无二致。这个例子就说明了：一个人具有某种行为倾向并不一定就处于相应的心灵状态。即：拥有正确的行为倾向并不是处于某种心灵状态的充分条件。

"完美伪装者"论证的开始者是美国哲学家普特南（H. W. Putnam，1926－2016）。他于1965年提出"超级斯巴达人"（super-spartans）思想实验。所谓"超级斯巴达人"，是这样一个特殊人群，其中的成年人能够成功地压抑所有非自主的（involuntary）疼痛行为。他们偶尔也可能会承认他们感觉到疼痛，

---

① ［美］小西奥多·希克，刘易斯·沃恩，《做哲学：88个思想实验中的哲学导论》，第94页。

但是以一种愉快的受过良好调教的（well-modulated）声音——哪怕此时他们正经受着可怕的痛苦。他们不会表现出任何痛苦的举动或迹象，但是他们的确感觉到疼痛，而且他们像我们一样不喜欢疼痛。他们甚至坦承，做到这一点很不容易，只是出于某种意识形态的原因，经过了长期的训练，才能如此。[①]"超级斯巴达人"这个例子说明了：拥有正确的行为倾向不是处于某种心灵状态的必要条件。因为，超级斯巴达人的例子足以显示，处于痛苦的心灵状态而没有与痛苦相关的行为倾向是完全可能的。

狭义的"完美伪装者"与"超级斯巴达人"共同构成对上述行为主义两个命题的反驳，前者推翻了命题 II，后者推翻了命题 I。广义上的"完美伪装者"则可以将"超级斯巴达人"的例子也包括在其中，因为两者从本质上说都是伪装者（actor）。源自普特南的"完美伪装者"思想实验，今天已经被当作反行为主义（anti-behaviorism）的经典载入史册。[②]

那么，行为主义在"完美伪装者"论证的打击下是否就没有还手之力了呢？并非如此。行为主义者会这样回应：的确，在逻辑上存在"伪装"或"假装"（pretend）的可能，"伪装"或"假装"是可以想象的（conceivable）。但是，我们知道"冒

----

① H. Putnam, *Brains and Behavior*, p. 29.
② 反对行为主义的论证不止"完美伪装者"这一个，此外还有，诸如齐硕姆—凯齐（Chisholm—Geach）反驳、瘫痪者（paralytics）论证以及"桶中之脑"（brains in vats）论证，因跟本文主题关系不大，此从略。

充"（shamming）是怎么回事，我们知道这些伪君子（hypo-crite）会用什么招数（tricks），我们有一些判断标准来侦察那些伪君子是否使用了花招，以及他们是高明地还是拙劣地使用了这些花招。因此，我们有时能识破伪君子。当然，有时我们也未能识破。不过，即便在我们未能识破的情况下，我们还是知道，假如能访到更多线索，就可以使伪君子现出原形。例如，我们可以坐看，如果告知他，那个他宣称要为之献身的事业现在需要他付出身家性命，这个人会怎么做。对付伪君子，我们需要的只是一种判决实验（experimentum crucis），虽然我们常常难以实施。所以，伪装并无神秘，只有戳穿与尚未戳穿的分别而已。[1]

普特南设想出来的"完美伪装者"思想实验，处理的是分析哲学家喜欢谈论的题材——疼痛，就其实质而言，是主体的一种个人感受。严格说来，疼痛所伴随的物理表征，与其说是行为，不如说是症状。相比之下，儒家更热衷讨论伦理议题，这些议题通常涉及主体间关系，比如，像王阳明所举的例子，儿女事亲行孝，反倒更符合行为主义所说的行为之义。如果把行为主义的教义应用到事亲的例子，便可以得到如下命题：

I. 如果一个人对父母有孝心，那么，他一定会在行动上对父母给予无微不至的照顾。也就是说，无微不至的照料（行为）是孝心的必要条件。

---

[1] G. Ryle, *The Concept of Mind*, p. 166.

II. 如果一个人在行动上对父母给予了无微不至的照顾，那么这个人一定对父母很有孝心。也就是说，无微不至的照料（行为）是孝心的充分条件。

王阳明的"扮戏子"假设，对命题 II 提出了质疑。正是在这个意义上，我们说，其观点是对行为主义的异议。那么，这种异议是否成功呢？考较它是否成功，可能首先有必要查明：说一个人对其父母无微不至的照料（也就是所谓"仪节是当"）有可能是伪装出来的，这话到底是什么意思？是说这个人人前一套人后一套（也就是说，他的孝行都是做给别人看的）？可是，如果是这样，又怎么能称之为"仪节是当"？如果是这样，又怎么对行为主义构成了否定？他在人后对父母疏于照料，这个行为难道不正说明他对父母没有真正的孝心？还是说这个人对父母做了隐瞒（比如，把最好的东西留给了自己或自己喜爱的儿子或女人，而不是像一个真正的孝子那样，把最好的东西献给父母）？这个情况跟上面所说的"两面三刀"的假孝子例有相似之处，都存在欺骗或不诚实的问题，但两者还是有所不同：前者主要是欺骗舆论，后者则是欺骗父母。这种"坏儿子"，跟上面的假孝子一样，其恶劣的行为对行为主义的教义亦不构成挑战。

可以看到，只要"仪节是当"这个前提存在，上述类型的质疑，都不成立。无论是专做表面文章的假孝子，还是欺天昧心的坏儿子，其行为都够不上"仪节是当"。这样的人，不单没有孝的"心"，连孝的"行"也不具备。从而，指望从"行"与

"心"的脱节来推翻命题 II，不能不落空。

如果抛开"扮戏子"一说当中隐含的"欺骗"性不管①，仅仅关注"行"与"心"脱节这一特征，那么，我们也许可以为王阳明的反行为主义论证输送一发"弹药"。这就是，我们可以构想这样一种情况：一个人给予父母无微不至的照料，但他在做这些的时候，只是抱着一种"完成任务"的态度，相对于那些全副心思扑在父母身上的孝子，这种人可说是一个"空心"或"无心"人。笔者承认，这个例子的灵感来自于当代心灵哲学有关"僵尸"的讨论。

"僵尸"论证主要是为了反驳物理主义（physicalism, materialism）。物理主义的基本思想是：每一种事物在本体论上都是自然世界（物理世界）的一部分，意识的感受特性（qualia）也不例外。因此，要么（1）意识的感受特性概念在成熟的科学理论框架中将被弃之不用，这就是所谓取消论。（2）意识的感受特性都可以被还原为各种物理世界中的存在物，例如：言行（随之产生的理论就是行为主义），特定因果链中的因果关系（随之产生的理论就是功能主义），大脑的神经状态（随之产生的理论就是同一论）。这种观点就是所谓还原论。（3）意识的感受特性是以被物理特性的存在所实现的方式而存在的，换言之，意识的感受特性是随附于（supervene on）其物理特性的。这就

---

① 专做表面文章的假孝子，以及昧心欺天的坏儿子，这两种情况符合"扮戏子"说所隐含的"欺骗"性。

是所谓随附论（supereminence thesis）。[①]

在对物理主义的反驳中，查默斯（David Chalmers）构建的"僵尸"论证最为著名。他说，我们可以想象存在一个可能世界，其中有个人，他物理身体的所有特征和状态跟他在现实世界中一模一样，但他完全没有任何意识经验的感受，这个人就是所谓"僵尸"或"无意识人"（zombie）。同样的，我们还可以想象一个可能世界，它的物理特性和状态与现实世界一模一样，但是在这世界中没有任何意识存在，这就是所谓"僵尸世界"或"无意识世界"（zombie world）。[②]

物理主义与反物理主义之争，主要是围绕意识现象在物理世界中的本体论地位而展开的。就本文的关心而言，"僵尸"或"无意识人"论证主要是对事亲过程中孝行是否可以脱离孝心而存在的讨论具有启发意义。那么，笔者设想的这种"无意识孝子"是否真的存在呢？

为了说明"无意识孝子"的确存在，笔者从历史与现实生活中各举一例。历史上的例子是东汉人第五伦（复姓第五，名伦，字伯鱼，生卒不详，盛年在公元 76—88 年）。第五伦在当时以无私而闻名。在回答别人关于他是否有私的提问时，他先给人讲了两个故事。一个故事是，有人给他送一匹千里马以求任用，他没收，但之后每到用人之际，就会想起这事，尽管最

----

① D. Stoljar, Physicalism. https：//plato. stanford. edu/entries/physicalism/，2015.

② D. Chalmers，*The Conscious Mind*，pp. 93-171.

后那个人也没有得到任用。另一个故事是，一次他侄子病了，他一夜去看了十次，但回来后，睡得很踏实。另一次他儿子病了，他一次也没去看，却整宿睡不着。最后他结论说，自己谈不上无私。[①]

第五伦是否无私，不是本文关心的问题。笔者举这个例子是想说，从他对待生病的侄子与儿子的不同做派可知，第五伦一夜十次去看生病的侄子，这个行为正是典型的"无心之行"（careless behavior）。一夜看十次，不可谓不勤，对侄子的病不可谓不尽了为叔之责。然而，就像第五伦自己也意识到的那样，从侄子那里回来后就能安睡而为儿子的病彻夜难眠这一点来看，他的心是在儿子身上，而不在侄子身上。同样的，我们可以想象，一个人为生病的母亲跑前跑后、求医问诊、端汤喂药，服侍周到，但可能就像第五伦，对生病的儿子虽然照顾得也许不及对母亲那么多，但他的心终究在儿子而不是在母亲身上。这里的要点不是说第五伦在照料侄子时没有投入半点情感，而是说，如果以他对儿子的情况作为参照，他看望侄子的行为所伴随的关心度与其次数显然不成正比。正是在这个意义上，第五伦反省自己"有私"（也就是偏心）。

第五伦这个例子涉及的是家人，他对侄子再怎么不关心（care），要说他在看望侄子时就像一个木头人（比起僵尸，这个比喻更符合中文习惯），也许让人难以置信。那么，现在笔者

---

① 范晔：《后汉书》，第1402页。

从现实生活当中撷取一个例子，将使"木头人"或"无意识人"的特征看上去更为纯粹。这就是职业哭丧人的例子。在中国内地某些地区，存在着雇用职业哭丧人（通常是女性）的习俗。这些人的工作就是为雇主过世的亲人奉上号啕大哭、顿足捶胸、呼天抢地等表达深切悲痛的服务。在本质上，她们正是王阳明所说的"扮戏子"（演员）。由于她获得报酬的多少与她所提供的悲痛服务的质量严格挂钩，因此，可以想象，她们悲伤的行为能够达到以假乱真的程度。不，以假乱真这个说法还不够确切，因为她们的哭泣、呼喊、身体的摇晃等一切外在行为，都是真的。因为我们已经假定她们是一些极其专业并且敬业的演员，所以不用担心"假哭"这回事。然而，就像第五伦一样，他看完生病的侄子回来后就能倒头大睡，我们可以想象，这名职业哭丧人回到自己家中，照样进行自己的正常生活，比如，她津津有味地享受一顿美餐，甚至因为吃得愉快而哼起小曲。她会换上自己喜欢的红裙子，甚至给自己精心地化好妆，然后去逛街。等等。也就是说，她不会像一个真正的刚刚经历丧亲之痛并且声嘶力竭哭喊过的孝子（准确地说，是孝女）那样沉浸在自己的悲痛之中，从而茶不思饭不想。当然，我们也可以设想，有的职业哭丧人会有一段心理不应期，她可能在完成哭丧工作之后好几天缓不过来。但是，作为一个职业哭丧者，出于本能的自我保存的考虑，她会尽量避免这种情况，也就是说，她必须训练自己能够最快地实现"角色转换"，学会把工作与生活分开。总之，我们现在面对的是一个训练有素的职业哭丧人，她在工作时（即：受雇为人哭丧）表现出色，让雇主满意（即：她的悲伤表演无可挑剔），同时，她已经成功地做到不带一点个人情感进去。也就是说，她是以一种"无心"的方式做着种种悲伤的行为。

看上去，职业哭丧人完全符合王阳明"扮戏子"一说的要求。然而，遗憾的是，如果要用来打击行为主义，这个例子可能也帮不上王阳明多大的忙。因为，说到底，职业哭丧人不是孝子本人，如果一个做孝子的人，他（她）打算像这个职业哭丧人一样行事，那就意味着，他（她）在人前一套，人后一套（也就是说，葬礼结束了，他的孝子表演也就结束了），这就又回到上文说的"假孝子"情形，而"假孝子"案例对行为主义并不构成真正挑战。

现在让我们对"职业哭丧人"的例子做一点修改。假设这个职业哭丧人接到了一份新的订单，这次的工作不是哭丧，而是装扮成一个已经失忆的老人的女儿去照顾她到死。规则跟哭丧差不多，她的报酬跟她提供的服务质量严格挂钩。也就是说，她在各方面都要表现得像一个全心全意照顾自己母亲的孝女一样，才能获得丰厚的报酬。反之，如果三心二意，表现欠佳，她就会受到相应的惩罚乃至丢掉这份待遇优渥的工作。试用一段时间之后，雇主感到非常满意：这名雇工在各方面都表现得像一个孝女一样尽职尽责，甚至比她本人（也就是老人真正的女儿）还要好。除了她跟老人没有血缘关系，除了她是为钱工作。一直到死，老人都把这名雇来的工人当作自己的亲女儿

（因为她始终没有恢复记忆）。

　　这个修正版的"完美雇工"例子，它与之前"职业哭丧人"例子不同的地方在于：它把雇用的时间延长了，换句话说，它把一次性服务变成了养老送终服务。那么，对于这个完美雇工，王阳明是否可以承认她是真正的孝子呢？如果不承认，理由又是什么？如果说职业哭丧人由于工作时间的短暂，她的人生可以分为工作中的孝子（出演孝子）与工作后的自身人生两段，那么，承担养老送终这份工作使得她没有了下班概念（因为方便照顾的原因，她全天候陪护）。不错，她是演员，但这出戏需要她用整个下半生去演。假设老人活得够久，以至于比她还要后死。不无讽刺的是，老人之所以能活得这么久，在很大程度上正是拜她所赐，她这个"女儿"实在是太称职太能干了。那么，这个"完美雇工"跟一个真正的女儿究竟有什么差别？即便我们假设，自始至终这名雇工都是为钱工作，都在自己内心清楚地划分工作与实际生活的界限。除非一定要把孝子作为一种先天概念（即：以血缘关系为内容），否则，从一种建构主义的立场看，这名完美雇工完全称得上老人的孝子。

　　也许，有人会争辩说，雇工就是雇工，雇工不是真正的儿女，因为前者为钱工作，一旦没有这层关系，她就会立刻中止服务。而真正的儿女（孝顺儿女）跟自己的父母不是这种关系。如果这名雇工真的是为了钱工作，那么，这些优质服务（即老人眼里女儿的完美孝行）的真正来源还是雇主——那个花钱雇用这名雇工的老人女儿。

诚然，完美雇工再怎么完美，终究是雇工。但是，对老人来说，最重要的或最实在的，难道不就是那些服务吗？管它是来自一名雇工（也就是所谓外人）还是自己的亲生骨肉。站在雇工的角度看，那是她提供的服务；站在老人的角度看，这就是她儿女的孝心孝行（假定老人因为失忆，一直把雇工认作自己的亲生女儿）。如果金钱能买到完美的孝行（服务），它背后有没有孝心，已经并不重要。假如金钱所产生的服务跟出自孝心的孝行一样好，那么，就不能认为出于孝心的孝行才是最好的（即王阳明所说的至善）。可能有人最后还是有所保留：买来的服务真有那么好吗？买来的服务跟没有任何功利目的的奉献还是不能比的吧？

对于这样的疑问，也许未来智能机器人的发展会给出答案。完全可以设想，将来由高级智能机器人承担今天人类由儿女从事的养老工作。既然无人驾驶比人工驾驶更好，那么，又有什么理由怀疑，仿真"儿女"（机器人）比人类能够更好地尽到人子之孝呢？至于这些机器人有没有意识有没有"心"，又有什么关系呢？

回到"孝行"是否可以脱离"孝心"而存在的问题，以上叙述的"完美雇工"系列思想实验对此做出了肯定的回答。在一定程度上，它动摇了传统行为主义的理论基础，因为它说服我们放弃"孝行"是"孝心"的充分条件这一命题。那么，这是否意味着行为主义至此已无路可走了呢？并非如此。"完美雇工"系列思想实验最后得出的结论是有利于行为主义的，而不是相反。"完美雇工"论证暗示：归根结底，"孝行"才是重要的，至于有没有"孝心"，反倒是不重要的。

（三）李退溪的行为主义立场

经过前面对行为主义以及反行为主义理论得失的检讨，再来看退溪的观点与行为主义之间的关系，得出以下看法，就显得很自然了：退溪持一种行为主义立场。

如上所述，通过"扮戏子"说，王阳明对行为主义提出了异议，而退溪批评阳明，阳明对行为主义的这种排斥也为他所注意，对此，他从正面做了回应。

招致阳明攻击的主要是行为主义的第二命题，即：行是心的充分条件，有行必有心。退溪明智地选择了行为主义的第一命题来坚守，而甩开了多少有些麻烦的第二命题。退溪牢牢抓住行为主义的第一命题，即：行是心的必要条件，有心必有行，组织了对阳明的狙击。

退溪说："好善则不但心好之，必遂其善于行事"，"恶恶则不但心恶之，必去其恶于行事"。作为例证，他分别举出"好好色"与"恶恶臭"这两件日常生活现象来说明。他指出，"好好色"就意味着"求必得之"，"恶恶臭"就意味着"务决去之"。"好恶"属于心灵方面的意向，"得之"和"去之"则是与事物（"好色"与"恶臭"）发生直接关系，而表现为一种运动或行动。这种运动或行动，用斯金纳的术语来说，属于"自发行为"（voluntary behavior），又称操作性行为（operant behavior）、R

行为，跟动物面对刺激被动的反应不同。斯金纳认为，人类行为主要是由操作性反射构成的操作性行为，操作性行为是作用于环境而产生结果的行为。[①] 可见，退溪关于"好恶"必见之于行为的看法，与心理行为主义有不约而同之处。从行为主义的这个基本原理出发，退溪对阳明的"心—行分离论"提出诘难："若如其说，专事本心而不涉事物，则心苟好好色，虽不娶废伦，亦可谓好好色乎？心苟恶恶臭，虽不洁蒙身，亦可谓恶恶臭乎？"

有人曾为阳明叫屈，说阳明并非"专事本心而不涉事物"，退溪攻错了方向。[②] 实际上，退溪的矛头所指是"心—行分离论"，而不是说阳明"专事本心而不涉事物"。退溪的意思是说，如果"心"与"行"彼此不相干，存在着"有心却无行"或者"有行却无心"的情况，那是于理不通的。因为，退溪诘问道：如果一个人真的"恶恶臭"，他怎么可能忍受被污秽蒙身？一个人不以污秽蒙身为意，那只能说明他并非真的"恶恶臭"。

退溪的这种诘问合乎常识，毋庸置辩。"可谓好好色"与"可谓恶恶臭"两句，可以改写成如下的等价的知识论命题：可谓知好好色，可谓知恶恶臭。如此，在逻辑上推出以下命题就没有任何问题：

---

① B. F. Skinner, *Selections from Science and Human Behavior*.
② 参见前揭李明辉文。

1）如果一个人任凭不洁之物蒙身，那就不能说他是"恶恶臭"的。

2）如果我们说某人"恶恶臭"，那他一定不会任凭不洁之物蒙身。

这些命题的特点是：在显见的事实与人的心理属性之间建立关联。从常识来看，这些命题皆为真，即使是王阳明也不会反对。事实上，王阳明自己在谈到如何判断一个人是否"知孝"的问题上，他给出的命题与此几乎同一模式。阳明说："就如称某人知孝，某人知弟，必是其人已曾行孝行弟，方可称他知孝知弟。"[①] 如果翻成现代汉语，就可以得到以下命题：

3）如果我们说某人懂得孝或悌，那一定是因为这个人已经行了孝或悌。

4）除非一个人已经行了孝或悌，我们才能说他懂得孝或悌。

[①] 阳明这个说法在他弟子那里渐失其真，如钱德洪所撰《年谱》记作："又如称某人知孝，某人知弟，必其人已会行孝行弟，方可称他知孝知弟，此便是知行之本体。"（王守仁：《王阳明全集》卷三三，第1229页）黄直所记语录则云："门人有疑知行合一之说者。直曰：'知行自是合一。如今人能行孝，方谓之知孝。能行弟，方谓之知弟。不是只晓得个孝字弟字，遽谓之知。'先生曰：'尔说固是。但要晓得一念动处，便是知，亦便是行。'"（《传习录拾遗》第19条，陈荣捷：《传习录详注集评》，第239页）按：钱氏改"曾"为"会"，黄氏改"曾"为"能"。其实，阳明本指过去完成式，而钱、黄皆以为是说一种能力，一字之讹，其意已差。

透过这些命题，我们可以看到，王阳明是怎样将知识论问题转换为事实问题的。换句话说，阳明自己在判断心理属性时也不得不诉诸外在行为。而这正是行为主义的基本教义。王阳明以"扮戏子"说对行为主义提出责难，却没想到，被他从前门扔出去的"猫"又从窗子爬进来。这在某种意义上无异于宣告，他对行为主义的异议被自我消解。

阳明在这个问题上的不统一，被退溪抓个正着。退溪指出，"（阳明）于孝于弟不曰'知孝已自孝，知弟已自弟'，但曰'人之称孝称弟者，必已行孝行弟'，则与前后语意不相谐应。"[①]

所谓"知孝已自孝，知弟已自弟"，这是退溪仿照阳明"知痛已自痛，知寒已自寒，知饥已自饥"的说法而造的新句子。阳明原话是："又如知痛，必已自痛了，方知痛。知寒，必已自寒了。知饥，必已自饥了。知行如何分得开？"[②]

从形式上看，"知痛，必已自痛了"，跟"如称某人知孝者，必已行孝"的差别在于，前者没有后者的"如称某人"字样，且用了一个"自"字。这些差异可能导致退溪将"知痛，必已自痛了"理解为诉说自我感受的反身判断，即："某人说他知痛，那他一定就是痛过了"，从而有别于"说某人知痛，那一定是（因为）他真的痛过了"这样一种第三人称命题。其实，就阳明的本意而言，这两个句子都是第三人称命题，也就是说，

①　李滉：《退溪先生文集》卷四一《传习录论辩》，第419页。
②　王守仁：《王阳明全集》卷一《传习录上》，第4页。

"知痛，必已自痛了"是"如称某人知痛，必已自痛了"的简写形式，而"如称某人知孝者，必已行孝"也可以简写为"知孝，必已行孝"。在阳明自己使用的意义上，"知孝已自孝""知弟已自弟"这样的说法没有任何问题。在这一点上，不妨说，退溪未达阳明之意，不过，阳明自己要对这种误读负一定的责任：他在谈论"知孝""知弟"这一类的"知"时与"知痛""知饥""知寒"那一类的"知"时使用了不同的表述，而对后者的表述很容易让人以为那是一种诉说自我感受的反身判断。

如果搁置诠释上的这种问题，径直考虑其中蕴含的理论要点，则有值得一说之处。"某人说他知痛，那他一定是曾经痛过了"，这个命题为真的条件，与"某人说他知孝，那他一定就是行过孝了"那个命题的为真条件，并不相同。即使在把"知 x"规定为"行过 x"的同一前提下，这两个命题的真值也不相同。因为，"痛"是个人感受，而"孝"则是客观评价。对于"痛"，外人无法判断真假，因此，假如给定"知痛就是曾经痛过"这个前提，那么，从"某人说他知痛"就一定能推出"他一定是曾经痛过了"的结论。而"孝"涉及公共评价，不能以个人说法为准，因此，即便给定"知孝就是行过孝"这样的前提，也无法一定能从"某人说他知孝"，就推出"他一定是行过孝了"的结论。简言之，如果一个人说他痛，我们没有理由对他说"不对，你不痛"，因为痛在他身上。但是，如果一个人说他孝，我们却有理由对他说"不对，你不孝"，因为，比起"痛"，"孝"更具有公共客观的度量性。根据这个分析，退溪对"知孝已自知孝"与"人之称孝称弟者，必已行孝行弟"两个表述做出区分，在理论上实有一定意义。

三、结论

以上，笔者从心灵哲学重新审视了李退溪对王阳明的批判，提出，李、王的观点分别代表了对行为主义的赞成与反对。按照阳明，孝行不必然伴以孝心，他把那种有孝行而无孝心者称为"扮戏子"。按照退溪，孝行必然伴以孝心，无法想象，一个人有孝心却无孝行，或有孝行却无孝心。王阳明的论证对行为主义构不成威胁，并且，就像李退溪所指出的那样，王阳明在评论某人是否"知孝""知弟"时，将判断标准诉诸外在行为，从而实际上倒向了他所反对的行为主义立场。

[参考文献]

蔡仁厚，《李退溪辩知行合一之疏导》，《儒家心性之学论要》（台北：文津出版社，1990）

程树德，《论语集释》（北京：中华书局，1990）

范晔，《后汉书》（北京：中华书局，1965）

高新民，《现代西方心灵哲学》（武汉：华中师范大学出版社，2010）

皇侃，《论语义疏》（北京：中华书局，2013）

李丙焘，《韩国儒学史略》（首尔：亚细亚文化社，1986）

李滉，《退溪先生文集》（首尔：景仁文化社，1986）

李明辉，《李退溪与王阳明》，《四端与七情：关于道德情感的比较哲学探讨》（上海：华东师范大学出版社，2008），pp. 257—262.

林月惠，《郑霞谷对王阳明"知行合一"说的理解》，《异曲同调——朱子学与朝鲜性理学》（台北：台湾大学出版中心，2010），pp. 331—362.

——《朝鲜朝前期性理学者对王阳明的批判》，《台湾东亚文明研究学刊》（2013）。

刘明钟，《朝鲜朝的阳明学及其发展》，《韩国哲学史（下卷）》（北京：社会科学文献出版社，1996）

王守仁，《王阳明全集》（上海：上海古籍出版社，1992）

小西奥多·希克，刘易斯·沃恩，《做哲学：88个思想实验中的哲学导论》（北京：北京联合出版公司，2018）

宣炳三，《朝鲜时代阳明学辨斥史的序幕：以退溪辨斥为主》，《中国哲学史》（2014），3

永富青地，《王守仁著作の文献学的研究》（东京：汲古书院，2007）

郑玄注，孔颖达正义，《礼记正义》（北京：北京大学出版社，1999）

朱熹，《朱子全书》（上海：上海古籍出版社，合肥：安徽教育出版社，2002）

朱熹：《四书章句集注》（北京：中华书局，1986）

N. Block，Psychologism and Behaviorism，The Philosophical Review，1981，90.

—— Readings in philosophy of psychology，Cambridge：Harvard University Press，1981.

G. Graham，Behaviorism. https：//plato. stanford. edu/entries/behaviorism/，2015.

H. Putnam，Brains and Behavior，in R. J. Butler ed. ，Analytical Philosophy，Volume 2，Oxford：Blackwell，1965.

G. Ryle，The Concept of Mind，Middlesex：Penguin Books，1968）.

D. Stoljar，Physicalism，https：//plato. stanford. edu/entries/physicalism/，2015.

D. Chalmers，The Conscious Mind，Oxford：Oxford University Press，1996）.

B. F. Skinner，Selections from Science and Human Behavior，in Block，N. Readings in philosophy of psychology. Volume 1. Cambridge：Harvard University Press，1981.

第十一章
儒学的"超地方性"与"在地性"
——佐藤一斋《孟子栏外书》的意味

儒学曾被当作某种"地方性知识"（local knowledge），其实，儒学从诞生之日起就有一种"超地方性"（over local），同时，它在传布过程中不断"在地化"（localization），至少，在东亚范围内，一定程度上实现了"全球在地化"（Glocalization）。本文拟以江户儒者佐藤一斋《孟子栏外书》为例说明儒学的这种"超地方性"与"在地性"。

佐藤一斋，名坦，字大道，号一斋，又号爱日楼、老吾轩，美浓（今岐阜）岩村藩人。生于安永元年（1772），卒于安政六年（1859），是日本江户时代后期代表性的儒学者。一斋年轻时即入儒学者林信敬（锦峰）之门，而后又成为林氏塾长，七十岁更成为幕府儒官，执掌当时最高学问机关昌平坂学问所一十九载，至死方休。林氏世奉朱子学，德川幕府亦于1790年代发布以朱子学为正学的"异学之禁"令。职事所系，一斋日常讲说，其为朱子学无疑。但一斋对阳明学并不排斥，一生搜集阳明真迹不遗余力，辑成《爱日楼余姚帖》三卷，所著《言志录》及诸《栏外书》，对阳明之说时加称引。以此，被目为阳明学者。如，与一斋同时代的海保元备（号渔村，1798－1866），即据一斋《论语栏外书》判其尊王黜朱，而作《论语驳异》一卷。[①] 井上哲次郎（1855－1944）就将一斋纳入日本的阳明学派。[②] 中国学者朱谦之同样如此处理。[③] 晚近，永富青地依然在驳斥关于一斋是朱子学者的说法。[④]

鉴于一斋的《栏外书》为论者指其"阳朱阴王"的主要根据，因此，本文选择《栏外书》进行考察。《栏外书》有十种之多[⑤]，本文主要就《孟子栏外书》来谈。这也是考虑到中文世界现有对于一斋的研究状况：与《论语栏外书》已经有小幡敏行《略论佐藤一斋的〈论语栏外书〉》[⑥] 那样的专题论文不同，

---

① 需要指出的是，海保元备右朱，也精于考据。他曾师事有江户考证学泰斗之称的太田锦城（1765－1825）。渔村与锦城同属汉宋兼采之学者，渔村所采程朱之说还要多过锦城。（安井小太郎：《日本儒学史》卷六，东京：富山房，1939 年）渔村治经，搜寻于古注疏，征之于各经，并参乎史子集，辨定异同，研覆是非，力图合乎古圣贤立言之原意。考据之精密，堪称古今独步。（关仪一郎编：《日本儒林丛书》正编《论辩部》之《抱腹谈之抱腹》例言，东京：东洋图书刊行会，1927－1938 年）

② 参见井上哲次郎：《日本阳明学派之哲学》第二编 藤蕃山以后的阳明学派第八章佐藤一斋（东京：富山房，1900 年初版，1936 年改订增补版）。

③ 参见朱谦之：《朱谦之文集》第八卷《日本的古学与阳明学》第五章"佐藤一斋及其门下"（福州：福建教育出版社，2002 年）。

④ 参见永富青地：《佐藤一斋是一位朱子学者吗？——就〈栏外书〉的记载而谈》（《历史文献研究》2016 年第 1 期）永富商榷的对象主要是为《佐藤一斋全集》的注释者山崎道夫，后者著文《一斋是朱子学者》，理由是：一斋是圣堂的儒者，并且从其祖父周轩以来家学就是朱子学。（《佐藤一斋全集》，"解说"，东京：明德出版社，1990－2003 年，第 5 页）

⑤ 包括：《小学栏外书》《大学栏外书》《孟子栏外书》《传习录栏外书》《易学启蒙栏外书》《论语栏外书》《中庸栏外书》《近思录栏外书》《周易栏外书》《尚书栏外书》。

⑥ 《国际儒学研究》第 22 辑，北京：九州出版社，2014 年。

关于《孟子栏外书》，还没有出现专题论文，前揭永富青地文有一节讨论到《孟子栏外书》，但仅引了一条材料。

一、《孟子栏外书》的一般情况

《孟子栏外书》直到大正十三年（1924）被《日本名家四书注释丛书》（东京：东洋图书刊行会）收录刊行之前，一直以写本的形式流传。丛书编纂者比较了两个写本，最后以注释多者为底本，他本有异时，于条下出校勘记。笔者所用《孟子栏外书》的版本即为《日本名家四书注释丛书》所收本。是书分上下两帙，上帙包括：序说、梁惠王上、梁惠王下、公孙丑上、公孙丑下、滕文公上、滕文公下。下帙包括：离娄上、离娄下、万章上、万章下、告子上、告子下、尽心上、尽心下。

"栏外书"一名，有分教，一斋自述云：

> 余读《论》《孟》，尚绅绎正文，每有所得，蝇书之乌丝栏外。积年之久，纸无余白，不得不别存焉。但以其说与本注时有异同，故不敢辄示人，恐生疑惑也。虽然，其同也非苟同，而异也亦非求异。则示诸一二友契，何太不可？乃今誊录之，题曰栏外书，仍是巾笥中物，乌敢公然问世。（《论语栏外书》卷首）

由此可知，构成栏外书的这些札记，原是写在一斋所读之书的墨色行格界栏（乌丝栏）之外，现在独立成书，没有附载相应的原文，阅读就不是很方便，需要将朱子《四书章句集注》以及《四书大全》备在手边，随时查对。

为本书做解题的安井小太郎认为，是书博采众说，采取的是"程朱一派的折中家的态度"。从它对王阳明的参取较《论语栏外书》为多这一点来看，其成书似在《论语栏外书》之后。（《孟子栏外书解题》，第1页）安井还认为，是书与他书相比，平允之说尤多，大概是晚年之作。（《孟子栏外书解题》，第2页）。

按：安井的这个解题比较粗略，且推测成分居多。他说一斋博采众说，却没有具体指出一斋究竟参考了哪些作者哪些书。从而，他关于一斋采取的是"程朱一派的折中家的态度"的结论，就不能让人感到信服。又，安井对《孟子栏外书》的写作年代只大致推为一斋晚年，实际上，是书写于天保十三年（1842），即：一斋七十岁时。[①]

笔者对《孟子栏外书》所引文献做了全面考察，由此切入，认识其学术思想特色。以下，我们从四个方面展开论述，依次是：文献价值、学术地平、别具只眼、考据功力。

二、《孟子栏外书》的文献价值

一斋书中所引，有像金履祥（仁山）、许谦（白云）、蔡清

---

① 此用永富青地说，参见所著《佐藤一斋是朱子学者吗？》，第143页注1。不过，永富没有交代其判断依据。

（虚斋）这样一些在四书学史上有名有姓的"大人物"，但更多的，则是像黄光昇（葵峰）、徐爌（岩泉）、张振渊（彦陵）、郑维岳（申甫）那样一些名不见经传者。

按：黄光昇（1506－1586），字明举，号葵峰，晋江人。嘉靖八年己丑（1529）进士，授长兴令，终刑部尚书。著有《四书纪闻》《读易私言》《读书愚管》《读诗蠡测》《春秋采义》《历代纪要》《昭代典则》等。日本尊经阁文库藏有明万历版《四书纪闻》十八卷（十四册）。

徐爌，字文华，号岩泉，太仓人。嘉靖三十二年（1553）进士，授长沙府推官，终山西道行太仆寺卿。著有《四书初问》《太极测》《雁门集》《琢玉新声》《南游日记》《准海观风录》等。日本尊经阁文库藏有明嘉靖版《四书初问》八卷附补（四册）。

张振渊，字彦陵，仁和（今杭州）人。盛年在万历间。著有《石镜山房周易说统》《石镜山房四书说统》。日本尊经阁文库、东洋文库、加贺市立图书馆等藏有明天启三年序刊本《石镜山房四书说统》三十七卷。

郑维岳，字申甫，号孩如，泉州南安人。明万历四年举人，历官遂昌教谕、五河知县、曲靖府同知等职。著有《四书正脉》《四书定说》《四书知新日录》《大学存古》《中庸明宗》《论话脉》《孟子圣谛》《易经密义》《易经意言》《礼记解》《群书考采录》等。（《南安县志》）

研读《孟子栏外书》，对于了解明清（尤其是中晚明）四书学，实可以让人大开眼界。在某种程度上，《孟子栏外书》为明清孟子学著述提供了一个指引。值得特别加以提出的是，《孟子栏外书》引金辉鼎（琊山）《四书述》多达十三条。金氏为清初学者，生平不详，著有《四书述》。其书中国早佚，今唯日本内阁文库藏有孤本。[①] 仅此一点，即可见一斋《孟子栏外书》在文献上具有珍贵的价值。鉴于《四书述》国内无缘一见，今具引如下，以飨学人。

1.《梁惠王下·鲁平章》

> "行或止之，使或尼之"，与《论语》"道之将行将废"参看。"或"字中便隐含"天"字，不宜将"使""尼"著人上说，别推出所以行所以止一层。金琊山云。（《四书述》）（《孟子栏外书》上帙，页一九）

按："行或止之，使或尼之"这句话是孟子在听说鲁平公因信谗言而取消拜见孟子的计划之后的反应，原文是："行或使之，止或尼之。行止，非人所能也。吾之不遇鲁侯，天也。藏氏之子焉能使予不遇哉？"《论语》"道之将行将废"说的是孔子对于公伯寮乱进子路谗言一事的评论："道之将行也与，命也。道之将废也与，命也。公伯寮其如命何？"（《宪问》）佐藤一斋

---

① 日本东北大学三浦秀一教授为笔者从日本国立公文书馆拍下康熙二十二年刻金辉鼎《四书述》的部分页面，谨此致谢。

引金辉鼎《四书述》关于"或"字的解释，说"或"字隐含"天"字，所谓"不宜将'使''尼'著人上说，别推出所以行所以止一层"，实际上是针对朱子《论语集注》的异议。《集注》关于"行或止之，使或尼之"的解释是："言人之行，必有使之者。其止，必有人尼之者。然其所以行所以止，则固有天命，而非此人所能使，亦非此人所能尼也。"

2.《滕文公上·墨者章》

"其颡有泚"，《四书述》引王阳明曰："'其颡有泚'二句，正是不识不知良心发见处。若稍涉情识，便非上世光景。'非为人泚'，言非他人见我弃亲如此而发愧也，乃吾心自然不忍，达之面则泚，达之目则睨耳。'非为人'，正见是天。"（《孟子栏外书》上帙，页四一）

按：一斋这里所引阳明语，出自金辉鼎《四书述》，然今本阳明全集不见此语，或阳明佚文与？

3.《滕文公下·公都章》

"予不得已"，《四书述》引王阳明曰："通章'不得已'三字为主。禹、周不得已有为，孔、孟不得已有言。使圣贤于世变紧关处一或已之，则世道成何样子？天翻地覆，皆赖有圣贤一点不得已之心耳。"（《孟子栏外书》上帙，页四四）

按："予不得已"，是孟子在回答公都子问"外人皆称夫子好辩，敢问何也?"所作的回答，其中提到禹治水，周公辅佐成王，孔子作春秋等事迹。《四书述》所引阳明语同样不见于今本阳明全集，似乎又是佚文。

4.《离娄下·君子章》

> "自反"即是"存心"。二"自反"，随至随反，非横逆三至三反也。勿着呆相。金琊山云。（《四书述》）（《孟子栏外书》下帙，页六四）

按：《离娄下》"君子章"先提到"存心"："君子所以异于人者，以其存心也。君子以仁存心，以礼存心。"随后又谈到君子遇横逆自反的问题："有人于此，其待我以横逆，则君子必自反也：我必不仁也，必无礼也，此物奚宜至哉？其自反而仁矣，自反而有礼矣。其横逆由是也，君子必自反也：我必不忠。自反而忠矣。其横逆由是也，君子曰：'此亦妄人也已矣。如此，则与禽兽奚择哉？于禽兽又何难焉？'"出现了两次"自反"，三次"横逆"。一斋引金琊山说，不是每次横逆出现都要自反。

5.《离娄下·君子章》

> "非仁无为"二句。变化气质，居恒无所见，惟当利害、经变故、遭屈辱，平时愤怒者，到此能不愤怒；忧惶失措者，到此能不忧惶失措，裁是有得力处，亦便是用力

处。由此言推之，君子一生，正在与人酬酢横逆困郁处用力。若只闭户独处，拒绝外患，自谓存心，此枯槁寂灭者之行，非圣贤经世之学也。金琊山云。（《孟子栏外书》下帙，页六四）

按："非仁无为"二句，在《孟子》原文中是承接"若夫君子所患则亡矣"而来。一斋所引金琊山的解释，是联系到前文关于君子遇横逆如何自处的内容加以发挥，强调君子之学的经世意义。其义近于阳明"在事上磨练"之说[1]。

6.《离娄下·禹稷章》

"救之"二字，当属上句。金琊山曰：同室之斗，情理事势，皆不可坐视不救。下"被发"句，是进一层说。犹言虽如是急救之，亦未为过也。若不如此体贴，便似下救之二字，犯复矣。（《孟子栏外书》下帙，页六五）

按：《孟子》原文出现了三次"救之"，第一次出现的"救之"跟第二次的似乎构成重复："今有同室之人斗者，救之，虽被发缨冠而救之，可也。乡邻有斗者，被发缨冠而往救之，则惑也，虽闭户可也。"金琊山认为，第一个"救之"并不是衍

---

[1] "人须在事上磨练做功夫乃有益。若只好静，遇事便乱，终无长进。那静时功夫亦差似收敛，而实放溺也。"（《传习录》下）

文，而是为了突出形势的紧急。

7.《万章上·象日章》

> 金琊山谓：富贵内隐寓转移化导意，方全得亲爱初心。（《孟子栏外书》下帙，页七〇）

按："富贵"云云，出自《孟子》原文如下一节："仁人之于弟也，不藏怒焉，不宿怨焉，亲爱之而已矣。亲之欲其贵也，爱之欲其富也。封之有庳，富贵之也。身为天子，弟为匹夫，可谓亲爱之乎?"象一心想谋害舜，舜不仅不怨恨，反而给他以富贵，孟子的解释是，舜这样做是为了成就仁者爱弟之心。而金琊山则指出，舜给象富贵，还隐含了某种转化象的用意。

8.《万章下·敢问章》

> 金琊山曰：此节轻，引起下节。引"御"以为例，乃为下文诸侯"犹御"张本。"不可"，犹不可受。《康诰》只明不可二字。（《孟子栏外书》下帙，页七〇）

按：引"御"以为例，是指《孟子》原文所举的例子："今有御人于国门之外者"。诸侯"犹御"是指："今之诸侯取之于民也，犹御也"。"不可"是对"斯可受御与?"的回答，承前省略"受"字。

9.《万章下·士之章》

"士之不托"，此章当以士之自待为主，而君之所以待
士，亦兼在其中。金琊山曰："士居人国，以分则氓；以德
则贤。君而氓之，上不敢自同于国君，次何敢自同于臣职。
君而贤之，不惟当有养贤之礼，尤当有举贤之道。"（《孟子
栏外书》下帙，页七八）

按："士之不托"是"士之不托诸侯"的省文。一斋认为，
此章主要讨论士在面对诸侯的待遇时如何自处的问题，但从中
也可以了解到诸侯待士之礼。"氓""贤"这些讲法出自《孟子》
原文："君之于氓也，固周之"，"悦贤不能举，又不能养也，可
谓悦贤乎？"金琊山的评论就是由此而发的。

10.《告子下·曹交章》

"有余师"，金琊山曰："只在良心发见上说，如亲欲
爱，便思尽爱。长欲敬，便思尽敬。一点良心便是师，触
处皆师，不必外求也。'为尧舜''为'字，工夫切实处，
只在孝弟上而已矣。归求'有余师'，全要躬行上着力，仍
是鞭策去为。须识：孟子始终诱进曹交，不是拒绝他。"
（《孟子栏外书》下帙，页九一）

按：《孟子》原文只是说"夫道，若大路然，岂难知哉？人

病不求耳。子归而求之，有余师"，金琊山用阳明的良知（良心）说来解释。从一斋所引《四书述》的情况来看，两次引阳明之说，又用阳明思想来解释孟子，金琊山似乎是阳明学的追随者。

11.《尽心上·知者章》

"知者无不知"，金琊山曰："知、仁虽平举，语意却自联络。'知'说当务为急，'仁'说急亲贤为务。亲贤即是急务。'知'即明于用仁。两'务'字紧相呼应，当一样看。犹言当务为急者，在急亲贤为务耳。末只结在'不知务'上。大旨自明。"（《孟子栏外书》下帙，页一〇七）

按：这一条是金琊山对《孟子》原文的疏通，因原文关于"务"的说法有些夹杂，似乎"知"的"当务之为急"与"仁"的"急亲贤之为务"是两件事："知者无不知也，当务之为急；仁者无不爱也，急亲贤之为务。尧舜之知而不遍物，急先务也；尧舜之仁不遍爱人，急亲贤也。不能三年之丧，而缌小功之察；放饭流歠，而问无齿决，是之谓不知务。"经过金琊山的解说，两个"务"字之间的关系就比较清楚了。

12.《尽心下·齐饥章》

"则之野"，"则"字紧折，见不可然而然之意，蒙到"下车"句。周密、杨慎、金辉鼎、周亮工皆谓。（《孟子栏外书》下帙，页一一一）

按：这一条引金辉鼎，只是一斋所参诸家之一。包括金琊山在内的注者都认为，《孟子》原文中的"则"字有转折意，所谓"'则'字紧折，见不可然而然之意"。这一点，朱子《集注》没有提到。关于"则之野"，《集注》只解释了"之"字："手执曰搏。卒为善士，后能改行为善也。之，适也。负，依也。山曲曰嶇。撄，触也。笑之，笑其不知止也。疑此时齐王已不能用孟子，而孟子亦将去矣，故其言如此。"

13.《尽心下·有布章》

"用其一，缓其二"，金琊山曰："用一缓二之法，用得最活。凡视时之后先、事之缓急、民之肥瘠，一一为之斟酌，不失撙节爱养之道，皆是。不必拘夏秋冬分属者。《注》'两税'，夏秋二税也。'三限'，限三时也。宋法，夏税至十一月，是历夏秋冬三时。或是'三限'，限三时也。盖不与'布缕取之夏、粟米取之秋、力役取之冬'者同。其不并取以纾民力，则同也。"（《孟子栏外书》下帙，页———）

按："用其一，缓其二"，《孟子》是就"布缕之征""粟米之征""力役之征"三件事而言的。朱子《集注》结合宋代的"两税三限"之法做了解释："征赋之法，岁有常数，然布缕取之于夏，粟米取之于秋，力役取之于冬，当各以其时；若并取之，则民力有所不堪矣。今两税三限之法，亦此意也。"一斋所引金琊山这条解释对朱子《集注》有所商榷。

三、《孟子栏外书》的学术地位

一斋充分吸收了中国学者对于朱子《孟子集注》的研究成果。具体说来，一斋是以明初成书之《四书大全》的《孟子集注大全》为基础，同时参考了清人陆陇其（稼书）《四书讲义困勉录》的《孟子》部分。

如所周知，《四书大全》是明初对于宋元以来朱子学者完善朱子《四书章句集注》工作的一个总结，并且，因为它的官方背景，代表着《四书》经义的标准解释。而《四书讲义困勉录》则是对明代四书研究论点的一个汇编。无论是《四书大全》，还是《四书讲义困勉录》，其基调都是维护朱子的。《孟子栏外书》既以此二书为工作底本，谓一斋对朱子学者的孟子解释知之甚悉，应该毫不过分。就此而言，一斋即便不是朱子学者，至少是治朱子学者。简单地称一斋为阳明学者，恐难以揭示一斋深于朱子学的事实。

值得一提的是，跟江户时期其他大儒一样，一斋经眼了大量明清举业用书。《孟子栏外书》多次提到的《四书蒙引》（蔡清）、《四书浅说》（陈琛）、《四书存疑》（林希元），就是著名的举业用书，而时文大家方应祥（孟旋）[①]、黄汝亨（寓庸）[②] 等人的观点也占有一席之地。

四、《孟子栏外书》的别具只眼

作为治朱子学者，一斋的过人之处在于，他并不为朱子学所限，未囿于他所据以选材的《四书讲义困勉录》等书，而是放宽视野，充分吸收阳明学者的孟子注释。

以往论者已注意到一斋对阳明观点的参取[③]，实际上，《孟子栏外书》引阳明处达十四条之夥。以往论者未曾提及，一斋对阳明后学的孟子注释亦多寓目。据笔者统计，《孟子栏外书》

---

① 方应祥（1560－1628），浙江西安（今衢州）人，字孟旋，号青峒。少孤贫，养母至孝，久困场屋。万历三十四年（1606）乡试夺魁，万历四十四年（1616）会试，读卷官韩若愚读其卷先拟本房第八，后拍案叫绝，定为首卷。官至山东提学，母丧归居，不久病逝。为文"根极性命，自辟阡陌，非六经语不道"，为人"胸次磊落，气度汪洋"，"与人交，倾肝沥胆，即之蔼如婴儿"［（明）龚立本：《烟艇永怀》卷二］。应祥为时文大家，崇祯元年（1628）曾重刻茅坤选评《唐宋八大家文抄》，著有《四书讲义》《青来阁文集》，清人刻有《方孟旋先生合集》，其生平事迹，详见钱谦益《方孟旋先生墓志铭》（《牧斋有学集》卷二九）。

② 黄汝亨（1558－1626），字贞父，号寓庸，又号泊玄居士、寓林居士，浙江仁和（今杭州）人。万历二十六年（1598）进士，官至江西布政司参议。少有文誉，从游甚众。视学江西时，"衡文一以先民为法，临川陈际泰、东乡艾南英皆其首录士"（光绪《江西通志》）。汝亨为时文大家，先后编订《灵鹫山素业》《坛石山素业》等20余部时文选本。与黄洪宪并称"浙中二黄"，论者以为，汝亨"较精峭而意胜于词，似在葵阳（黄洪宪）之上"（俞长城：《制义丛话》卷六）。张汝霖曾请汝亨教孙张岱作时文，其影响可见一斑。

③ 参见前揭永富文。

引季本（彭山）一条，尤时熙（西川）一条，耿定向（楚侗）一条，袁黄（了凡）两条，焦竑（弱侯）四条。

不唯如此，对于王阳明之前的陆九渊（象山），一斋也采用了其孟子说五条。象山自称其学得之于孟子，但由于他不喜注书，所以，他的孟子注释不为人注意。一斋在《孟子栏外书》中将象山之说亦网罗其中，可谓别具只眼，令人刮目。

五、《孟子栏外书》的考据功力

大体上，一斋于义理多取阳明，但一斋此书给人留下深刻印象的另一点是他对名物考证的浓厚兴趣及其渊博学识。

比较而言，一斋之书，在义理上对朱注的商榷，远远不及其在名物训诂方面所作的异议。在义理上，一斋有独得之见的地方不多，他对朱注的商榷基本照搬阳明一派之说。由此可见，一斋的擅长，在考证而不在义理。兹举一例，以见一斋的考据功力。一斋云：

> "七篇成于门人之手。"昌黎说是，薛敬轩亦从之。《滕文公》首章，《注》云：门人不能尽记其辞。又，"决汝汉排淮泗而注之江"，《注》云：记者之误也。"之滕，馆于上官"，《注》云：门人取其有合于圣贤之指，故记。则朱子亦骑墙无一定矣。案：篇内于国君称谥，自称曰孟子，最见其非自著。（《孟子栏外书·序说》"《史记》条"，页二）

按：关于《孟子》七篇究竟是孟子自著还是成于门人之手，历来学者有所争论。① 司马迁主张孟子自著，《史记》云："（孟子）退而与万章之徒序《诗》《书》，述仲尼之意，作《孟子》七篇。"而韩愈则认为，《孟子》非孟子自著，朱子在《孟子序说》中支持司马迁的看法，说："韩子曰：'孟轲之书，非轲自著。轲既没，其徒万章、公孙丑相与记轲所言焉耳。'愚按：二说不同，《史记》近是。"一斋却在《孟子集注》中找到朱子赞成《孟子》为门人所记的材料，总共三条，以此判断"朱子亦骑墙无一定"，其读书之细，考覆之精，不能不让人敬佩。一斋找到的三条材料，具体如下。

《孟子·滕文公上》首章云："滕文公为世子，将之楚，过宋而见孟子。孟子道性善，言必称尧舜。"朱子解释："道，言也。性者，人所禀于天以生之理也，浑然至善，未尝有恶。人与尧舜初无少异，但众人汩于私欲而失之，尧舜则无私欲之蔽，而能充其性尔。故孟子与世子言，每道性善，而必称尧舜以实之。欲其知仁义不假外求，圣人可学而至，而不懈于用力也。门人不能悉记其辞，而撮其大旨如此。"（《孟子集注》卷五）所谓"门人不能悉记其辞"，意思是说《孟子》非孟子自著，而是门人所记。

《滕文公上》第四章有"禹疏九河，瀹济漯，而注诸海；决

---

① 关于《孟子》书究竟为自著还是后人（门人后学）记，抑或孟子与弟子合著，详可参见杨世文的综述：《孟子作者考》（收入所著《近百年儒学文献研究史》，福州：福建人民出版社，2015年，第896—902页）

汝汉，排淮泗，而注之江，然后中国可得而食也"这样的话，朱子注云："决、排，皆去其壅塞也。汝、汉、淮、泗，亦皆水名也。据禹贡及今水路，惟汉水入江耳。汝泗则入淮，而淮自入海。此谓四水皆入于江，记者之误也。"（《孟子集注》卷五）所谓"记者之误"，似乎再次肯定《孟子》是记者所为。

《尽心下》第三十章："孟子之滕，馆于上宫。有业屦于牖上，馆人求之弗得。或问之曰：'若是乎从者之廋也？'曰：'子以是为窃屦来与？'曰：'殆非也。夫子之设科也，往者不追，来者不拒。苟以是心至，斯受之而已矣。'"朱子注云："从、为，并去声。与，平声。夫子，如字，旧读为扶余者非。或问之者，问于孟子也。廋，匿也。言子之从者，乃匿人之物如此乎？孟子答之，而或人自悟其失，因言此从者固不为窃屦而来，但夫子设置科条以待学者，苟以向道之心而来，则受之耳，虽夫子亦不能保其往也。门人取其言，有合于圣贤之指，故记之。"（《孟子集注》卷一四）所谓"门人取其言，有合于圣贤之指，故记之"云云，仍是说《孟子》为门人所记。

一斋发现朱子说法不一，这是他敏锐之处。但实际上，朱子对于这种不一曾经做过澄清。

问："《序说》谓《史记》近是，而《集注》于《滕文公篇》首章云：'门人不能尽记其辞。'又，第四章云'记者之误'。如何？"朱子曰："前说是。后两处失之。熟读七篇，观其笔势，如熔铸而成，非缀辑可就也。《论语》便是记录缀辑所为，非一笔文字矣。"①

朱子明确表示，《孟子》为孟子自著。朱子是根据文气而做了这样的断定。那么，"孟子曰"以及明显是记者口气的那些地方，又如何解释呢？按照朱子，这些地方是后人所加。元儒陈栎（1252—1335，字寿翁，学者称"定宇先生"，新安人）提供了一则材料。

> 愚闻：或疑《易·系辞》有"子曰"字，以为非孔子作。朱子曰：安知非后人所加？如周子自著《通书》，五峰刊之，每章加"周子曰"字。今读《孟子》，亦当会此意。（《孟子集说·序说》，页三）（《四书大全》，第2039页）

这个说法在逻辑上是讲得通的。顺便指出，《四书大全》所载这条材料其实来自倪士毅（1302—1348，新安人，定宇门人）的《四书辑释》，其中，问《序说》云云，原文标了出处："《文集》"，即此条材料来自《朱子文集》。而"新安陈氏曰"云云，原作"《发明》"。《发明》即陈栎的《四书发明》。

无论是《大全》，还是《四书辑释》《四书发明》，一斋都是经眼的，在《孟子栏外书》当中还做过引用。上述材料，一斋

---

① （《孟子集注序说》，页三）（明）胡广等纂修《四书大全》，第二册，济南：山东友谊书社，1993年，第2039页。

应当寓目。然而，却不见一斋提起。也许是因为他自己倾向于《孟子》非自著这种观点①，所以出现了某种"选择性遗忘"吧。

结　语

中国学术史上，有所谓汉宋之争。以四库馆臣为代表的清代学者更是对明人之学评价甚低，谓之空疏。至于朱子学与阳明学，后者是作为前者的批评者而出现的。而在本文考察的江户儒者佐藤一斋这里，从其家学、师承及职守来看，一斋无疑是朱子学者，但其《孟子栏外书》在义理上推尊阳明，在名物训诂上对朱子《集注》多有指摘，表现出浓厚的汉学趣味和精深的汉学修养。在儒学发源地的中国，朱子学、阳明学、考据学各自为政、势不两立，而在一斋这里却达到了一种奇妙的混合或统一。何以如此？这当然跟儒学在日本的受容与变形有关。无论如何，一斋个案正是儒学"全球在地性"的一个显例。

---

① 一斋本人根据"篇内于国君称谥，自称曰孟子"这一点认定《孟子》非自著。

第十二章
朱子学在琉球的落地生根
——蔡温"攻气操心"工夫论辨正

东亚儒学是近年来儒学研究的一个热点。相比朝鲜、日本儒学，琉球儒学作为东亚儒学中具有独特意味的一支，以往学界对之关注不多，这种局面亟须打破。蔡温（1682—1762）是琉球儒学研究绕不开的关键人物，已积累了一些研究成果，但迄今为止，其儒学归属问题尚无定说，是朱子学还是阳明学？又或是颜（元）李（塨）学派，抑或自成一家的琉球学派？言人人殊，聚讼未决。笔者认为，要解决此一问题，对蔡温的工夫论做出准确定位是一个关键。本文首先介绍最近一篇关于蔡温研究的力作，检讨其得失，从中引出需要进一步讨论的问题：蔡温的"攻气操心"是否与朱子学工夫论有异？然后围绕"攻气""操心"两个关键词对蔡温的工夫论进行详细考察。由此确认蔡温的儒学归属，进而分析其中存在的思想张力。

一、问题之提出

台湾学者陈威瑨的论文《琉球儒者蔡温儒学归属再探》[①]是晚近关于蔡温儒学归属问题的一篇力作。在文章第二部分，作者对蔡温儒学归属的各种说法进行了详细介绍。计有：

> 1. 阳明学派说。持此观点的学者有：伊波普猷、崎滨秀明、真荣田义见、张希哲、荻生茂博、佐久间正。
> 2. 朱子学派说。持此观点的学者主要是系数兼治。
> 3. 颜元学派说。持此观点的学者主要有东恩纳宽惇。
> 4. 其他说法。如都筑晶子的思想多面说，史密斯的琉球学派说。

在文章第三部分，作者陈述了他本人的观点：相对于此前诸说，作者比较认同系数兼治的朱子学派说。

在文章第四部分，作者进一步指出，蔡温的"攻气操心"工夫论与朱子学的工夫论有一个重要差异："就修养工夫而言，虽然蔡温标榜'攻气操心'，乍看之下，与朱子学类似，但实际上有一个重要差异。'攻气操心'的具体实践如何，这一点在蔡

---

① 原刊于《哲学动态》2020年第5期，收入本书时有所修订。陈威瑨：《琉球儒者蔡温儒学归属再探》，《中国文哲研究通讯》2017年第4期，第5—22页。

温著作中较少涉及，其分量远不如儒佛之辨，以及'攻气操心'的实际后果之相关论述。"①

作者引蔡温《簑翁片言》第 43 条②：

三士自远境来，同访簑翁，终日共语。士曰："翁之为人，无问不答，无答不明。翁固非常人。"翁叹曰："汝不知吾小少之时乎？小少之时，读书百遍，性不能记，每临事时，智不能辨。那时同学之人，皆能识之。既而，躬自励志，苦学弗懈。三十而来，愈勤弗辍，至今稍似读书之人矣。吾见汝等皆是聪敏之人，唯立志不坚耳。"士曰："翁，何为要务？"曰："生顺死安，些无遗恨，此吾之所愿也，而未能焉。"曰："何谓生顺？"翁曰："一念一行，无大无小，唯顺是务，而终天年。是君子之要务也。"曰："是此工夫，何为先务？"翁曰："世俗之人，大概以气制心。夫以气制心者，念行之间，屡有不顺，而不自觉。苟能以心制气，稍有不顺，便能觉之，心深悔之，勉强改之，便是先务也。实用工夫已久，一念一行，些无遗恨，则得登乎生顺死安之位矣。"士曰："敢问翁之为学次第可得闻乎？"曰："吾二十而嗜读书，三十而初志学，四十而知爱

① 陈威瑨：《琉球儒者蔡温儒学归属再探》，第 20 页。
② 此为日本国立公文书馆藏写本编号，《蔡温全集》所收《簑翁片言》本编为第 44 条。参见崎滨秀明编：《蔡温全集》，东京：本邦书籍株式会社，1984年，第 69 页。

身，五十而觉慎独，六十而免乎疑。至今学问弗辍，死然后止耳。"（《琉球王国汉文文献集成·簑翁片言》）

随后评论说："其中较明确谈到'攻气操心'的具体实践内容，就是自我察觉心为气所制的时刻，进而反省、悔改，以求在未来达到趋近不为欲望所惑，生顺死安德境界。然此则与朱子学的工夫论述有所差别。"[1] 接下来，作者又对这个说法做了具体解释："蔡温的工夫，其实较近似于吕大临的'驱除'，与程朱真正想要依循的有主于中而外邪不能入的进路相异。程子的破屋御寇之喻，乃是为了指出驱除之法治标不治本，事实上也适用于蔡温的'攻气操心'之论述。……无论如何，蔡温即便属朱子学，然而在义理上有所出入，仍是事实。"[2]

在此论说中，作者依据的材料主要是《近思录》卷四"存养"第 10 条：

> 吕与叔（大临）尝言，患思虑多，不能驱除。（程子）曰："此正如破屋中御寇，东面一人来未逐得，西面又一人至矣，左右前后，驱除不暇。盖其四面空疏，盗固易入，无缘作得主定。又如虚器入水，水自然入。若以一器实之以水，置之水中，水何能入来？盖中有主则实，实则外患

① 陈威瑨：《琉球儒者蔡温儒学归属再探》，第 21 页。
② 同上。

不能入，自然无事。"

此条原出《二程遗书》卷一"二先生语一"[1]，作者转引自陈荣捷《近思录详注集评》，因此留意到陈书收录的《朱子语类》相关讨论[2]以及日本学者贝原益轩（1630—1714）的注[3]。

以上是对陈威瑨论文的一个简要介绍。笔者认为，陈文对此前诸说的拣择言之成理，对蔡温与朱子学差异的辨析更是其超越前人之处，但也有一间未达，主要问题是：程朱工夫论固然可以概括为"有主于中"，与吕大临的"驱除"之法自是不同，但蔡温的"攻气操心"是否就近似于吕大临的"驱除"，而与朱子工夫论有所出入？此点大可商量。

二、"攻气操心"正义

在为自己的《澹园文集》作跋时，蔡温尝自明心迹云：

　　因而广搜经书，积考其用，编修《客问》《家言》《一

----

① 程颢、程颐：《二程集》，北京：中华书局，2004 年，第 8 页。
② 问："'有主则实'，又曰'有主则虚'，如何分别?"（朱子）曰："只是有主于中，外邪不能入。自其有主于中言之，则谓之'实'；自其外邪不能入言之，则谓之'虚'。"参见黎靖德编：《朱子语类》卷九六，北京：中华书局，1986 年，第 2466 页。
③ 贝原益轩云："与叔之心，专欲除去思虑。程子之意，要中有主则不除思虑而自然无思虑纷扰。"参见陈荣捷：《近思录详注集评》，台北：学生书局，1992 年，第 251 页。

言》《篗翁片言》《图治要传》等录，命曰《澹园全集》。此皆以攻气操心为本，而初学登高之阶也。冀夫欲修身治国者先登此阶，然后讲论圣经。（《琉球王国汉文文献集成·〈澹园文集〉跋》）

按照这个“夫子自道”，我们有理由认为，“攻气操心”是蔡温一生学问的根本。研究蔡温思想，抓住“攻气操心”这一点，可谓纲举目张。从结构上看，“攻气操心”由“攻气”与“操心”两个词构成，蔡温对“操心”一词未作任何解释，而对“攻气”则有较多说明。因此，我们先对“操心”作一简略考察，这种考察更多是从外围进行，然后我们将着重讨论“攻气”。蔡温的“攻气”与“操心”有着一种内在关联，他在论述“攻气”时，涉及“气制心”与“心制气”之辨，实际回答了他为何要把“攻气”与“操心”两个词并列使用。

1. “操心”

作为一个现成的术语，“操心”出现在《孟子·尽心上》：“独孤臣孽子，其操心也危，其虑患也深，故达。”这里的“操心”并不具有工夫论意义，而蔡温的“攻气操心”明确是作为工夫论提出的。具有工夫论意义的“操心”之说另有出处，这就是《孟子·告子上》“牛山之木”章：“孔子曰：‘操则存，舍则亡；出入无时，莫指其乡’，惟心之谓欤?”按照孟子的理解，孔子所说的“操存舍亡”是指心而言。由此，工夫论意义上的“操心”一语得以成立。

"操心"之说既然出自《孟子》，论者便很容易将其与心学联系起来。那么，蔡温的"操心"之法是否因此就打上了心学的烙印呢？问题并不如此简单。据笔者考察，蔡温"操心"说的直接思想来源应该是薛瑄。后者明确使用了"操心"一词，并将之视为修养的重要法门："操心，一则义理昭著而不昧；一则神气凝定而不浮。养德养身，莫过于操心之一法也。"（《读书录》卷三）

在薛瑄之前，元儒许衡对"操心"说亦甚重视，尝有诗云："万般补养终成伪，只有操心是要规。"（《鲁斋遗书》卷一一）薛瑄在《读书录》中引了这两句诗，文字略异："万般补养皆为伪，只有操心是要规。"（《读书录》卷三）无论是许衡还是薛瑄，一般认为，他们都是朱子学者。这表明，并非重视"操心"就一定是所谓心学。

有人会说：蔡温有可能了解薛瑄的这一思想吗？回答是肯定的。证据是蔡温从早年就对薛瑄很感兴趣，他三十四岁写成的《要务汇编》就收录了薛瑄多条语录。仔细研究薛瑄对"操心"的描述，可以看到，他主要突出了两方面意思：一是"义理昭著"，二是"神气凝定"。这些讲法当然是对朱子相关思想的继承。

首先，"神气凝定"一语可以追溯到朱子《孟子集注》的"神清气定"之说。朱子在那里提出，孟子"夜气"说的要点是"学者当无时而不用其力，使神清气定，常如平旦之时"：

孔子言心，操之则在此，舍之则失去，其出入无定时，亦无定处如此。孟子引之，以明心之神明不测，得失之易，而保守之难，不可顷刻失其养。学者当无时而不用其力，使神清气定，常如平旦之时，则此心常存，无适而非仁义也。……愚闻之师曰："人，礼义之心未尝无，惟持守之即在尔。若于旦昼之间，不至梏亡，则夜气愈清。夜气清，则平旦未与物接之时，湛然虚明气象，自可见矣。"孟子发此夜气之说，于学者极有力，宜熟玩而深省之也。（《孟子集注》卷一一）

朱子解释道，因为"夜气"清，所以孟子用"夜气"来形容"操存"之"心"的状态。"神清气定"在很大程度上成了衡量"心"是否持守（操存）的标准。

不过"夜气"之说多少有些神秘意味，因此朱子随文注释时不得不迁就其说。但是，当朱子正面阐述义理时，他就转向了相对比较理性主义的"持敬"之说。朱子特别表彰程子用"敬以直内"解释"操舍存亡"的做法，并加以引用："程子曰：心岂有出入，亦以操舍而言耳。操之之道，敬以直内而已。"（《孟子集注》卷一一）朱子更提出，"敬以直内"是工夫中最紧要者："'操则存，舍则亡'，程子以为操之之道惟在'敬以直内'而已。如今做工夫，却只是这一事最紧要。"（《朱子语类》卷五九）

那么，如何理解"敬以直内"这种"操心"工夫呢？正是在解释这种工夫与佛家坐禅的不同时，朱子引入了"应事中理"说。而这应该就是薛瑄"义理昭著"一语的来源。朱子强调，"操心"工夫不是不与外物接触，只照管自己的内心，而是在待人接物时事事中理。

> 问："操则存"。曰："心不是死物，须把做活物看。不尔，则是释氏入定、坐禅。操存者，只是于应事接物之时，事事中理，便是存。若处事不是当，便是心不在。若只管兀然守在这里，蓦忽有事至于吾前，操底便散了，却是'舍则亡'也。"仲思问："于未应接时如何？"曰："未应接之时，只是戒慎恐惧而已。"又问："若戒慎恐惧，便是把持。"曰："也是持，但不是硬捉在这里。只要提教他醒，便是操，不是块然自守。"（《朱子语类》卷五九）

可以看到，朱子其实是把"事事中理""处事是当"看作检验"心"是否"存"或"在"的一个标准。但是如此一来，心在不与事物接触时，又该做何种工夫、处何种状态呢？朱子的回答是："戒慎恐惧。"虽然朱子强调这与佛家的工夫不同，后者是"块然自守"，但实际上，佛家也讲"常惺惺"，即头脑保持清醒；甚至，本来佛家讲的就是"常惺惺"。在这一点上，儒家讲的"敬"与佛家的"常惺惺"并无不同。谢良佐就说："敬是常惺惺法"（《上蔡语录》卷中）。朱子之所以这样讲，我们可以理解为是出于避嫌而刻意要与佛家划清界限。其实，"操心"

之"操"字，本作"持"解。也就是说，"操心"其实就是"持心"。从这个意义上说，佛家即便是所谓"块然自守"，也不能否认它是"操心"。无论如何，在未与事物应接时，儒家与佛家的"操心"很难区分，这也许正是朱子从孟子本来与"夜气"相关的"操存"说转到"应事中理"说的原因。

因此可以说，朱子为理学的"操心"说奠定了基础，许衡、薛瑄等人正是在朱子学而非孟子学的意义上使用"操心"一语。对于蔡温的"操心"说，我们也应作如是观。而如果说"操心"之说是蔡温袭自前人，那么"攻气"说可以更多地视作他个人的发明。①

2. "攻气"

不同于"操心"，"攻气"的讲法在文献中比较少见。蔡温

---

① "攻气"一词，医家曾用之。如张介宾云："攻方之制攻其实也。凡攻气者，攻其聚，聚可散也；攻其瘀，瘀可通也；攻积者，攻其坚，在藏者可破可培，在经者可针可灸也；攻痰者，攻其急，真实者暂宜解标，多虚者只宜求本也。但诸病之实有微甚，用攻之法分重轻。太实者，攻之未及，可以再加；微实者，攻之太过，每因致害，所当慎也。"参见张介宾撰、鲁超订：《新八方略引》，载《精选治痢神书三卷》卷下，日本享保十四年（1729）京师书坊植存玉枝轩刻本。《新八方略引》亦载《景岳全书》卷五〇，《四库全书》本。张介宾（1563—1640，字会卿，号景岳，别号通一子），明代医家，会稽（今浙江绍兴）人，有《景岳全书》等传世。鲁超（？—1701，字文远，号谦庵），会稽人，曾刻《景岳全书》。考虑到《景岳全书》的流行以及琉球与中国和日本的书籍往来，蔡温应该有可能了解到景岳的"攻气"之说。医家所说的"攻气""攻血""攻积""攻痰"，此"攻"字作"治"讲，而蔡温对"攻气"的用法也许从医家这里得到启发（正如当年程颢从医书关于"手足痿痹为不仁"的讲法悟出他独特的"仁"说），但有他自己的发挥。详见以下正文所论。

对"攻"字没有做过正面解释。不过，就蔡温喜欢交替使用"磨攻其气"与"攻气"这个情况来看^①，"攻气"很可能就是"磨攻其气"的省称。就古代汉语而言，"攻"字与"磨"字义近。"它山之石，可以攻玉"（《诗经·小雅·鹤鸣》）的"攻"字，意思就是琢磨。推究起来，蔡温之所以喜欢用"磨"这个词，可能与他将"正心"工夫理解为"磨镜"一类活动的想法有关。蔡温说：

> 《大学》曰："心正而后身修。"夫心者，五脏之一，而天性灵光之所寓也。故学问之方，先以心正为本。夫正心之方如磨镜然。盖孟子求放心之语，亦非从外而求之，唯自尽力，如磨镜而已矣。世俗之人，常循俗习，尽为客气所蔽，而污我心，譬如明镜蒙尘垢。夫客气者，私欲之谋而我之尘垢也。是故，有心志者，于日用事物之间，多用工力，攻除客气，则私欲之念渐消渐灭，私念已消，则天性灵光昭然自显，则身虽临安危存亡之境，而我心泰然不些动，况荣利酒色之类，岂足能动我心哉？（《琉球王国汉

---

① 这样的例子很多，兹举其一："（唐）太宗如此等语，悉合君德本分而无间然矣。然观其行，或遵本分而不能免后人议论，此太宗未尝攻气之故也。自古帝王虽聪明英才，苟无学问以磨攻其气，则接物临事间，动辄为气所惑，而贻讥于后世者，或有之。虽庸暗之主苟能磨攻其气，恭己勤政，则国人仰慕其德，终至社稷永安之庆。然则，人君所以朝夕磨攻其气者，此诚君德第一之要务，社稷苍生之大福也。敢不思哉！"（《琉球王国汉文文献集成·一言录（残）》）

文文献集成・俗习要论》)

"磨镜"意为去除镜子上的尘垢。就此而言，"攻气"的"攻"字作"去除"解。事实上，蔡温在这里使用了"攻除客气"的说法。值得注意的是，这种用法在蔡温那里并非偶一为之①。在蔡温文集中，还可以看到"磨攻客气"②以及"攻客气"③等表述。这些表述提示我们，蔡温所讲的"攻气""磨攻其气"的"气"应当就是指"客气"。

虽然"攻气"不见于程、朱文集，但"客气"一词④则是程、朱的常提话头。二程云：

> 义理与客气常相胜，又看消长分数多少，为君子小人之别。义理所得渐多，则自然知得，客气消散得渐少，消尽者是大贤。（《二程遗书》卷一）

---

① 此外尚见于如下情况："攻除客气，是修身治国之大基也。人之为人，无上无下，必为客气所蔽，而自不觉之。盖圣经万言，其本旨要使学者攻除客气而已矣。若客气不之除，则左也正右也邪，前也是后也非，而生涯之路恐不离于薄冰深渊之危矣。"（《琉球王国汉文文献集成・图治要传》)

② 如"明君之徒，必能磨攻客气，而其心常以邦家为己任，日与辅政讲论图治之道，孜孜弗懈，是乃人君自修德而国祚之所由盛也。如庸君之徒，动为客气所惑，唯乐戏谈，其心常以奢矜为务，而其所虑皆非图治之道，是乃人君自贼德，而国祚之所由衰也。古往今来，其辙一也"（《琉球王国汉文文献集成・图治要传》)。

③ 如"上下各攻客气，能除病根，则受生涯之庆，而国家亦为之盛矣"（《琉球王国汉文文献集成・图治要传》)等。

④ 关于"客气"一词在汉语中的衍变，参见朱英圣：《"客气"词义的源流演变》，《文教资料》2016 年第 19 期，第 30—32 页。

义理客气，相为消长者也。以其消长多寡，而君子小人之分，日以相远矣。（《二程粹言》）

朱子云：

为血气所使者，只是客气；惟于性理说话涵泳，自然临事有别处。（《朱子语类》卷一三）

又问："客气暴怒，害事为多，不知是物欲耶气禀耶？"曰："气禀物欲亦自相连着。且如人禀得性急，于事上所欲必急，举此一端，可以类推。"又曰："气禀、物欲生来便有，要无不得，只逐旋自去理会消磨。大要只是观得理分明，便胜得他。"（《朱子语类》卷一八）

上蔡这处最说得好："为物掩之谓欲，故常屈于万物之下。"今人才要贪这一件物事，便被这物事压得头低了。申枨想只是个悻悻自好底人，故当时以为刚。然不知悻悻自好只是客气如此，便有以意气加人之意，只此便是欲也。（《朱子语类》卷二八）

或曰："人之晚年，知识却会长进。"曰："也是后生时都定，便长进也不会多。然而能用心于学问底，便会长进。若不学问，只纵其客气底，亦如何会长进？日见昏了。有人后生气盛时，说尽万千道理，晚年只恁地阘鞡底。"（《朱子语类》卷一三九）

从上引程、朱语录可知，"客气"与"义理"相对，与血气、意气以及物欲相关，总之，是不好的、需要克服的东西。蔡温对"客气"的用法与程朱一脉相承："虽上智莫不有形气之私。夫形气之私者，为外物所诱而起，即所谓客气也。"（《琉球王国汉文文献集成·图治要传》）

蔡温对"客气"作了明确说明：称"气"，是因为它来自"形气"；称"客"，是因为它由外物所诱而起。"形气之私"与"欲"相关（即所谓"私欲"），与"理"正相反对。显然，对蔡温而言，"客气"是不好的、需要克服的东西。对于"客气"的这种理解，蔡温与朱子并无二致。那么，如何对治或克服"客气"呢？蔡温认为，要用"道学工夫"。

> 法执我执，皆道德之障碍也。大概言为好恶，舍执操心，则无言不道，无为不道，无好不道，无恶不道。夫执也者，客气之为也。（客气即私妄之媒也）凡夫之心，往往为客气所蔽，而自觉之者，百无二三。是故，不用道学工夫者，虽聪明之人，尽抱法执我执之病，自以为是，而不知道德之为障碍矣。（《蔡温著作等补遗·片言续录》）

蔡温所说的"道学工夫"，具体分为两段：首先是"以心为锤，暗中打破天地万物"，此为解惑工夫；其次是"打破假见""天地万物依旧发现"，此为穷理尽性工夫。

大抵目之所视、耳之所听、口鼻之所好、手足之所触，皆足以惑我心。是为客气所蔽故也。只欲打破客气者，须先以心为锤，暗中打破天地万物以见之。果振大勇任锤打破，则富贵何在？贫贱何在？男女何在？寿殇何在？圣凡何在？彼我何在？当此时也，若梦始醒，是乃扫除客气，而搜道体之一法也。虽然，是此一法乃解惑捷法，而未免假见也。再用工夫，打破假见，则天地万物依旧发现，而此身居于万物间，夙兴夜寐，循天衍修，则左右前后些无障碍。是则穷理尽性之要务，即所谓人道也。（《蔡温著作等补遗·片言续录》）

"打破天地万物"是指破除富贵贫贱、男女圣凡以及彼我等一切对待，体认道体，从而摆脱外物束缚"天地万物依旧发现"是指重新认识万事万物的原理（穷理），履行一个人应尽的义务（尽性）。虽然"法执我执""妄""假见"等，明显来自佛教，"以心为锤""打破假见"亦不无佛教气息，但"道学工夫""道体""穷理尽性"等，则是地道的理学话语。因此虽然我们可以说其学不醇，但蔡温努力地以理学（道学）指导实践，是不可否认的事实。

3."气制心"与"心制气"

从理论上看，蔡温的"攻气"说建立在内外、主客二分的认识之上。一方面，"（客）气"总是与外物有关，即"（客）气"的发生总是出现在个体与外界事物接触（即所谓"接物临事")之时："吾见世俗之情或因物而动，或因事而乱，故接物临事间往往为气所惑。或于无病处而自作病，或于无妖处而自作妖，是谓之心魔。"（《琉球王国汉文文献集成·簑翁片言》）"习俗之人大概临事接物间为气所惑，则知识或失损益，或忘，恍如醉人受惑。"（《琉球王国汉文文献集成·一言录（残）》）另一方面，"攻气"的目标是要让"心"做主，"客气"听命于"心"："冀夫欲修圣经身治国者先登此阶（引者按：即攻气操心），然后讲论圣经。则此心常为一身之主，客气每听其命①，而方寸之间些无障碍，果能用力如此，则于修身治国之道也，豁然如梦始醒，何患今世之不古若哉？"（《琉球王国汉文文献集成·〈澹园文集〉跋》）

就后一方面而言，"攻气"与"操心"在蔡温那里天然不可分割，这就解释了为什么他从不单独使用"操心"一词。同样道理，当蔡温说到"客气"时，即便没有指明，但一旦"客气"发生，就意味着"此心"不"存"。而按照孟子，"心"之不"存"一定是未"操"的结果。综合前一方面可以推想，对于蔡温而言，"攻气操心"不可能采取完全内省的方式，换言之，像佛家坐禅那样的活动不会被他承认为"攻气操心"工夫。在这一点上，他的儒家立场无可置疑。在一段虚拟的儒释对话中，蔡温抵制了"彻悟"之法的诱惑，坚定地要走儒家的实修之路。

---

① 熟悉朱子文本的人立刻就能认出，蔡温这里所说的"此心常为一身之主，客气每听其命"是对朱子《中庸章句序》"必使道心常为一身之主，而人心每听命焉"之语的模仿。

一僧问篡翁曰："儒家除却习气之方如何？"篡翁曰："'言忠信，行笃敬'，只赖此句而除习气耳。"僧曰："此是渐修之法，何不力求彻悟？"翁曰："登高自卑，行远自迩，此修学之序也。"僧曰："悟心既圆，命根既断，则习气自然消泯，何必除习气为？譬如伐树者，既断其根，则枝叶虽存，不日消落矣。"翁曰："才闻法言，顿断命根者，如英明上等之人可也。然而，英明上等之人则万亿人中唯有一两辈耳。世间毕竟中下人多，而机器亦不同。若舍渐修，强以躐等，则下等之人力做中等工夫，中等之人力做上等工夫，苟用工夫如此，则障碍自生，粗执愈固，恐有堕于邪僻而不自觉者。僧虽学佛，实亦人也，岂无生质之辨耶？"僧慨然无言。翁曰："夫心也者，至灵至妙，故虽愚钝之人，耳既闻之，则心所应[①]，如见如得。夫如见如得者，皆假焉而非真也。今参学者往往以假为真，岂可谓之实学乎？"（《琉球王国汉文文献集成·篡翁片言》）

"言忠信，行笃敬"，就是前揭"此身居于万物间，夙兴夜寐，循天衍修，则左右前后些无障碍。是则穷理尽性之要务，即所谓人道也。"（《蔡温著作等补遗·片言续录》）表面看来，蔡温反对彻悟的理由是所谓"生质之辨"（即人的根器分上、

---

① "则心所应"四字，陈威瑨引文误作"即心即应"，参见陈威瑨：《琉球儒者蔡温儒学归属再探》，第9页。

中、下三等），而其深层的考虑则是：心之所应或所悟终究不如见之于行事来得真实。蔡温的这种立场也许可以概括为"舍事（物）无以言学"，这当然迥异于"舍心无以言学"的心学立场。然而遗憾的是，在一些论者那里，这条材料却被当作蔡温受阳明学影响的证据。[①]

总之，在蔡温那里，外物引起之"（客）气"与内在之"此心"两者之间构成一种角力关系。世俗之人是"气制心"，修道之人则是"心制气"。

> 翁曰："世俗之人，大概以气制心。夫以气制心者，念行之间，屡有不顺，而不自觉。苟能以心制气，稍有不顺，便能觉之，心深悔之，勉强改之，便是先务也。实用工夫已久，一念一行，些无遗恨，则得登乎生顺死安之位矣。"
> （《琉球王国汉文文献集成·簑翁片言》）

据说，蔡温还画过《以心制气图》《心气争斗图》《以气制心图》。[②]虽然其详不得而知，但是这些名称就足以让我们相信，他对于是让心做主还是气做主的问题，有着清醒的自觉。

---

① 参见荻生茂博：《琉球の实学者、蔡温》，转引自陈威瑨：《琉球儒者蔡温儒学归属再探》，第9—10页。

② 此据潘相所述："《澹园集》七卷，镌于乾隆丁卯（1747）等年，有自跋、紫金大夫曾恂（德侯）跋、闽人刘敬与两序。其目曰：《客问录》《家言录》《图治要传》《俗习要论》《一言录》《簑翁片言》《醒梦要论》（内有《一心

"气制心"与"心制气"之辨，明显是脱胎于二程的"志/气""理/气"之辨。事实上，蔡温对理学家的志气说颇为留意，曾加以辑录。[①]关于"志动气"与"气动志"，薛瑄曾有一个解释："志动气，多为理。气动志，多为欲。"（《读书录》卷二）这就把"志/气"之辨与"理/欲"之辨挂搭起来。薛瑄还在工夫论的意义上发展了"理/气"之辨："气强理弱，故昏明善恶皆随气之所为而理有不得制焉。至或理有时而发见，随复为气所掩，终不能长久开通。所谓为学者，正欲变此不美之气质，使理常发见流行耳。然非加百倍之功，亦莫能致也。"（《读书录》卷五）

按照薛瑄所说，为学工夫不过是要"使理常发见流行"，也就是使"理制气"，而不是"气制理"。显然，蔡温的"心制气"说，从形式上看，与薛瑄的"理制气"有共通之处。也许有人

灵应图》《以心制气图》《心气争斗图》《以气制心图》《察俗要诀图》《左壁铭》《右壁铭》），以总数千万言，皆依傍先儒，引述经史，谆谆教人去客气、存本心。"（《琉球入学见闻录》卷二）按："刘敬与"前疑脱"吴文焕"三字。冲绳县立图书馆藏《澹园全集纂翁片言 宪章氏喜舍场英详》卷首有吴文焕（1688－?，字观侯，一字剑虹，福州长乐县人，康熙年间榜眼，官至湖广道监察御史）序与刘敬与（1684－?，字邻初，福建福清人，雍正元年癸卯恩科进士，授庶吉士，改行人司行人）序。吴文焕与刘敬与都是福建人，符合潘相所说"闽人""两序"的情况。潘相称，《醒梦要论》内有《一心灵应图》《以心制气图》《心气争斗图》《以气制心图》《察俗要诀图》《左壁铭》《右壁铭》，但冲绳县立图书馆藏写本《醒梦要论 俗习要论》合册中并无上述内容。

① 蔡温在所著《要务汇编》卷一到卷三曾分别录入张载、二程、薛瑄等人论志气的语录。在别的地方，他还录入了二程与朱子论志气的语录。

会说，薛瑄似乎更强调"理"，而蔡温则强调"心"，其实这只是表象。蔡温的"攻气操心"说，将"明理""明义"包括在内。

> 大抵世俗之人常无攻气明理工夫，唯与俗习浮沉弗定，是故日用云为间，或于无病处而自作病，或于无妖处而自作妖。（《琉球王国汉文文献集成·篸翁片言》）

> 平时熟讲此理，攻气操心，涵养已久，然后当舍命之时，此心泰然而弗迷乱矣。不然，则当舍命之时，迷乱如弱妇，未可知焉。是故，人之为人，无贵无贱，常能攻气明义，涵养此心，造次颠沛，不忘君恩者，斯谓之忠义之人矣。（《琉球王国汉文文献集成·篸翁片言》）

若孤立地看蔡温的"心制气"说，可能会以为他强调"心"或"意志"的作用，但如果看到以上这些话就应当了解：与其说是"心制气"，不如说是"理制气"。蔡温作为朱子学的信徒，夫复何疑？

行文至此，蔡温"攻气操心"工夫与朱子学的无间关系，已毋庸多辨。最后，再就其与吕大临"驱除"之法的区别略说几句。单就下面一条材料而言，蔡温所言"妄念日生"似乎很像吕大临所患的"思虑多"，甚至蔡温的"解缚"也很像吕大临的"驱除"。

翁曰:"世俗之人知此身受缚,而不知此心受缚,是故攻气工夫不尝用之。习气日增,妄念日生,或为色所缚,或为财所缚,或为势所缚,或为术所缚,此类尤多,指不胜屈,是皆缚心之麻索也。人能攻气,解得此索,如鸟飞空而毫无所牵系,如龙出海而毫无障碍。"时有一僧偶闻此语,欣然喜曰:"吾尝参禅,既及二十余年,奈妄念如草,扫了复生,斩了复起,岂非未尝攻气之故乎?"翁曰:"然。"(《琉球王国汉文文献集成•簑翁片言》)

然而,不能不说,这样的印象只是皮相之论。因为妄念也好,解缚也罢,蔡温推荐的解决之道不是别的,正是"攻气工夫"。而"攻气工夫"实不同于"驱除",其实质是专注于自家心识的完善,而非念来除念,这正是蔡温磨镜之喻的要义所在。引文中的僧者之言恰好从反面为"攻气操心"不同于"驱除念头"作了论证:不用攻气工夫,专把精力放在驱除念头(即扫念、斩念)上,其结局必然是不胜其烦、永无宁日(即所谓"妄念如草,扫了复生,斩了复起")。更不必说,蔡温"此心常为一身之主,客气每听其命"那样的话,活脱脱就是朱子关于"心有主则实"评论的翻版。

结　语

通过以上的研究,笔者试图说明,工夫论意义上的"操心"，虽然很早就出现于《孟子》，但朱子赋予了它一种理学的解释，那就是强调"应接事物"时的"中理"。蔡温经由薛瑄，继承了朱子对于"操心"的理解。"攻气"一说虽不见朱子提起，但"气"所指代的"客气"概念，则是朱子的常用话头。蔡温对"客气"的用法与朱子完全相同，都是指与"理"相对的"私欲"。"攻除客气"的思想建立在内外、主客二分的认识之上。由于"攻气"的目标是要让"心"做主，"客气"听命于"心"，因此"攻气"与"操心"在蔡温那里天然不可分割。同时，"客气"总是出现在个体与外界事物接触（所谓"接物临事"）之时，这就决定了"攻气操心"不可能采取佛教或心学所主张的内省方式。外物引起的"客气"与内在的"此心"之间构成一种角力关系，"心制气"就意味着"心做主"，而"心制气"实质上是"理制气"。从蔡温强调应事接物、心为一身之主、明理、明义等方面来看，其"攻气操心"之说与朱子并不相违。有学者将其比之于吕大临的"驱除"之法，实是一种误解。

历史地看，"攻气操心"工夫论的出现，标志着朱子学在琉球的落地生根。所谓落地生根是指朱子学的基本义理得到比较准确的理解与坚持，同时琉球儒者又并非机械地照搬朱子原话，而是能够以自己的语言加以表达。因此可以说，无论是在中国本土还是在琉球，朱子学的基本义理都无二致，从这一点上说是所谓"理一"。但朱子学在传播到琉球等海外地区的过程中，当地学者又发挥自身的聪明才智加以创造性的阐释，从而使各地的朱子学又各具特色，从这一点上说是所谓"分殊"。所以当我们考察朱子学在海外的传承时，只讲"理一"或"分殊"都是不够全面的，只有将"在地性"与"超地域性"综合起来考虑，才能得到接近事实的面相，才能真正理解朱子学在东亚的流传过程中所发生的各种复杂现象。

后 记

事实上，跟《理学九帖》一样，这仍然是一部理学论文集，虽然按章做了编排。也许，论文集是我钟意的著作形式，恐怕将来也不会改变。一篇一篇论文写出来，发表，积到一定数量，汇成一册，出版。这过程，不无涓滴成河的意味，似乎能告慰自己：光阴没有徒然地逝去，握在手里的，不全是空气。

昔年读董桥，曾经看到这样的话："我扎扎实实用功了几十年，我正正直直生活了几十年，我计计较较衡量了每一个字，我没有辜负签上我的名字的每一篇文字"，心中颇为一动。同为写作者，我知道，练就这种自信要付出怎样的代价，而做到这一点的人生又是多么值得。新陈代谢，大浪淘沙，不必说千载之下，仅仅一二十年后，尚为人记取的作品，能有几部？流传与湮没，关乎种种，抑有所谓命者存焉，也只好随他去了，但求后之览者，偶然读到这些文字，道一句："这个倒是下了一些功夫，不像那些乱写的"，就心满意足矣。

最后，关于"理学在东亚"，有几句话要说。这里的东亚，是包括中国在内的。时下的东亚研究，似乎默认中国不在其中，这恐怕是不对的。在近世东亚，同用汉字的有五国，即：中国、朝鲜、日本、越南、琉球。这些国家，除了越南，本书都有论列。越南原本也在计划，因故没有完成。相信这个缺憾今后一定会补上。本书美编在封面上绘制了书中提到的几个主要东亚儒者形象，他们是：朱子、退溪、蔡温、一斋。在历史上，理学就是经由这些大儒，从中国到朝鲜，到琉球，到日本，一路开枝散叶，"普遍"而"在地"。希望这个设计能使读者对于东亚理学获得某种直观印象。

桐斋

辛丑亥月 写于海上

综合索引

A

艾南英　341

安井小太郎　328，331

安居香山　98

安永　328

B

八段锦　53

巴县　29

白鹿洞　5，264，265，266，267，268，269，270，272，274，277，278，279，280，281，296

拜斗　95，105

扮戏子　5，298，299，300，301，302，303，306，307，308，309，312，313，316，317，320，323，325

包艳　92

宝祐　19，22

北辰　3，98，100，102，103，104，107

北斗　2，94，95，97，98，99，101，102，103

北极 3，97，99，100，101，102，105，106，107

《北溪字义》 5，66，67，265

贝原益轩 352

本体 79，80，179，181，184，197，242，250，254，255，256，257，259，261，313，314，322

本体论 80，242，313，314

本心 240，300，301，321，366

伯夷 132

C

蔡季通（蔡元定） 1，2，22，23，36，37，39，41，44，47，50，57，61

蔡清 331，341

蔡仁厚 297，326

蔡沈（蔡仲默） 44

蔡温 6，348，349，350，351，352，353，354，357，358，359，361，362，363，364，365，366，367，368，369，372

蔡渊（蔡节斋，一哥） 45，276，294

蔡宗兖（蔡希渊） 211

参禅 368

《参同契》 2，36，37，39，40，52，53，54，55，56，61

操心 6，348，349，350，351，352，353，354，355，356，357，361，363，367，368，369

294，295，296

陈傅良　156，166

陈鼓应　11，12，32

陈国符　36，56

陈贾　127，129

陈九川　191

陈来　3，22，34，36，76，82，84，85，129，167，171，
172，174，192，194，195，196，197，199，203，236

陈栎　346

陈鎏　233

陈桥驿　201

陈荣捷　43，51，195，198，199，287，322，352

陈寿　93

陈叔侗　124

陈述古　39

陈廷臣（陈朝老）　44，47

陈抟　1，8，9，10，11，15，33，37，38，40，41，55，
58，61

陈威缙

陈永治　230

陈振孙　56，122，123，124，147，148

诚意　176，183，184，192，236，237，239，241，242，244，
251，252，260，300

木头人　315，316

N

南安　150，332

南昌　27，29，131，203

南轩　291，292，293，294

内丹　2，15，35，36，37，40，52，54，59，60

内向　302

倪士毅　346

倪宗正　218，219

聂豹（聂双江）　180

宁德　125

宁竑　231

宁良　231

牛峰　207，208，209，210，211，227，228

牛头山　207，208，209，210，226，227

O

欧阳德　175，185，194

P

潘相　365，366

潘雁飞　10，34

236，237

钱穆　14，33

钱起　202

钱谦益　341

乾道　19，20，50，56，71，108，110，118，119，120，122，
124，126，128，156，161，167，168，288

浅见絅斋（絅斋）

钦伟刚　36，56

秦桧　43，45，47，48

秦弘祐（履思）　251，253，254，255，256，257

青词　90，92，95，96，97

卿希泰　10，11，32

庆元　1，3，18，22，23，36，42，45，50，61，72，76，83，
90，108，109，110，118，119，121，124，126，128，159，
160，161，162，163，164，165，166，167，169，170，267

丘浚（丘濬，丘琼山）　232，265，266，267，269，270

曲阜　213

屈原　100

衢州　203，204，341

取消论　313

去恶　4，184，197，236，237，238，239，243，248，250，
251，252，253，254，255，256，257，258，262，263

《全宋文》　26，27，119

W

图书在版编目（CIP）数据

理学在东亚 / 方旭东著. —成都：四川人民出版社，2022.2

ISBN 978-7-220-12381-8

Ⅰ.①理… Ⅱ.①方… Ⅲ.①理学－研究－东亚 Ⅳ.①B244.05②B310

中国版本图书馆 CIP 数据核字（2021）第 148338 号

LIXUE ZAI DONGYA

理学在东亚

方旭东 著

出 品 人	黄立新
责任统筹	封 龙
责任编辑	赵 静
封面设计	李其飞
内文设计	戴雨虹
责任校对	舒晓利
责任印制	周 奇
出版发行	四川人民出版社（成都槐树街 2 号）
网 址	http://www.scpph.com
E-mail	scrmcbs@sina.com
新浪微博	@四川人民出版社
微信公众号	四川人民出版社
发行部业务电话	（028）86259624 86259453
防盗版举报电话	（028）86259624
照 排	四川胜翔数码印务设计有限公司
印 刷	成都东江印务有限公司
成品尺寸	140mm×210mm
印 张	13.5
字 数	280 千
版 次	2022 年 2 月第 1 版
印 次	2022 年 2 月第 1 次印刷
书 号	ISBN 978-7-220-12381-8
定 价	82.00 元

YE BOOK

让 思 想 流 动 起 来

官方微博：@壹卷YeBook

官方豆瓣：壹卷YeBook

微信公众号：壹卷YeBook

媒体联系：yebook2019@163.com

壹卷工作室
微信公众号